**UM LIVRO PARA CURAR
O CORAÇÃO E A ALMA**

Joan Borysenko, Ph.D.

UM LIVRO PARA CURAR O CORAÇÃO E A ALMA

Tradução
CARMEN YOUSSEF

EDITORA CULTRIX
SÃO PAULO

Título do original:
Guilt is the Teacher, Love is the Lesson
A Book to Heal You, Heart and Soul

Copyright © 1990 by Joan Borysenko.
Publicado mediante acordo com a Warner Books, Inc., Nova York.

Edição

Ano

1-2-3-4-5-6-7-8-9

96-97-98-99

Direitos de tradução para o Brasil
adquiridos com exclusividade pela
EDITORA CULTRIX LTDA.
Rua Dr. Mário Vicente, 374 — 04270-000 — São Paulo, SP — Fone: 272-1399
que se reserva a propriedade literária desta tradução.

Impresso em nossas oficinas gráficas.

Nada tem valor
exceto a parte de você que está nos outros
e a parte dos outros que está em você.
Lá em cima
bem no alto
tudo é uma coisa só.

Pierre Teilhard de Chardin
versão de Blanche Gallagher

Para meus pais, memória e presença viva,

Edward Zakon
e
Lillian Rubenstein Zakon

AGRADECIMENTOS

Este é um livro valioso para mim porque fala da história da nossa vida, da forma como ensinamos e amparamos uns aos outros. Sou grata a todas as pessoas que me guiaram ao longo do caminho, às que compartilharam comigo alegrias e tristezas e às que me permitiram servir-lhes de guia em sua cura psíquica, emocional e espiritual. Através dessas interações eu também encontrei a cura. Que possamos compartilhar a estrutura e o apoio de nossas histórias, nossas lutas e nossas vitórias, à medida que aprendemos a usar o nosso amor e entusiasmo para fazer nascer um mundo de compaixão.

Agradeço em especial a meus amigos e ex-colegas do New England Deaconess Hospital, que, com suas mentes brilhantes e corações calorosos, tanto contribuíram comigo para a organização deste livro. Agradeço à equipe Mente-Corpo — uma verdadeira família para mim durante muitos anos: Steve Maurer, Olivia Hoblitzelle e Jane Alter. Agradeço a Eileen Stuart, a Malini Ennis, a Jane Leserman, a Leo Stolbach, a Ursula Brandt e a Herbert Benson, que criaram um ambiente inigualável para o aprendizado e o crescimento. Minha gratidão também a Rachel Naomi Remen, a Robin Casarjian, a Catherine Morrison, a Steven Locke, a Tom Stewart, a Ilan Kutz, a Harriett Mann, a David Eisenberg, a Jon Kabat-Zinn, a David McClelland e a Gail Price, também colegas, pelas idéias, percepções e apoio. Quero agradecer em especial a Maureen Whalen pela cuidadosa pesquisa sobre a literatura psicológica a respeito da culpa.

Como as idéias deste livro são muito antigas e vêm de uma grande diversidade de fontes, nem sempre pude lembrar onde, ou de quem, eu as ouvi. Peço desculpas e agradeço a qualquer pessoa cujo trabalho possa não ter sido citado explicitamente.

Para a rede de Indra, espíritos brilhantes que me ampararam na noite escura da alma: Steve Maurer, Olivia Hoblitzelle, Rachel Naomi Remen, Robin

Casarjian, Harriett Mann, Beverly Feinberg-Moss, meu irmão Alan, e meu marido, Myrin. Obrigada por me apoiarem na minha dor e por me conduzirem a salvo pelo canal do renascimento! Para Rick Ingrasci e Peggy Taylor, agradeço por Hollyhock e Wellspring, por revisarem os originais, e principalmente pela amizade e amor, que tanto significou para Myrin e para mim. Agradeço também a Celia Hubbard, também conhecida como "Mamãe Ganso", que foi uma rica fonte de amor, inspiração, fotos, livros e idéias.

Natalia, Justin e Andrei, queridos filhos, quanto já aprendemos juntos. O apoio que vocês deram ao meu trabalho, lembrando-me de brincar, e, principalmente, o amor de vocês, significam tudo para mim. Obrigada, gente. E Myrin, querido parceiro, complemento, companheiro, colega e melhor amigo, obrigada pelo amor cada vez mais profundo e pelo incansável apoio que ajudou a trazer à tona a nossa visão.

Para minha mãe e meu pai, tenho tanto a dizer que vou confiar que vocês consigam ler nas entrelinhas com o coração. O amor e o carinho de vocês significou tanto para mim, como também todos os momentos de transição que passamos juntos. Crescer, envelhecer, lutar e aprender, mágoas e curas, nascimentos e mortes. Queria que você estivesse vivo para ver seu neto crescer, pai — e, aliás, para me ver crescer. Mas sabemos que você está aí. E, mãe, mesmo que você tivesse a esperança de viver até a publicação deste livro, a coragem que você demonstrou para enfrentar a vida e a morte está aqui nestas páginas. Obrigada pela paciência e pelo amor. Deus abençoe vocês dois.

E para Helen Rees, extraordinária amiga e agente literária, obrigada pela fé que teve em mim e por ter tornado tudo isto possível. Agradeço a Bob Aylmer, do Lifecycle Learning, por ter patrocinado o seminário nacional itinerante que ajudou a burilar algumas destas idéias e processos práticos de curar a culpa. E, finalmente, sou muito grata à minha paciente e competente editora da Warner Books, Joann Davis, que enriqueceu enormemente os muitos rascunhos deste livro com seu estímulo e sua visão.

SUMÁRIO

Introdução Pessoal à Culpa e à Cura	13
PARTE UM. *Origens Psicológicas*	21
CAPÍTULO UM. *Corpo-mente e Alma: Perspectiva Psicoespiritual da Culpa*	23
O corpo-mente	24
Alma e espírito — consciência individual ou uma mente?	29
Espiritual ou religioso?.	32
A culpa doentia como doença da alma	34
A cura da doença da alma	38
CAPÍTULO DOIS. *Culpa, Vergonha e Auto-estima*	42
Culpa saudável	42
A vergonha como reação inata (vergonha saudável)	44
A vergonha como falsa identidade (vergonha doentia)	46
Vergonha e espiritualidade	47
Conhece-te a ti mesmo	49
Vinte e uma expressões de culpa doentia	51
A culpa doentia e os filhos adultos de alcoólicos	60
Vergonha e auto-estima	62
Superar a tirania do pensamento preto e branco	64
Sugestões para o leitor	65
CAPÍTULO TRÊS. *O Drama da Criança Interior*	67
Amor condicional e incondicional	68
A ponte interpessoal	69

A vergonha e as pontes rompidas: a infância de Stephanie 72
A máscara: modelos psicológicos e espirituais do falso eu 75
A sombra: a grande sacola que arrastamos 80
Resumo do drama da criança interior 83
A orientação da criança interior 86
Sugestões para o leitor 87

CAPÍTULO QUATRO. *A Cura da Criança Interior* 89

Tire da sacola as emoções presas 90
Exercícios de sabedoria interior para curar a criança interior 91
Exercício: reconstruir as pontes com a criança interior 91
Exercício: visitas periódicas à criança interior 93
As doenças e a criança interior 94
Aprender a ouvir 97
O amor como epílogo do crescimento 100
Sugestões para o leitor 101

PARTE DOIS. *Origens Espirituais* 103

CAPÍTULO CINCO. *Quem Sou Eu?* 105

Os muitos eus 107
O eu que não muda 111
Em busca do Eu: a jornada do herói 112
Aspectos psicoespirituais do mito e do símbolo 113
Experiências naturais do Eu: O encantamento do coração 117
Aprender a experimentar o Eu 119
Meditação básica 120
O poder da centralização ritual 126
Sonhos e intuição 127
Sugestões para o leitor 134

CAPÍTULO SEIS. *ReVisão Espiritual: Uma Nação
de Místicos Não-assumidos* 137

Olhar para dentro 138
Uma nação de místicos não-assumidos 141
Religião ou espiritualidade? 143
Culpa religiosa 145

10

ReVisão espiritual. 148
A iluminação e a noite escura da alma 152
Graça. 154
Graça, amor e percepção 157
Sugestões para o leitor 160

CAPÍTULO SETE. *Da Culpa Religiosa ao Otimismo Espiritual* 161

Por que acontecem coisas ruins? 163
Culpa: área de contato entre psicologia e religião 166
Culpa religiosa e pessimismo espiritual 168
A sombra do pessimismo espiritual. 170
Filosofia da Nova Era e pessimismo espiritual. 171
A culpa da Nova Era 173
Pecado original ou bênção original? Tradições de otimismo espiritual. 177
O filho pródigo — uma parábola de otimismo espiritual 179
A união de sabedoria psicológica e espiritual. 180
Transformações espiritualmente otimistas. 183
Sugestões para o leitor 192

PARTE TRÊS. *Compaixão: A Flor do Crescimento Psicoespiritual* 193

CAPÍTULO OITO. *Perdão* 195

Compaixão 196
Perdão 198
Os dois lados do perdão. 200
Os passos para perdoar a si mesmo. 201
Os passos para perdoar as outras pessoas 207
Auto-aceitação, orgulho e humildade 212
O perdão como atitude de não-julgamento 213
Sugestões para o leitor 215

CAPÍTULO NOVE. *Relacionamentos* 216

A promessa do amor — um *trailer* das próximas atrações 217
Sou quem sou. Você é quem é 218
De quem é a culpa? 220
A história de David e Sandy 221
Os aspectos masculinos e femininos 222

Crescer juntos 224
Dar e receber.. 228
O círculo se fecha em nossos pais................................. 230
Sugestões para o leitor 234

CAPÍTULO DEZ. *Exercícios e Recursos Espirituais* 235

Práticas para lembrar 235
Talismãs para lembrar 237
Exercícios de sabedoria interior (meditações orientadas)................. 239
Lista de leituras.. 246
Em cassete: as fitas de Joan....................................... 250
Serviços fornecidos pela organização de Joan 250
Vídeos 250
Grupos de crescimento psicoespiritual 251
Educação e informação.. 252
E, como despedida 253

Introdução Pessoal à Culpa e à Cura

Este é um livro sobre a recordação do que perdemos. Quantas vezes você acordou de manhã, resmungando contra a perspectiva de um novo dia, com todas as suas tarefas, ansiedades e dificuldades? Quantas vezes você remoeu os arrependimentos de ontem e antecipou os medos de amanhã antes mesmo de o novo dia começar? As manhãs em que saudamos o mundo com aborrecimento e preocupação são um pungente lembrete do que a maioria de nós perde quando fica mais velho — o estado natural de curiosidade, encantamento, gratidão e entusiasmo que torna as crianças tão adoráveis.

Lembro-me de como era extraordinário tirar meus filhos da cama de manhã, quando eles estavam tão cheios de vitalidade em relação ao dia que começava. Vivendo no momento presente, eles encaravam a vida com admiração, expectativa e honestidade. Se estavam famintos ou molhados, choravam ou gritavam. Se estavam contentes, riam e sorriam. Eram autenticamente humanos e livres para expressar-se de uma forma como os adultos nem sempre são capazes. Quando ficamos mais velhos, nossos deveres, responsabilidades e os papéis que representamos passam, com demasiada freqüência, a nos controlar. Não sendo mais livres para expressar o nosso estado de espírito, as nossas necessidades e fantasias, muitos de nós encontram segurança no ato de agradar aos outros. Nosso estado de espírito e nossos impulsos naturais parecem vergonhosos, e gradualmente aprendemos a bloqueá-los, resignando-nos a viver num estado de culpa doentia, em que o vão esforço de agradar a todos, de fazer o bem, de ser "perfeito", e ficar a salvo e seguros enquanto isso, nos mantêm prisioneiros da necessidade de fazer o que achamos que "devemos" fazer. Ao dizer sim à culpa, começamos a dizer não à vida.

Tudo o que eu tinha perdido por causa da culpa tornou-se subitamente claro a meus olhos numa noite, há vários anos. Era começo de inverno, e eu estava no meio de um daqueles "apertos" demasiado freqüentes no trabalho.

Eu tinha estado atendendo um número infindável de pacientes, ajudando amigos necessitados, e tentando manter minha pesquisa em dia. Como acordava todo dia às 5h30 ou 6 horas para fazer exercícios e meditar, eu tinha a ilusão de que estava reservando um tempo para mim, mesmo que estivesse cronicamente exausta. Não tinha ilusões sobre o fato de que não sobrava tempo suficiente para minha família. Sentia-me culpada e esgotada. A despeito dos sinceros esforços para desacelerar, eu estava presa numa armadilha. A roda viva girava depressa demais para que eu pudesse saltar. Apesar de tentar esconder de mim mesma o que sentia, eu estava infeliz. O cenário do desastre estava montado.

Quando voltava para casa tarde da noite, dirigindo meu carro, num estado de exaustão quase total, fui despertada de súbito pelo inesquecível som da cantada dos pneus e do atrito dos freios. Bati de frente. Pouco tempo depois, perto da meia-noite, na escuridão do começo de dezembro, uma ambulância de luzes intermitentes e sirene estridente, que sempre transporta algum outro infeliz, levou-me de volta para o hospital onde eu trabalhava há muitos anos. Dois atendentes me deixaram no pronto-socorro, atada a uma maca, para o caso de minha medula espinhal ter sido atingida, o que, graças a Deus, não aconteceu. Milagrosamente, o motorista do outro carro deixou o hospital com ferimentos leves, logo depois de ser examinado. Felizmente também eu saí praticamente ilesa, exceto por uma pequena parte de minha anatomia. Meu nariz tinha sido literalmente destruído — estava aberto como o capô de um carro e quase arrancado do rosto — o cinto de segurança não me prendeu.

"Qual a gravidade?", perguntei ao cirurgião quando ele acabou de examinar os danos. "Numa escala de um a dez, sendo dez o pior", acrescentei, na esperança de readquirir um pouco de controle, pelo menos sob a forma de informações concretas.

"Para a senhora", ele respondeu, "é um. A senhora não corre perigo e vai se recuperar totalmente. Para o seu nariz, é oito. Há muitos anos não vejo uma coisa tão ruim assim."

Meu coração gelou. "Ele vai funcionar de novo? O senhor vai conseguir restaurá-lo?"

"Acho que sim. Espero que sim", respondeu, e acrescentou: "A senhora acredita em Deus?" Eu disse que sim. "Bom, Ele certamente estava olhando pela senhora esta noite. É um milagre que só tenha machucado o nariz. Por que a senhora não faz uma oração?" Em seguida, sorriu para mim com muita ternura, aplicou a anestesia e deu início ao trabalhoso processo de juntar as partes do meu nariz para reconstruí-lo.

O cirurgião, um sábio a quem a metáfora do meu acidente não tinha escapado, conversou seriamente comigo sobre "viver na pista de alta velocidade". Ali, na mesa cirúrgica, com a guarda abaixada, comecei a travar conhecimento com partes de mim mesma que ainda tentava negar, mas que, para o médico, estavam visíveis como o meu nariz. Durante anos, ele tinha me observado a distância, correndo pelos corredores do hospital durante o dia e muitas vezes voltando tarde da noite para casa. Refletindo, precisei admitir que algumas vezes eu tinha usado poderosas técnicas de corpo-mente para que pudesse fazer muito e andar depressa demais. Eu tinha me curado das dores de cabeça e da pressão alta que, em certas ocasiões, me alertaram do excesso de tensão, eliminando os mecanismos de segurança fornecidos pela natureza.

O período que passei em casa recuperando-me da cirurgia foi uma época meio amarga meio agradável, de introspecção e redecisão. Foi uma época de ver o mundo com novos olhos e de entender mais profundamente o que eu tinha perdido ao levar uma vida dominada pela "culpa doentia", conceito que vamos explorar neste livro. Foi uma maravilha estar em casa quando meus filhos voltavam da escola, e conversar com eles sobre pequenos incidentes — um erro de ortografia, um comentário simpático da professora, ou a briguinha do dia. Era ótimo ter tempo para cozinhar, ler e visitar os amigos. Mas também foi doloroso — não do ponto de vista físico, mas do emocional — quando eu me debatia com a questão do porquê ter acontecido algo mau. Acabei acreditando que tive uma escolha. Poderia ver o acidente com otimismo, como um ato de graça que me convidava a curar-me num nível mais profundo. Ou então poderia ver o fato com pessimismo, como prova de que, apesar de todas as minhas realizações, meus medos mais profundos eram verdadeiros, e eu era um fracasso como ser humano.

Escolhi a alternativa otimista e aproveitei esse soco cósmico no nariz para mudar a minha vida. Mas primeiro era preciso encarar com honestidade a pesada carga de culpa que eu vinha carregando. Apesar de anos de realizações acadêmicas, de um *curriculum vitae* cheio de artigos de pesquisa e de uma prática clínica florescente no hospital-escola de Harvard, nada do que eu fazia parecia "suficientemente bom" para mim. Apesar de anos de meditação, terapia e descoberta interior, eu ainda me sentia insegura. Estava sempre me desculpando e torcendo para não ter feito nada que pudesse deixar alguém zangado. A culpa era meu nome do meio, o que eu iria negar até a morte — o que quase fiz.

Meu acidente cavou um buraco na "vida profissional normal", abrindo espaço para um novo ponto de vista. À semelhança da maioria dos pacientes com câncer ou AIDS com quem trabalhei na Clínica Mente-Corpo, dirigida por mim durante vários anos, descobri o que significa encarar a morte. Com a morte me olhando nos olhos, as prioridades tornaram-se bem claras, e converti-me imediatamente à simples realidade de que as coisas mais importantes da vida são três: fé, família e amigos. É aí que o amor está. Seis meses depois do acidente, finalmente reuni a coragem para deixar meu emprego agitado e a segurança acadêmica que ele proporcionava. Meu marido e eu abrimos uma empresa juntando nossos conhecimentos em ciências médicas, medicina comportamental, psicologia e crescimento espiritual. O resultado final que buscamos é o mesmo que buscamos para nós — promover a cura da sociedade pela cura das pessoas. E essa cura começa em casa. Assim, apesar de promovermos seminários e cursos intensivos abertos ao público, de treinarmos profissionais e darmos consultoria para empresas, fazemos tudo isso dentro de limites que deixem bastante espaço para os três fatores mencionados acima.

Meu problema de culpa doentia e da infelicidade que ela me causava está longe de ser incomum. Reconheci a incitação da culpa — fazer mais, fazer melhor, salvar o mundo e agradar a todos — em muitos de meus colegas de trabalho. Reconheci essa incitação durante anos na maioria dos meus pacientes, como um problema comum que é muito fácil ignorar ou racionalizar. Por isso foi tão difícil levá-la a sério no meu caso. "Afinal", podemos pensar, "todo mundo também não se sente culpado grande parte do tempo?" Infelizmente, muitos de nós, sim. E isso nos mata, se não no corpo, com certeza no espírito. Recebi uma confirmação bem-humorada da minha observação quando comecei a dizer às pessoas que estava escrevendo um livro sobre a culpa. As respostas mais comuns eram "Graças a Deus. Escreva logo!" e "Rápido, mande um exemplar para minha mãe!"

Para aqueles que estão esperando há muito tempo por este livro, estou encantada por ter sobrevivido à minha culpa para compartilhar com vocês algo da minha jornada permanente de cura. Acredito veementemente que nos curamos enquanto mundo ao compartilhar nossas lutas, nossas feridas, nossas vitórias, nossas esperanças e nossos sonhos. Thornton Wilder disse: "Sem suas feridas, onde estaria o seu poder? Os próprios anjos não podem persuadir os desgraçados e desajeitados filhos da Terra do modo como pode um ser humano dilacerado pelas engrenagens da vida. No serviço do amor, apenas os soldados feridos podem servir." É nesse espírito que ofereço este livro a vocês.

Vocês talvez se surpreendam com a amplitude do terreno que vamos explorar juntos nas próximas páginas. O assunto da culpa doentia é fascinante e, em última análise, envolve preocupações muito mais profundas do que a mente, o corpo, e o passado de cada um. Recuperar-se da culpa é uma busca espiritual, tanto quanto psicológica. Nas páginas seguintes, vamos compartilhar percepções da ciência, da filosofia, da medicina, da psicologia e de antigos textos espirituais, a vida de místicos, e as histórias incrivelmente ricas de nossa vida, ao investigarmos juntos a antiqüíssima pergunta que a culpa nos faz: Quem sou eu?

A pergunta sobre quem somos cobre três campos de conhecimento que se refletem na estrutura deste livro. A Parte Um examina o *reino temporal* do espaço e do tempo, circunscrito por nossa história pessoal, psicológica. A Parte Dois explora o *reino eterno* da alma e do espírito, onde vivemos *agora*, estejamos ou não cientes de sua influência em nossa vida. A Parte Três explora o *reino do relacionamento*, que informa e une nossos eus psicológico e espiritual através do desenvolvimento da compaixão e da prática do perdão.

A primeira esfera de conhecimento é psicológica. Entender a psicologia da culpa e da vergonha é o ponto de partida para a cura. Graças à necessidade infantil de agradar aos pais e manter-se em segurança, a mente em desenvolvimento divide-se em um eu público, ou máscara, e um eu privado, ou sombra, desconhecido até para nós mesmos. Nessa divisão, perdemos nosso senso do eu autêntico e a capacidade de expressar nossos impulsos naturais. Perdemos a paz e o poder que são nossos direitos de nascença. Tornamo-nos ansiosos, culpados, sem vitalidade, propensos a pensar e a agir como vítimas, e muitas vezes ficamos fisicamente doentes.

A cura vem pela *lembrança*, literalmente trazendo de volta, para a totalidade do nosso ser, o que perdemos ao nos esconder de nós mesmos. Recuperar a percepção e a aceitação de *todas* as emoções, como mensageiros verdadeiros da nossa interação com o mundo, é o ponto de partida para curar o nosso autoconceito. Para sanar a relação consigo mesmo, a descoberta e o trabalho com a criança interior do passado, que continua a influenciar os pensamentos, sentimentos e ações dos adultos, pode ser de auxílio substancial. Mais adiante faremos juntos uma parte desse trabalho com a criança interior.

A segunda esfera de conhecimento é espiritual. Nós a vislumbramos através da intuição, dos "momentos sagrados" em que o mundo fica subitamente imóvel e nos sentimos ligados a algum Grande Espírito, e através do amor, a ponte interpessoal entre duas almas. Nós a vislumbramos através dos sonhos, das memórias coletivas do crescimento da alma, chamadas mitos, das visões pessoais e experiências místicas que são a regra, e não a exceção, para muitos americanos, de acordo com pesquisas nacionais. Esses vislumbres muitas vezes levam ao *otimismo espiritual,* uma "certeza interior" de que a energia universal é o amor, de que nossos erros são oportunidades de aprendizado e não de condenação, e de que as passagens mais sombrias da vida podem ser oportunidades para perceber esse amor. As religiões, embora tenham evoluído como uma forma de ligar-nos ao espiritual, muitas vezes deixam de fazê-lo. Pior ainda, as crenças religiosas baseadas em imagens de um "Deus" que julga e pune podem ser psicologicamente debilitantes, induzindo o que eu chamo de *pessimismo espiritual.* O conceito da Nova Era de "criar nossa própria realidade", em vez de *participar* dessa criação, não é menos pessimista. Ela prepara o caminho para a culpa, à medida que confunde um desejo patológico de controlar o destino com a responsabilidade de viver a vida autenticamente, o que é tão recompensador.

A terceira esfera de conhecimento diz respeito aos relacionamentos. O relacionamento é uma oportunidade psicológica e espiritual, quando se baseia na compaixão — o vínculo recíproco de compreensão empática que substitui a dualidade do *eu* e *você* pela unidade do *nós.* Essa unidade leva a uma sabedoria cada vez mais profunda, tanto psicológica como espiritual, quando é vivida na forma de vida centrada no presente, chamada perdão. O perdão não é a falta de discriminação, que levaria a tirar todos os criminosos da prisão; é uma atitude que nos permite entender a dor que levou ao erro e reconhecer a necessidade de amor de quem errou. Enquanto o julgamento destaca as falhas, o perdão destaca a totalidade. Quando aprendemos a agir a partir da esfera do perdão em todos os nossos relacionamentos, passamos a ser condutores de uma energia maior, uma força vital que vibrantemente "sentimos" como amor, paz, compaixão, poder, sabedoria, e gratidão entusiástica pela vida.

Este livro sobre a lembrança baseia-se na psicologia, na ciência, na filosofia e na medicina, bem como nas histórias pessoais mais íntimas de nossa vida. Em todos os casos de histórias e exemplos que não digam respeito a mim e à minha família, alterei os nomes e as características de identificação para proteger a privacidade e manter o anonimato. Em certos momentos, reuni histórias de duas ou três pessoas, formando uma combinação. Espero que tenha feito justiça a essas histórias e preservado a dignidade e o espírito que elas representam. Ao ler essas histórias e permitir que elas se fundam, façam aflorar e, se possível, tragam luz para a sua própria história, você, leitor, poderá descobrir que se abrem à sua frente novos caminhos para a cura. A cura é, em geral, um processo doloroso, porque acarreta a visão do nosso lado escuro e dos nossos piores medos. Mas é na luta corpo-a-corpo com a escuridão que acabamos encontrando a luz, e nossa dor pode ser transmutada em sabedoria e alegria.

Assumir o compromisso de curar a culpa significa buscar, encontrar e celebrar nossa humanidade essencial num mundo que, com demasiada freqüência, parece ser um lugar de sofrimento sem sentido. Ao usar esse sofrimento como catalisador de uma autopercepção renovada, podemos, no final, descobrir nossa verdadeira natureza como expressão de um Espírito Maior. Quando nossa experiência nos convence de que uma colheita eterna de paz, sabedoria, amor e alegria é o fruto das sementes temporais de nossos problemas, podemos criar coragem. Essa esperança e promessa foi bem colocada pelo poeta John Keats:

Alguns dizem que o mundo é um vale de lágrimas.
Eu digo que é o lugar onde a alma é formada.

Curar a nossa culpa é uma oportunidade de formar a nossa alma.

Scituate, Massachusetts
21 de junho de 1989
Solstício de verão

PARTE UM

Origens Psicológicas

*Você não está só em sua luta
nem jamais estará.
Desde o começo dos tempos, o coração humano
busca sua fonte no amor.
A culpa é um dos muitos guias que levam a essa fonte.*

*Só podemos amar e ajudar uns aos outros
se nós mesmos tivermos sido amados.
Assim, o medo, os "pecados" do pai
recaem sobre o filho
que esquece a sua herança de singularidade e alegria
adormecendo para o amor que ele é.*

*A jornada do despertar
é a lembrança de Quem somos de fato
onde o medo é curado pelo amor
e a máscara que vestimos para comprar afeto
é desfeita pela vontade de rejubilar-se
na sombra como na luz.*

*Só assim conseguimos ganhar força e assumir
a consideração, a compaixão e o amor
que nos permitem cantar a nossa canção com alegria e gratidão
exultando no valor que temos
como filhos de Deus.*

(J.B.)

CAPÍTULO UM

Corpo-mente e Alma:
Perspectiva Psicoespiritual da Culpa

Eu costumava achar que cometer um erro era a pior coisa do mundo. Errar significava que eu não era suficientemente boa e que as pessoas não iriam gostar de mim. Eu poderia ser ridicularizada, rejeitada ou abandonada. Cometer um erro significava que eu iria imediatamente esquecer tudo de bom que já tinha feito e enxergar apenas esse erro, até ele parecer tornar-se tudo o que eu era.

Os erros eram um convite direto à autocrítica, à ansiedade, à depressão, à paranóia, e até ao pânico. O medo onipresente de errar gerava tensão física, *stress*, doenças freqüentes e uma sensação generalizada de que eu estava para dar outro passo em falso. Ele gerava uma espécie de *culpa doentia* que não guardava relação alguma com o remorso autêntico e importante da *culpa saudável*, que nos ensina a ter consciência, dando-nos um retorno emocional das conseqüências do comportamento prejudicial.

A culpa doentia fazia com que eu me sentisse mal em relação a quase todos os meus atos porque, no fim das contas, eu poderia ter tido um desempenho melhor. A obrigação de ser perfeita tornava difícil correr riscos e refreava a minha criatividade. Fazia de mim uma pessoa competitiva, fechada, defensiva, que se levava horrivelmente a sério. Era a razão de constantes comparações entre mim e os outros, quando eu me afligia por estar um grau acima ou abaixo de alguém. Tornava-me hipersensível à crítica, que eu ouvia mesmo quando não existia. Eu parecia uma fortaleza constantemente preparada para o ataque.

Pior ainda, eu passava grande parte do tempo zangada (e gente boa não deve zangar-se, não é?). Incapaz de perdoar a mim mesma ou a qualquer outra pessoa, eu era uma prisioneira da culpa e do ressentimento. Fazia todo o possível para esconder tudo isso por trás de um sorriso, mas acabava sendo traída pelo meu corpo, que se tornou um campo fértil para doenças associadas ao excesso de tensão, indo desde pressão alta até enxaqueca, espasmos intestinais e constantes infecções respiratórias. Ao longo de todo este livro, vou contar muitas histórias de pacientes cuja culpa culminou em sofrimento físico, emocional e espiritual; porém, um exame mais completo da origem do meu próprio problema parece ser um bom ponto de partida.

O CORPO-MENTE

Nascida em Boston no final da Segunda Guerra Mundial, fui bem-comportada durante a maior parte da minha infância. Lembro de quando me colocaram de pé sobre uma mesa com guarda-sol, debaixo do sol quente do verão, para cantar uma canção para meus parentes, quando era bem pequena. Eu me concentrava para me exibir para todos aqueles rostos expectantes que pareciam agigantar-se como insetos no microscópio. Nunca, nunca me passaria pela cabeça dizer não. Fiz o que me pediram. Durante todo o curso primário, fui monitora de outras crianças nas aulas de leitura, tricotei complicados pulôveres trançados e fui a primeira criança do quarteirão a conseguir o cartão de Nadadora da Cruz Vermelha. Meu irmão diz que eu fazia o dever de casa com um mês de antecedência! (É exagero dele, mas não muito.)

No entanto, eu era péssima no balé. Para dançar bem, você precisa ser capaz de se descontrair e se soltar, mas eu tinha medo demais de cometer um erro. Ainda consigo lembrar como uma colega de classe, a ruiva Charlotte dos pés grandes e das piruetas graciosas, riu feito louca quando meus melhores esforços me fizeram aterrissar como um saco informe no chão do auditório. Meu orgulho doeu mais do que meu traseiro. Fiquei com o rosto da cor do cabelo dela, sentindo-me desmascarada, revelada como uma criatura irremediavelmente inferior e imprestável. Eu queria que o chão se abrisse e me tragasse. Senti a emoção que chamamos de vergonha, que acompanha os repentinos sentimentos de vulnerabilidade e a ameaça que experimentamos sempre que a ponte da confiança e da aceitação entre nós e os outros é, de súbito, cortada.

Implorei à minha mãe para abandonar as aulas de balé, mas elas faziam parte da educação das moças certinhas da década de 50. Semana após semana, eu ia para as aulas achando que eu era um triste fracasso. Era como se cem olhos me vigiassem quando eu fazia meus *pliés* tensos, rígidos. Até hoje minha respiração torna-se superficial e pára quando me lembro de como eu me sentia pequena e só. Eu não gostava de mim nem confiava em mim, e gastava a maior parte da minha energia tentando impressionar as outras crianças. Ironicamente, quanto mais eu me empenhava em controlar a situação, mais tombos — literais — eu tomava. Em geral voltava para casa com uma dor de cabeça aguda e latejante.

Às vezes eu chegava até a gostar das freqüentes enxaquecas de que sofria. Pelo menos elas me livravam periodicamente das aulas de balé! Na primeira infância, eu tinha descoberto o *stress* e sua contribuição para a doença. Quando cheguei aos 24 anos e estava me formando na faculdade de ciências médicas de Harvard, a soma do *stress* resultante da pressão acadêmica, de um casamento que estava indo por água abaixo e das exigências inesperadas impostas pela necessidade de cuidar do meu filho bebê foi avassaladora. Meu corpo respondeu com mais enxaquecas, pressão alta, ataques de pânico, fragilidade intestinal, bronquite crônica, desmaios, dores e queixas variadas. Um colega argumentou que meus sintomas iriam desaparecer quando eu aprendesse a relaxar, e me incentivou a praticar ioga e meditação. Essas habilidades de mente-corpo salvaram em primeiro lugar a minha vida física, e depois levaram, mais devagar, à recuperação psicológica que ainda não se completou.

Entender a ligação entre mente-corpo psicológica, física e espiritualmente passou a ser o foco do trabalho da minha vida, pessoal e profissional. Em meu primeiro livro, *Minding the Body, Mending the Mind*, expus parte da minha jornada permanente de cura e algumas das jornadas de milhares de pessoas que buscaram a ajuda da Clínica Mente-Corpo para tratar de distúrbios relacionados com o *stress* e as doenças crônicas. Fui uma das fundadoras da clínica, que dirigi durante seis anos, em dois hospitais-escola de Harvard, no departamento de Medicina Comportamental dos hospitais, sob a orientação do dr. Herbert Benson. Nossa clínica foi constituída de acordo com um programa introduzido pelo dr. Jon Kabat-Zinn, o Programa de Relaxamento e Redução de *Stress* da Faculdade de Medicina da Universidade de Massachusetts.

Na Clínica Mente-Corpo, que ainda funciona no departamento de Medicina Comportamental do New England Deaconess Hospital de Boston, alguns pacientes vêm com doenças causadas ou agravadas pela tensão, como úlcera, fragilidade intestinal, enxaqueca, insônia, asma, pressão alta, dor, fadiga. Outros têm enfermidades agudas ou crônicas, como câncer ou esclerose múltipla, que geram tensão. Em dez sessões semanais de duas horas, as pessoas aprendem a usar a mente para mudar o corpo. Afinal, um único pensamento do tipo

"Nunca vou terminar este livro e aí vou ter um problema de verdade" é capaz de deixar o sistema nervoso numa bela confusão. Só o fato de datilografar essas palavras deixou meus ombros tensos, acelerou o batimento cardíaco, imprimiu um ritmo rápido, superficial e irregular à minha respiração e jogou minha pressão sangüínea para o espaço!

Pensamentos de medo geram a reação de luta ou fuga, que foi desenvolvida para proteger-nos do perigo, fornecendo energia para a defesa ou a fuga. A reação de luta ou fuga é como o turbo de um carro: ele serve para nos tirar de situações difíceis de vez em quando, mas, se o usarmos o tempo todo, o desgaste das peças provoca uma série de problemas mecânicos. Nas pessoas, esses problemas são comumente chamados *stress* ou relacionados com ansiedade.

Uma vez, durante um curso que freqüentei há vários anos sobre biorretroalimentação, tive uma demonstração incisiva de como os pensamentos de medo e insegurança afetam o corpo. O instrutor tinha uma máquina parecida com um detector de mentiras, que registrava nosso grau de tensão ou de relaxamento, monitorando a atividade elétrica da superfície da pele. Quanto maior a atividade, maior o registro da reação de luta ou fuga, e podíamos ver o nosso estado revelado instantaneamente num mostrador. Quando o instrutor ligou os circuitos num homem chamado John, para uma demonstração, e perguntou "Qual é o seu nome?", a resposta dele não causou mudança alguma no mostrador. Da mesma forma, as respostas às perguntas "Onde você mora?" e "Em que você trabalha?" não provocaram respostas na máquina.

Querendo fazer uma provocação, o instrutor perguntou, por último: "Quais são as suas fantasias sexuais?" Enquanto nós todos dávamos risadinhas abafadas, o circuito de luta ou fuga de John finalmente foi acionado e a agulha subiu no mostrador! Em seguida foi a minha vez. Senti todos os olhos me observando. "Qual é o seu nome?" perguntou o instrutor. Foi o bastante. O mostrador praticamente caiu da máquina! Tive, em público, a percepção de que meu sistema de luta ou fuga estava na defensiva contra qualquer tipo de pergunta. Todo o meu objetivo de vida, aparentemente, girava em torno da autodefesa. Embora fosse a última pessoa a admiti-lo (porque, como muitas pessoas culpadas, eu não conseguia enxergar), eu estava dominada pelo medo. O medo é o verdadeiro coração da culpa doentia. Aprender a desligar o sistema de luta ou fuga é o primeiro passo para recuperar-se da culpa.

Na década de 40, o fisiologista Walter Hesse, ganhador do prêmio Nobel, descobriu que era capaz de provocar dois estados de energia diametralmente opostos estimulando diferentes áreas do hipotálamo de um gato. Um estado era a reação de luta ou fuga, de alta energia; o outro era um estado de baixo dispêndio de energia, caracterizado por profundo repouso e relaxamento. Mais recentemente, os drs. R. Keith Wallace e Herbert Benson documentaram um estado semelhante, de profundo repouso, em humanos que praticavam a meditação transcendental. Benson foi mais adiante, mostrando que esse estado de profundo repouso acompanhava qualquer tipo de concentração mental que desviasse a atenção das pessoas das preocupações, medos e ansiedades habituais. Ele deu a esse mecanismo inato do hipotálamo o nome de resposta de relaxamento.

Quando a resposta de relaxamento é evocada o *stress* diminui. A freqüência cardíaca e a pressão sangüínea caem. O ritmo da respiração e o consumo de oxigênio diminuem, devido ao decréscimo da necessidade de energia no corpo. As ondas cerebrais passam do ritmo beta, de alerta, para um ritmo relaxado, alfa e teta. Diminui o fluxo sangüíneo para os músculos; em vez disso, o sangue é enviado para o cérebro e para a pele, produzindo uma sensação de calor e de vigília descansada, na qual parecem dissipar-se os emaranhados mentais. Os tecidos do corpo realmente tornam-se menos sensíveis à adrenalina, o hormônio do *stress*, e o sistema imunológico é ativado. O corpo está em paz. A mente também está em paz. Os pensamentos tornam-se mais lentos, surgindo uma sensação de contentamento e conforto.

Os participantes da Clínica Mente-Corpo aprendem a passar para o modo de resposta de relaxamento usando técnicas de respiração, meditação e imagens orientadas que descrevi com pormenores em *Minding the Body, Mending the Mind*. Os benefícios proporcionados por essas técnicas são bastante notáveis, não apenas para o corpo mas também para a mente, e particularmente para a alma e para sua ligação com o Espírito, que vamos explorar juntos nos capítulos seguintes. Na clínica, começamos aprendendo essas técnicas, antes de examinar os padrões de pensamento que, de início, destruíram o equilíbrio natural do corpo.

Quanto mais eu ouvia e aprendia com os pacientes da clínica e com os milhares de pessoas que assistiram aos seminários que ministrei pelo país, mais convencida ficava de que a maioria dos que têm distúrbios relacionados com o *stress* estão, na verdade, sofrendo do mesmo tipo de emoção que me afligiu nas aulas de balé — um sentimento íntimo de falta de valor que gera um impressionante leque de estratégias de adaptação, todas visando a autoproteção. Como veremos, a pessoa aparentemente unitária que pensamos ser o "eu" é, na verdade, mais semelhante a um comitê de subpersonalidades, cada uma delas fazendo o máximo para nos colocar a salvo de situações que nos ameaçaram no passado. Enquanto nosso corpo e intelecto se tornam adultos, a maioria de nós continua abrigando os fantasmas emocionais de nós mesmos como crianças, assustadas e inseguras como a pequena Joanie tropeçando nos próprios pés no balé. Curar a nossa culpa envolve dar um descanso definitivo a esses fantasmas, proporcionando-lhes o amor de que precisam para deixar para trás o medo autoprotetor.

As técnicas mente-corpo podem ser usadas como a chave para curar a culpa. São úteis em vários níveis que se sustentam e se reforçam mutuamente. No nível corporal básico, elas despertam a resposta de relaxamento e atuam como uma medicação para neutralizar o sistema de luta ou fuga e restabelecer o equilíbrio do corpo. No nível psicológico, agem como um poderoso sistema para promover a autopercepção. Até a simples prática de fechar os olhos, fazer algumas respirações profundas e esquadrinhar mentalmente o corpo à procura de áreas de tensão, relaxamento, alta energia e baixa energia amplia a percepção do estado interior e permite fazer uma escolha consciente para relaxar ou reenergizar áreas de tensão. Da mesma forma, conforme discuti em *Minding the Body, Mending the Mind*, a meditação leva à percepção das emoções que podem não ser normalmente notadas, bem como de padrões habituais de pensamento que geram sofrimento.

Nos capítulos seguintes, usaremos exercícios de meditação e imagens para provocar a resposta de relaxamento e aumentar a autopercepção e a auto-aceitação. Vamos também usar essas técnicas para entrar em contato com o comitê de crianças interiores amedrontadas, cujo medo há muito deixou de nos ser útil. Ao entender e reconfortar essas partes de nós mesmos muitas vezes esquecidas, podemos curar a vergonha e a culpa doentia, a tensão e a doença por elas gerada. Esse trabalho interior compreende e ultrapassa os efeitos fisiológicos da meditação, produzindo um nível mais profundo de cura, na medida em que atinge nosso núcleo psicológico.

Embora os níveis físico e psicológico da cura mente-corpo sejam extremamente poderosos, seu benefício total só é conseguido quando inclui uma entidade que em geral é deixada de fora do tratamento médico ou psicológico. Essa entidade é a *alma*, nosso reflexo pessoal do Espírito ou Força Vital, que é a energia de onde surgem a mente e o corpo. Sem considerar a alma e o Espírito, a nossa cura da culpa e do *stress*, da ansiedade, do desamparo, da depressão e dos sintomas físicos decorrentes não pode ser completa. Como disse um dos meus pacientes: "Fiz oito anos de terapia e recebi o melhor tratamento médico, mas há uma parte de mim que permaneceu intocada." Essa parte é a alma, e nossa cura precisa ir fundo o suficiente para alcançá-la.

Embora a relação entre corpo, mente, Espírito e culpa vá ser investigada a fundo na Parte Dois, quero introduzir alguns conceitos-chave sobre alma, Espírito e cura antes de examinarmos mais de perto a psicologia da culpa.

ALMA E ESPÍRITO — CONSCIÊNCIA INDIVIDUAL OU UMA MENTE?

A palavra *psicologia* vem do grego *psyqué* e *logos* e significa "estudo da alma", mas a psicologia se ocupa tradicionalmente do estudo da mente. A separação inicial da medicina, e em seguida da psicologia, do estudo da alma foi conseqüência da necessidade sentida pelos agentes de cura de evitar conflitos com as crenças sustentadas pela Igreja Cristã primitiva. Por exemplo, a ortodoxia cristã proibia estritamente a dissecação do corpo humano, de modo que as grandes escolas de medicina da Idade Média localizavam-se na Pérsia, onde essa prática era admitida pelo islamismo e pelo judaísmo. Numa época em que a morte por heresia e feitiçaria era uma punição comum na Europa cristã, os cientistas e médicos rapidamente aprenderam a deixar a alma para os teólogos, para não serem acusados de bruxos ou demônios devido à prática das artes de cura. Os médicos transformaram-se em técnicos do corpo, os psicólogos em técnicos da mente, e os clérigos em guardiães, às vezes ciumentos, da alma.

Essa separação artificial entre mente, corpo e espírito atingiu sua expressão mais completa no século XX. O dr. Larry Dossey, médico, conferencista e escritor, refere-se à prática da medicina durante os últimos cem anos como a Era I, ou "medicina materialista", na qual:

> ... a ênfase recai sobre o corpo material, que é visto de modo geral como uma complexa máquina. A medicina da Era I é regida pelas leis de energia e matéria formuladas por Newton há 300 anos. De acordo com essa perspectiva, o universo e tudo que há nele — inclusive o corpo — são um vasto mecanismo de relojoaria que funciona de acordo com princípios deterministas. Os efeitos da mente e da consciência estão ausentes, e todas as formas de terapia precisam ser de natureza física — drogas, cirurgia, irradiação, etc.
>
> — *Recovering the Soul.**

---

* *Reencontro com a Alma*, publicado pela Editora Cultrix, São Paulo, 1992.

A medicina da Era I aumentou inquestionavelmente a qualidade e a duração da vida. Afinal, as vitaminas são uma descoberta relativamente recente, como o são os antibióticos, que só entraram em uso na época da Segunda Guerra Mundial. Sem eles, muitos de nós não estaríamos vivos hoje. Os avanços tecnológicos na cirurgia e na farmacologia têm sido realmente incríveis. Como às vezes digo brincando, eu detestaria ter de reimplantar o meu nariz, depois do acidente, via meditação! Sou profundamente grata à habilidade do meu cirurgião e à tecnologia que lhe deu respaldo.

Há cerca de 20 anos, contudo, as limitações da medicina da Era I começaram a tornar-se evidentes. Por milagrosas que fossem as suas conquistas, muitas vezes elas se mostravam insuficientes. As estatísticas de pacientes mostravam que até 90% dos motivos de consultas ao médico de família eram devidos a problemas relacionados com *stress* ou ansiedade. Embora as pílulas pudessem proporcionar um alívio temporário, não passavam de curativos, já que a causa real da doença não era tratada. Esse foi exatamente o problema por que passei há duas décadas, quando procurei ajuda para minhas dores de cabeça, de estômago, pressão alta e bronquite crônica. As pílulas proporcionavam apenas um alívio limitado. Foi só quando comecei a usar a abordagem mente-corpo, baseada em poderosas técnicas de meditação e imagens, combinada com compreensão das atitudes, causa primeira do desequilíbrio do meu corpo, que comecei a sarar.

A pesquisa científica dos últimos 20 anos está repleta de exemplos de interações mente-corpo. Se a janela do quarto onde ficamos no hospital dá para uma árvore, curamo-nos mais depressa do que quando ela dá para uma parede. Se estamos sozinhos, nosso sistema imune e nosso coração sofrem. Os homens que fumam têm mais probabilidade de morrer cedo quando são divorciados, viúvos ou solteiros do que quando são casados. Essa pesquisa indica que mente e corpo não são entidades separadas, e sim uma única unidade, o corpo-mente, que responde física e também emocionalmente à presença de outros corpos-mentes e à própria natureza.

Dossey chama o advento da medicina corpo-mente, usada junto com abordagens mecanicistas adequadas, de medicina da Era II. Mas mesmo a medicina da Era II tem limitações inerentes, porque se baseia no conceito de uma unidade corpo-mente isolada — uma consciência única habitando um corpo único — que pode ser influenciada por outras fontes de consciência, mas está inerentemente dissociada delas. A consciência, ou mente, é considerada uma função do cérebro. Quando o cérebro morre, morre a consciência.

Tive oportunidade de pôr em dúvida essa premissa há muitos anos, quando acompanhei uma jovem que estava morrendo. Ela se chamava Sally e estava com um tipo raro de câncer letal em rápido desenvolvimento no período de mais ou menos um ano em que tivemos contato. Trabalhamos com técnicas de meditação e imagens que ajudaram a aliviar os efeitos colaterais do tratamento e proporcionaram a Sally um pouco de paz. Falamos sobre emoções, conclusão de velhas questões, perdão e tristeza. Também falamos sobre o conceito que Sally tinha da morte, que era da perspectiva da Era I — a consciência morria com o cérebro em vez de sobreviver de alguma forma além do corpo.

No dia em que Sally faleceu, eu a visitava no hospital. Eu estava assustada, pois nunca havia estado com um moribundo anteriormente e não fazia a menor idéia do que esperar. Os pais dela tinham saído para almoçar quando cheguei, de modo que tive cerca de 45 minutos para ficar a sós com Sally. Para meu grande alívio, ela parecia tranqüila ao oscilar entre a consciência e a inconsciência. Simplesmente ficamos juntas em silêncio. Depois de um certo tempo, reuni coragem e perguntei: "Para onde você está sendo levada, Sally? Sua fisionomia está tão tranqüila." Ela abriu os olhos e virou-se para fitar-me. Seus olhos estavam cheios de amor e encantamento.

Num fio de voz suave e muito divertido, ela disse: "Bom, você vai custar a acreditar nisto, mas eu estive flutuando por aí, visitando o hospital. Acabo de estar na lanchonete, vendo meus pais almoçarem. Papai pediu queijo quente. Mamãe está comendo atum. Eles estão tão tristes que quase não conseguem comer. Vou precisar dizer a eles que meu corpo pode estar morrendo, mas *eu* com certeza não estou. Parece mais que estou nascendo — minha consciência está tão livre e em paz." Sally "sumiu" por algum tempo e, ao voltar, me disse: "É tão *bonito*, Joan. Estou flutuando fora do meu corpo, em direção a uma espécie de luz viva. Muito brilhante. Tão *afetuosa*, tão amorosa." Ela apertou de leve a minha mão. "Não tenha medo de morrer", disse, olhando-me com muita ternura. "A sua alma não morre de jeito nenhum. Sabia? Ela simplesmente vai para casa. Ela continua daqui em diante."

Esse momento, olhando nos olhos de Sally enquanto ela me descrevia o início da jornada de sua alma fora do corpo físico, revestiu-se para mim de uma magia especial. Este é um dos pontos culminantes da minha vida. A experiência de Sally — de que sua consciência individual, ou alma, não estava presa ao corpo — jaz na essência da maioria das tradições espirituais. O propósito da vida espiritual é lembrar que nossa alma aparentemente separada não é absolutamente separada, e sim parte de um Espírito Maior — nas palavras do poeta Kahlil Gibran, um dos "filhos e filhas da vida ansiando por si mesma". Nessa percepção, nessa *recordação* de sua unidade com a Fonte da Vida, a alma se restabelece — cura-se das dores temporais, ao lembrar sua verdadeira identidade como sabedoria, consciência e amor.

Experiências pessoais de gente como Sally, que discutiremos mais a fundo na Parte Dois, deram início a uma revolução no pensamento que abalou os princípios mais arraigados da medicina, da psicologia e da religião. Dados de estudos científicos bem-controlados questionaram ainda mais nossas premissas sobre a natureza da mente e a forma como podemos afetar uns aos outros pela consciência compartilhada. O cardiologista Randolph Byrd, por exemplo, demonstrou que os pacientes internados na unidade de terapia coronária intensiva com ataque cardíaco passavam significativamente melhor, do ponto de vista médico, quando alguém rezava por eles! Como os pacientes dos estudos de Byrd foram distribuídos ao acaso no grupo dos que receberam e dos que não receberam orações, e nem a equipe nem os pacientes sabiam a que grupo pertenciam, os resultados não podem ser explicados pela sugestão. Da mesma forma, dados de mais de trinta estudos realizados por cientistas que estudavam a meditação transcendental revelaram um significativo decréscimo na criminalidade e na violência urbana quando um por cento ou mais da população era constituída de pessoas adeptas da meditação.

Como nossa mente pode afetar os outros a distância? O conceito mecanicista de uma mente em um corpo, que serviu de base à medicina e à psicologia no último século, não consegue explicar esses fenômenos. Dossey é da opinião de que a medicina do futuro, a medicina da Era III, incluirá a dimensão espiritual que reconhece a Mente Superior, da qual todos nós somos parte.

A prece e a meditação têm seu uso mais pleno, não apenas como técnicas para promover a cura física, mas também como meio de redescobrir nossa ligação com a Mente Superior. Essa cura mais profunda abrange as eternas perguntas: Qual é o sentido da vida? Quem sou eu? O que é a consciência? O que é a divindade? O que é uma vida humana bem vivida? A medicina, a psicologia e a espiritualidade se cruzam nas respostas a essas perguntas, que, tradicionalmente, pertenciam à esfera da religião. A religião, conforme veremos no Capítulo Sete, foi profundamente influenciada e, em alguns casos, corrompida por visões do mundo baseadas na culpa.

ESPIRITUAL OU RELIGIOSO?

Neste ponto, eu gostaria de fazer uma distinção importante entre Religião e Espiritualidade. Para mim, a melhor forma de expressar a diferença é o seguinte comentário de uma boa amiga, a médica e psicoterapeuta Rachel Naomi Remen. Diz ela:

> Espiritual não é o mesmo que religioso. Uma religião é um dogma, um conjunto de crenças sobre o espiritual e um conjunto de práticas derivadas dessas crenças. Há muitas religiões, que tendem a excluir-se mutuamente. Assim, toda religião tende a supor que tem direitos sobre o espiritual — ou seja, que é "O Caminho". Entretanto, o espiritual é inclusivo. É o mais profundo sentimento de pertencer e participar ... Pode-se dizer que o espiritual é o reino da experiência humana ao qual a religião tenta nos ligar por meio do dogma e da prática. Às vezes ela tem êxito, às vezes malogra. *A religião é a ponte com o espiritual, porém o espiritual vai além da religião* [o grifo é nosso].

As religiões que mais facilmente fazem a religação entre nós e o divino baseiam-se na psicologia e na filosofia do *otimismo espiritual*, que examinaremos mais de perto a seguir. As religiões que tentam controlar-nos, provocando medo — de sermos maus, de podermos perder a alma e de que só eles (ou uma manifestação particular do Espírito que eles adoram) podem nos salvar — geram *pessimismo espiritual* que alimenta o medo, a doença da alma, a sensação de falta de valor e a culpa. Essas crenças são perigosas para nossa saúde psicológica e física. Embora a medicina e a psicologia tenham se mantido afastadas da religião durante a maior parte dos últimos dois mil anos, creio que é hora de reuni-las de novo para promover uma nova psicologia de otimismo espiritual que será a verdadeira curadora do corpo, da mente e da alma.

Um excelente exemplo de como a espiritualidade pode cruzar-se com a medicina no terreno comum da culpa aconteceu na Clínica Mente-Corpo. Durante minha gestão, trabalhei com um paciente de 37 anos de idade, chamado Bob, que continuava a sofrer de agudas enxaquecas, mesmo tendo feito amplas mudanças em sua vida. Ele meditava pelo menos três vezes por semana, corria vários quilômetros por dia, e tinha abandonado o álcool, o açúcar, a cafeína e a maconha que fumava ocasionalmente. Eu admirava a disciplina e a responsabilidade dele, mas as dores de cabeça continuavam perturbando-o. Faltava algo.

Finalmente perguntei a Bob: "Qual você acha que é o sentido da vida?" Fascinado e pensativo, Bob prontamente voltou-se para a religião. Ele fora criado por pais católicos, severos e rígidos, que o apavoravam com a noção de pecado e falavam de Deus como de um juiz temível. A confissão era particularmente traumática para Bob, que se sentia ameaçado, e não-aliviado, ao passar em revista seus atos "pecaminosos" diante do padre. Antes de eu conhecê-lo, ele havia questionado e, por fim, rejeitado os anos de sua infância religiosa. Não obstante, disse-me que ainda acreditava profundamente em "algum tipo de Poder Superior", embora não pensasse muito a respeito. Na descrição dele, esse Poder Superior era uma espécie de Papai Noel malvado, que recompensava o bom comportamento e punia a má conduta. Bob tinha deixado para trás a religião de sua infância, mas obviamente ela não o tinha deixado.

Bob se declarava um "católico em recuperação". Embora muitas pessoas criadas no catolicismo tenham tido experiências positivas e amorosas, Bob não as teve. A combinação da atitude de seus pais, a severidade das freiras que dirigiam a escola paroquial e a ênfase dada pela igreja ao inferno e à condenação durante sua infância arruinaram a auto-estima de Bob. Poderíamos até dizer que Bob foi vítima de abuso espiritual. Como acontece com muitos tipos de abuso, a criação religiosa rígida e limitadora de Bob gerou a mesma atitude pessimista e desamparada que caracteriza a culpa doentia. Nas sessões que fizemos juntos, Bob me descreveu sua capacidade de destruir quase tudo — seu casamento, seu desempenho como vendedor no trabalho (que em geral era excelente mas, como tudo o mais, não pode ser "perfeito" o tempo todo), e até seus filhos, que "não estavam indo muito bem na escola". Tudo era culpa dele, e não tinha jeito. Essa era a história de sua vida. Embora sua vida vazia pudesse não ser um resultado direto da punição divina, Bob imaginava que era, pelo menos, resultado da negligência divina. A graça o tinha abandonado em suas andanças.

O pessimismo psicológico de Bob, assim, foi agravado pelo pessimismo espiritual. Percebendo esse fato, cheguei à conclusão de que a cura física de Bob não seria completa enquanto ele não se religasse com seu núcleo interior de paz e valor. Sua alma estava efetivamente separada de sua Fonte. Portanto, encaminhei Bob a um padre que abraçava a filosofia do otimismo espiritual. A premissa dessa filosofia é que os seres humanos são bons por natureza, são parte da consciência divina, e não maus e necessitados de redenção. Quando Bob começou a pensar em si mesmo como bom, digno de seu próprio amor, e em ligação eterna com uma Fonte maior de amor, paz e sabedoria, suas dores de cabeça finalmente acabaram.

A CULPA DOENTIA COMO DOENÇA DA ALMA

Há uma passagem num manual cristão espiritualmente otimista conhecido como *Curso de Milagres* que faz esta pergunta: "Você quer ter razão ou quer ser feliz?" Um de meus pacientes certa vez observou: "Quero ter razão porque é isso que me *faz* feliz."

O certo nos faz sentir seguros. Ele nos protege do medo de sermos indignos de amor. Esse medo e essa dúvida geram comportamentos baseados na culpa, tão diferentes como perfeccionismo, super-realização, falta de positividade, "doença do ajudante" — em que cuidamos de todos menos de nós mesmos — e vício em substâncias como drogas, álcool, ou em processos como trabalho, fanatismo religioso ou "paixão" que empalidece a dor de nossa insegurança autocrítica. Ansiedade e depressão — estados em que achamos que tudo é nossa culpa e acreditamos que a vida não tem solução — são também sintomas da culpa doentia. Assim é a raiva que deriva da dor que sentimos quando acreditamos não ser dignos de amor.

A culpa doentia é uma doença auto-imune da alma que nos faz literalmente negar nosso valor como seres humanos. É uma aflição que priva a vida de alegria. Em vez de agir movidos por amor e entusiasmo, somos levados a agir por autoproteção. *A culpa doentia faz a vida se organizar em torno da necessidade de evitar o medo, e não do desejo de compartilhar o amor.* A culpa cria uma ilusão óptica psíquica que coloca em destaque as falhas e os medos, enquanto o prazer e a felicidade são relegados a segundo plano. O resultado é a perda da alegria e da gratidão, provocando fadiga, negativismo e depressão. Com a culpa, dizemos não à vida.

Essa síndrome de culpa doentia, que vou caracterizar mais especificamente no próximo capítulo, já foi chamada por muitos nomes. Mencionei o perfeccionismo e a super-realização, mas também existem o narcisismo, a personalidade propensa à vergonha ou ao *stress*, a personalidade dependente, e *mishegus* (loucura pura e simples, de acordo com minha mãe judia). Em Psicologia, ela é conhecida como *distúrbio de personalidade*, um problema mais disseminado do que a neurose, porque está entrelaçado na urdidura e trama da nossa maneira de pensar e perceber. A culpa passa a ser o tecido que nos forma, em vez de uma anomalia passageira, tal como o medo neurótico de cães ou a fobia de atravessar pontes. Os distúrbios de personalidade em geral são considerados estados crônicos. Podemos aprender a viver com eles, mas em geral eles são incuráveis. Como um viciado, estamos sempre nos recuperando.

Discordo da conclusão desse ponto de vista. Acredito que a culpa doentia seja curável, porém exige o equivalente psicológico de uma abordagem da Era III. Uma intervenção da Era I, como um antidepressivo ou outra medicação, pode aliviar a depressão que às vezes acompanha a culpa. Uma abordagem da

Era II — algum tipo de auto-avaliação ou nova percepção sistema corpomente, como a leitura, a manutenção de um diário, a terapia de grupo — também pode ajudar a recuperação. Mas essas abordagens sozinhas, muitas vezes, não são o bastante. Como no caso de Bob, a dimensão espiritual também precisa fazer parte da cura, se quisermos curar o equivalente de uma doença crônica.

Uma luz acendeu-se em minha mente quando, durante minha pesquisa, li uma carta que o famoso psiquiatra dr. Carl Jung escreveu há muitos anos a Bill W., um dos fundadores dos Alcoólicos Anônimos. Nela, Jung afirmava que o alcoolismo tinha raízes muito profundas para ser curado apenas por meios psicológicos, e que as esperanças de Bill W. repousavam numa "conversão espiritual". Bill W. experimentou essa conversão, naturalmente, e dela nasceram os programas de doze passos que foram considerados a maior força espiritual da América nos dias de hoje.

Assim como muitas pessoas são gratas ao seu alcoolismo, porque a recuperação levou-as a explorar a vida mais a fundo e encontrar mais alegria, eu agradeço à minha culpa doentia. Um antigo princípio nos ensina a procurar a salvação nos trechos mais escuros e mais dolorosos de nossa vida. Saímos para a luz não quando negamos nossa dor, mas quando a sofremos integralmente. A frase que comumente aplicamos a esse ato de graça é: "Foi uma bênção disfarçada." A colisão frontal que mencionei na Introdução foi um desses atos de graça. Ele me levou a sondar meus mais sombrios recessos.

William James, o médico e cientista que fundou a psicologia americana na virada do século, cunhou o termo *doença da alma* para descrever a síndrome da culpa doentia, do *stress* crônico, do perfeccionismo e dos sintomas físicos associados. Como Jung, ele enfatizou a necessidade de conversão espiritual do homem, a total reconsideração do nosso lugar no Universo, para que ocorra a cura da doença da alma e o retorno ao estado que ele denominou *preocupação saudável*.

Em 1901, James recebeu um convite para participar das célebres conferências Gifford sobre religião na Universidade de Edinburgh, a principal honraria concedida aos filósofos de seu tempo. A série de conferências foi publicada como o eterno clássico no assunto, *The Varieties of Religious Experience.** Nessa obra, James discute o movimento do "Novo Pensamento", iniciado

---

* *As Variedades da Experiência Religiosa*, publicado pela Editora Cultrix, São Paulo, 1991.

pelo dr. Phineas Parkhurst Quimby, cuja paciente mais famosa, Mary Baker Eddy, deu continuidade a seu trabalho, apresentando alguns dos princípios dele como Ciência Cristã. O movimento do Novo Pensamento de meados do século XIX guarda impressionantes semelhanças com o que agora denominamos movimento da Nova Era. Agora, como então, não há novidade nenhuma nessas idéias. Elas se baseiam na antiga noção de que o objetivo da vida é reconhecer a eterna ligação da consciência individual com um Todo maior — da alma com o Espírito. James cita uma carta dirigida a ele por uma mulher curada pelos princípios do Novo Pensamento. A impressão é de algo marcadamente contemporâneo. A atitude que curou essa mulher dos sintomas físicos e psicológicos de sua doença é uma ótima descrição da conversão espiritual, em oposição à religiosa, que Carl Jung julgava necessária para curar vícios arraigados ou distúrbios de personalidade. Essa mulher escreveu a James:

> A vida parecia difícil para mim em certa época. Eu estava sempre desmoronando, e tive vários ataques do que se chama depressão nervosa, com terrível insônia, chegando à beira da loucura, além de ter muitos outros problemas, principalmente dos órgãos digestivos. Eu tinha saído de casa, tinha ficado sob o cuidado de médicos, tinha tomado todos os narcóticos, parado completamente de trabalhar, sido alimentada e, na verdade, conhecia todos os médicos ao meu alcance. Mas nunca me recuperei permanentemente, até que esse Novo Pensamento tomou conta de mim.
>
> Creio que o que mais me impressionou foi aprender que precisamos estar numa relação ou em contato (essa palavra é muito expressiva para mim) mental absolutamente constante com aquela essência de vida que tudo permeia e que chamamos Deus. E isto é quase incompreensível enquanto não a vivermos dentro de nós *realmente*, isto é, voltando-nos constantemente para a mais íntima e recôndita consciência de nosso verdadeiro eu, ou de Deus em nós, para sermos iluminados a partir de dentro, assim como nos voltamos para o sol para obter luz, calor e revigoramento de fora.

A descrição dessa mulher de sua relação renovada com o Divino é um exemplo maravilhoso de uma conversão espiritual acompanhada por uma cura física. Como veremos no Capítulo Sete, no entanto, *embora a cura física em alguns casos esteja relacionada com a cura espiritual, elas não são, de forma alguma, um reflexo direto uma da outra.* Os mestres espirituais iluminados morrem de doença cardíaca e câncer exatamente como todos nós, enquanto pessimistas rabugentos que fumam cigarros e comem montes de hambúrgueres às vezes atingem a idade centenária. E todos nós, por mais brotos de feijão que comamos, por mais quilômetros que corramos, por mais afirmações que façamos, por mais horas que meditemos, por mais preces que façamos com firmeza, vamos morrer algum dia. A questão não é se vamos morrer, mas como vamos viver.

A CURA DA DOENÇA DA ALMA

A história a seguir foi-me contada por um sábio amigo e ex-colega, Steve Maurer, atualmente diretor da Clínica Mente-Corpo. É uma piada — ou mais precisamente uma parábola — sobre dois grandes seres, Jesus e Moisés, num campo de golfe. Apresento esta história, com o maior respeito pela tradição judeu-cristã, como uma metáfora para a nossa cura. No começo da história, Jesus e Moisés chegaram a um buraco muito distante, e Jesus está avaliando seus tacos. Inesperadamente, ele tira da sacola um taco com ponta metálica e faces abauladas.

"Jesus, é um lance longo", diz Moisés. "O senhor não vai conseguir nunca com esse taco. Melhor usar um taco com ponta de madeira."

Jesus sorri e responde: "Arnold Palmer* consegue." Em seguida, golpeia a bola com uma pancada retumbante. A bola pára bem no meio de uma lagoa. Moisés, generosamente, se oferece para buscar a bola e dar ao seu amigo outra chance. Assim, Moisés caminha para a lagoa, com muita classe, abre as águas e recolhe a bola. Jesus põe a bola novamente em posição, e novamente pega o taco com ponta metálica.

Moisés lamenta: "Jesus, o senhor já tentou com esse taco. Acredite em mim, o lance é muito longo. Olhe aqui o outro taco."

Jesus pacientemente balança a cabeça e caminha até a bola. "Arnold Palmer consegue", diz ele. Em seguida, dá uma tacada elegante, e a bola volteia e cai outra vez na mesma lagoa. Dessa vez, o próprio Jesus vai buscar a bola. Aproxima-se da lagoa, caminha sobre as águas e recolhe a bola. Enquanto isso, o grupo seguinte de jogadores, que já os alcançou, olha a cena com assombro.

"Quem ele pensa que é" — diz um homem — "Jesus Cristo?"

"Não", responde Moisés, desanimado. "Infelizmente, ele acha que é Arnold Palmer."

* Um dos melhores jogadores de golfe da atualidade.

Como o Jesus dessa história, muitos de nós perdem contato com a natureza Divina que habita no nosso interior — o ilimitado potencial criativo de amor que, como assegurou o verdadeiro Jesus, pode literalmente mover montanhas. Identificando-nos, ao contrário, com nossas falhas e desejos de ser "bons", "perfeitos", ou pelo menos aceitáveis, procuramos o valor nas nossas realizações. Vestimos diferentes máscaras e assumimos posturas do ego que nos fazem sentir amáveis e valorizados, mas o vazio interior persiste. Nossa autocrítica é um juiz rigoroso a nos dizer que nunca somos suficientemente bons, nunca somos dignos do nosso próprio amor. Apesar de todas as nossas realizações, a paz e a auto-aceitação continuam se esquivando de nós, e sentimo-nos culpados e estressados. *Esquecemos quem realmente somos.*

Nos demais capítulos da Parte Um, vamos explorar as raízes desse caso de erro de identidade e ver como podemos começar a corrigi-lo. Acredito sinceramente que a dor da culpa nada mais é que um sinal da graça, uma indicação de que estamos buscando nosso valor no lugar errado. Somos como o homem que estava procurando as chaves debaixo de um poste de luz. Quando um passante prestativo juntou-se à busca, perguntando onde exatamente as chaves tinham sido perdidas, o homem apontou para um terreno baldio do outro lado da rua. Quando o transeunte fez a pergunta óbvia "Então por que procurar as chaves aqui?", o homem respondeu: "Porque aqui está mais claro."

Recuperar-se da culpa redireciona necessariamente a nossa busca, do mundo exterior para o mundo interior. Aproximamo-nos de nossa identidade real, que muitas filosofias e psicologias chamam de Eu, sempre que a mente se acalma e nos inserimos totalmente no momento. O prazer de esquiar, de navegar, de cultivar a terra, de ler ou de estar na natureza é inerente a nós, não à atividade. Se estamos receosos ou muito preocupados, até o mais delicioso passatempo perde o seu sabor. Mas sempre que baixamos a guarda — entregando-nos à majestade de um pôr-do-sol, à carícia de uma brisa, ao silêncio de um abraço carinhoso — voltamos a experimentar a corrente interior de alegria e amor que está sempre presente. O Eu é como um seixo que jaz mansamente no fundo de um lago. Quando as águas estão turbulentas, não podemos vê-lo, porém ele continua lá.

A busca do Eu é identificada como o propósito da vida nas histórias mais antigas do mundo. Ela é contada e recontada em mitos, contos de fadas e metáforas religiosas de todas as culturas. Na religião, buscamos o Reino de Deus, o paraíso, a paz eterna. No mito, ansiamos por Camelot, procuramos o Velocino de Ouro, partimos em busca do Santo Graal. Como sociedade, vibramos com o arquétipo do bem e do mal em combate para partilhar o mundo. Nossa respiração fica ofegante quando o jovem Luke Skywalker confronta o arquivilão Darth Vader, para acabar descobrindo que combate o seu próprio pai, assim como precisamos combater os aspectos sombrios e ocultos da nossa natureza. Entendemos pela metáfora que só cultivamos o que temos de melhor quando confrontamos a escuridão.

Afinal, o que mais pode mobilizar-nos tão bem e ajudar-nos a superar a inércia hipnótica da vida cotidiana? A crise e a dor não são os grandes despertadores universais? Ao encarar nossa parte "escura", as partes rejeitadas do nosso ser, que pensávamos ser indignas de amor, aprendemos a viver vidas inteiras, autênticas. Readquirimos a energia depositada no que Carl Jung denominou a sombra — o grande saco que contém as partes rejeitadas do nosso eu, e que inconscientemente arrastamos pela vida toda. Na sombra, encontramos o poder que nos permite viver a vida com entusiasmo, excitação e alegria — os impulsos naturais perdidos na infância.

Quando redescobrimos nossas partes perdidas e nos tornamos psicologicamente íntegros, restauramos simultaneamente nossa alma e tornamo-nos espiritualmente íntegros. A flor do crescimento psicoespiritual é amor-ternura e compaixão, a capacidade de sofrer *com*, de deixar a esfera limitada dos assuntos pessoais e entrar na vida do outro. Na compaixão, como veremos no Capítulo Nove, a ligação entre duas almas abre as comportas através das quais o Espírito revela sua natureza como amor, e nos lembramos de quem realmente somos.

Lembrar significa juntar de novo — unir de novo. Nesta vida, somos chamados a reunir as forças da luz e da escuridão, do bem e do mal, a máscara pública e a sombra oculta. Não é uma tarefa fácil. É o que Joseph Campbell chamou de a jornada do herói. Todos nós somos heróis em potencial de nossas vidas. No final da jornada, se tudo der certo nesta vida, perceberemos o Reino interior. Lembraremos do amor como a Fonte e o alicerce do nosso ser. Lembraremos de nosso Eu como estando íntima e eternamente ligado a essa Fonte. A alegria, o entusiasmo e a criatividade que estão em nós serão então capazes de expressar-se como gratidão pela vida, engajamento na vida, um sim à vida, com suas mágoas e alegrias inevitáveis.

Minha esperança é que este livro lembre a você, conhecendo nossas histórias, que não está sozinho e, como foi dito com tanta propriedade no *Emmanuel's Book: A Guide for Living Comfortably in the Cosmos,* compilado por Pat Rodegast e Judith Stanton:

40

Nada existe além do amor.
Não se deixe iludir por máscaras e poses.
O amor é a cola
que mantém o Universo unido.
A maior necessidade de uma alma
é atingir o amor de si
que trará a unidade
pela qual os julgamentos
que provocaram tanta dor
são eliminados.

O verdadeiro amor-próprio não é o ego.
O verdadeiro amor é a grande humildade.
Amor e compaixão pelos outros
não podem existir
enquanto o eu não estiver bem abastecido.
Como você pode sentir o amor de Deus
se você mesmo não se ama?
Eles não são uma só e a mesma coisa?

Venha, vamos nos lembrar juntos.

CAPÍTULO DOIS

Culpa, Vergonha e Auto-estima

Seis pacientes, dois amigos e meu marido, Myrin, certo domingo deram-me um recorte do *Boston Globe* que abordava o sério tema da culpa doentia com revigorante leveza. O título do artigo era "O Turista da Culpa".

O artigo falava de um homem que foi a uma loja de malas comprar uma valise nova para sua culpa. A velha já estava cheia. O homem encontrou exatamente o que procurava, uma peça maravilhosa criada por uma equipe de psiquiatras e artesãos. Tinha compartimentos para todo tipo de culpa imaginável, inclusive a culpa por trabalhar demais e a culpa por "enrolar" no serviço. Culpa por não ganhar dinheiro suficiente e culpa por ganhar demais. Culpa por empreendimentos bem-sucedidos e culpa pelos fracassos. Fiquei muito interessada, imaginando se teria espaço para algumas das minhas culpas prediletas, como a culpa por comer chocolate demais e brotos de feijão de menos. Felizmente, continuei lendo e vi que a valise tinha espaço suficiente para as mais diversas culpas. Tinha até rodinhas para transportá-la no aeroporto!

CULPA SAUDÁVEL

Infelizmente, o autor esqueceu de nos dizer onde o personagem tinha comprado essa invenção fabulosa, mas, por outro lado, deixou-me pensando que alguns tipos de culpa não ficam armazenados em nossa mala de cargas. Algumas culpas são um patrimônio. Elas servem aos nossos interesses.

Vejam a história de Jennifer, uma estudante que conheci há muitos anos quando ensinava anatomia microscópica para alunos de Medicina e Odontologia. Na primeira prova prática do ano, peguei Jennifer tentando ler a resposta de um aluno da mesa ao lado. Aproximei-me de Jennifer e pedi-lhe que não desviasse os olhos de sua prova. Algumas horas depois, ela apareceu na minha sala, nervosa e abatida. Com voz trêmula, Jennifer me disse como estava envergonhada por ter colado. *Isto é culpa saudável.*

Insegura em relação à sua primeira prova na faculdade de medicina, Jennifer deixou que o medo prevalecesse sobre seu discernimento. Conversamos sobre as pressões da faculdade, a necessidade de obter boas notas, como estudar e quando pedir ajuda. Também falamos da motivação de Jennifer para colar, o que a ajudou a reconhecer e a começar a explorar a insegurança, onde o incidente tinha raízes. A culpa saudável de Jennifer e o pânico psíquico que veio junto levaram-na a assumir a responsabilidade pelo caso, admitindo que tinha colado, refletindo honestamente sobre a razão do seu ato, entendendo o que ela poderia fazer para não reincidir e decidindo que o fato não se repetiria.

Esse processo de responsabilidade, autoquestionamento e abandono do passado renova e aprofunda o auto-respeito. Chama-se perdão. O perdão provoca uma mudança de percepção que nos permite ver o nosso erro como uma oportunidade para aprender, e não como uma prova da nossa "maldade". Como discutiremos na Parte Três, *o perdão assegura que os frutos da culpa saudável sejam armazenados, não na mala das cargas, mas naquilo que a terapeuta familiar Virginia Satir chamou de caixas de sabedoria.* Deixando para trás a dor da culpa saudável, continuaremos aprofundando o autoconhecimento, a compaixão, a empatia e o crescimento espiritual.

Enquanto a culpa saudável abre o caminho para o aumento da autopercepção, para a solução das dificuldades, para a melhoria dos relacionamentos e o crescimento espiritual, a culpa doentia nos mantém presos a uma contínua reafirmação da nossa pretensa falta de valor. A culpa doentia é improdutiva e envenena a nossa paz de espírito, a nossa sabedoria e a capacidade de cuidar de nós mesmos e dos outros. No estado de culpa doentia, não é a omissão ou a realização de um ato específico que desencadeia o remorso. Em vez disso, vivemos num constante estado de autodepreciação, independentemente do que fazemos ou não fazemos. Esse estado doloroso de ser, em que nos sentimos defeituosos, impostores, falhos ou sem valor chama-se vergonha. *As pessoas cujas personalidades giram em torno da tentativa de esconder de si mesmas e dos outros esses sentimentos dolorosos de vergonha vivem num estado de culpa doentia.* Elas se culpam por coisas que não são falha sua, nem sua responsabilidade, e que nem mesmo dizem respeito a elas. Mais tarde, neste capítulo, há uma lista de vinte e um pensamentos, comportamentos e emoções característicos da culpa doentia. Mas antes de examinar essas características,

43

precisamos olhar de perto a emoção essencial que dá origem tanto à culpa saudável como à doentia — a vergonha.

A VERGONHA COMO REAÇÃO INATA
(VERGONHA SAUDÁVEL)

Todos nós somos capazes de nos lembrar de algum episódio de nossa vida que nos envergonhou. Comigo aconteceu quando eu tinha catorze anos. De pé no ponto de ônibus em frente à escola, senti alguma coisa rebentar de repente. O náilon escorregando inexoravelmente pela minha pele me fez ficar vermelha como um pimentão. Fiquei paralisada pelo medo. Minhas calcinhas estavam escorregando pelas pernas rumo a um encontro com o destino. Eu estava prestes a ser subitamente revelada como uma pessoa diferente, sem valor, inferior. Uma perdedora, uma boba, um lixo. Durante dois ou três minutos abomináveis que pareciam prolongar-se até a eternidade, criei fantasias em que eu era o alvo de piadinhas e o assunto de centenas de fofocas telefônicas e conversas no vestiário. Misericordiosamente, meus joelhos protuberantes e minha saia me salvaram. Caminhei desajeitadamente para a segurança por trás de um arbusto, onde fingi verificar meus livros, e descobrir que faltava um. Busquei refúgio na escola antes de ser descoberta.

A vergonha parece um súbito corte de nossa ligação com o mundo. Ela nos dá a sensação de nudez emocional (se não literal) e de estarmos expostos como algo diferente do que pensávamos ser. A vergonha é traumaticamente dolorosa e isoladora. Ela corta as pontes que nos ligam aos outros e faz-nos sentir vulneráveis e sós. Como o sentimento de união, de participação e ligação com os outros é fundamental para o sentimento do eu, este é temporariamente destruído pela vergonha. É uma emoção muito forte. Na verdade, a vergonha foi chamada de "emoção principal", porque as experiências de vergonha na infância têm o poder de determinar como sentiremos outras emoções no resto de nossa vida.

A vergonha é inata. Não precisamos aprender a nos envergonhar. É "equipamento de fábrica", como a reação de luta ou fuga ou a reação de relaxamento. Com a vergonha, subitamente prendemos e seguramos a respiração. Olhamos para baixo e baixamos a cabeça. Ficamos temporariamente imóveis. Há uma paralisia da ação, em vez de uma tentativa de lutar ou fugir. Em vez de o sangue fluir para os músculos, ele se dirige para a pele, e enrubescemos, muitas vezes revelando, a contragosto, nossa vulnerabilidade. A vergonha é o retrato acabado do desamparo. Estamos vencidos e sabemos disso. Ao pensar por que ocorre um reflexo fisiológico tão forte, é interessante especular sobre o seu valor de sobrevivência. Que benefício tem a imobilidade e a sensação de desamparo para os seres sociais? Por que criaríamos um mecanismo para anunciar uma confissão de derrota?

Os seres humanos são criaturas sociais. Somos animais gregários por natureza. Se você já teve um cão, sabe bastante sobre o comportamento instintivo de um animal gregário. Por exemplo, quando você grita com o Fido, que mastigou o fio da geladeira, ele parece submisso e envergonhado, não parece? Abaixa a cabeça, arrasta-se de barriga, bate o rabo no chão servilmente, e seus grandes olhos castanhos suplicam clemência. Você é o chefão do bando dele, e a capacidade inerente que ele tem de sentir vergonha ao ultrapassar seus limites e invadir o seu território leva ao ritual de comportamento submisso, que suspende o ataque e favorece a sobrevivência. Quando Myrin e eu éramos recém-casados, um de nossos vizinhos era um policial que tinha um pastor alemão treinado para atacar. Nosso vizinho explicou que ficar completamente parado impediria um ataque do cão, já que a imobilidade é uma mensagem de submissão. Você já não é percebido como uma ameaça quando pára de se movimentar.

Embora uma analogia entre seres humanos e cães seja necessariamente uma simplificação excessiva, acredito, de fato, que a vergonha tem um valor de sobrevivência também na hierarquia social humana. Uma vez vi, no supermercado, um garotinho de mais ou menos três anos, com o pai. A criança estava se jogando para fora do carrinho para agarrar as diferentes caixas de cores vivas, como fazem os menininhos. A reação de pai foi uma explosão de raiva e agressão verbal que me deixou horrorizada. Mesmo tratando-se de um local público, parecia certo que ele iria bater na criança. No entanto, em resposta a essa investida, o garotinho abaixou a cabeça, envergonhado, e ficou sentado no carrinho como uma frágil estatueta. O pai olhou para ele por um instante e depois prosseguiu pelo corredor. Pode ser que o agressor ache mais difícil ferir uma vítima submissa. A rendição oferece uma segurança relativa.

Além do valor básico de sobrevivência, a vergonha também tem um valor social de ordem superior. Ela é um componente essencial do doloroso remorso que acompanha a culpa saudável. Sinaliza o nosso reconhecimento de que violamos padrões sociais e, dessa forma, é de importância crítica para o desenvolvimento da consciência. No abrangente e ponderado livro *Healing the Shame That Binds You*, John Bradshaw observa que a vergonha está presente na infância, enquanto a culpa surge numa etapa posterior ao desenvolvimento humano. Antes dos três anos de idade, não internacionalizamos, num código moral incipiente e nosso, idéias sociais sobre o certo e o errado. De acordo com Erik Erikson, um teórico da personalidade, a criança de três anos precisa, então, decidir entre desejos opostos. Por um lado, quer fazer as coisas à sua maneira. Por outro, quer honrar os costumes sociais que internalizou.

Se esse estágio de desenvolvimento psicossocial for concluído satisfatoriamente, a criança passa a ser "socializada no bando", e entende que seus próprios desejos são secundários em relação a um bem maior. Ela aprendeu a sentir a culpa saudável. O desenvolvimento adequado da culpa saudável requer duas condições: a internalização do código moral e a capacidade de sentir vergonha, que faz soar um alarme quando o código é infringido. Se a criança não aprender a sentir culpa saudável, deixa de desenvolver a consciência, e adquire um estado chamado sociopatia ou psicopatia. Ou os códigos morais não foram devidamente internalizados, ou o sentimento de vergonha está de alguma forma ausente ou foi suprimido. Isto é o que infelizmente acontece com muitos criminosos que atacam os outros sem se arrepender.

A VERGONHA COMO FALSA IDENTIDADE (VERGONHA DOENTIA)

Embora a capacidade de sentir vergonha seja normal, adaptativa, e um requisito para o desenvolvimento da culpa saudável, da consciência, da compaixão e da empatia, ela pode adquirir vida própria, não-relacionada com sua função primordial de soar um alarme quando os limites são ultrapassados. No sábio e agradável livro de Gershen Kaufman, *Shame: The Power of Caring*, o autor distingue a vergonha como emoção passageira, reação normal a qualquer exibição súbita e inesperada em que perdemos o prestígio, da vergonha como identidade, um estado em que nos sentimos isolados, deficientes, desesperados e desamparados em geral, em vez de ser uma reação a um fato específico.

> Embutida na experiência da vergonha, há uma aguda percepção de nós mesmos como fundamentalmente deficientes em algum aspecto vital, como seres humanos. Viver com vergonha é experimentar a própria essência ou coração do eu como carente. A vergonha é uma experiência provocadora de impotência porque é como se não existisse forma de atenuar a questão, nem de restaurar o equilíbrio das coisas. *A pessoa simplesmente falhou como ser humano*. Não se vê uma ação isolada como errada e, portanto, corrigível (p. 8, o grifo é nosso).

A vergonha como identidade — o que John Bradshaw chama de *vergonha tóxica* — significa que perdemos a nossa verdadeira identidade e valor como seres humanos. Sem ligação com o nosso valor, tornamo-nos presas do sentimento de identidade errada, discutido no capítulo anterior. Vemos a nós mesmos como defeituosos, inferiores. A auto-estima atinge um nível perigosamente baixo. Bradshaw associa o caso de identidade errada com um falso conjunto de crenças baseado na vergonha. "Sou falho e defeituoso como ser humano. Sou impostor." Essa identidade baseada na vergonha, por sua vez, dá origem a um raciocínio distorcido: "Ninguém pode me amar como sou. Preciso de algo que está fora de mim para sentir-me bem e inteiro."

Bradshaw mostra como esse pensamento distorcido leva a uma série de comportamentos de vício. Podemos decidir alterar nosso estado de espírito e recuperar um temporário sentimento de poder e de ligação através do álcool, das drogas, do sexo, do trabalho, do perfeccionismo, dos relacionamentos de dependência ou controle, ou mesmo de alguns tipos de crenças e práticas religiosas, mas o que estamos realmente buscando é a mesma coisa: auto-respeito e ligação com um referencial maior de sentido. Estamos buscando tanto o nosso eu temporal como seres humanos de valor único, quanto nosso Eu eterno, como parte de um todo maior.

É fato que os programas baseados unicamente na psicologia são relativamente ineficazes no tratamento dos vícios. O comportamento de vício e a identidade baseada na vergonha, subjacente a ele, são sintomas daquilo que tanto William James como Gershen Kaufman chamam doença da alma. A cura da doença da alma exige autopercepção psicológica e mudança de comportamento, mas vai além dessas metas, até a religação com o Espírito, a Fonte de nosso ser, que cura a identidade errada no nível mais profundo. É por isso que os programas de doze passos, apresentados pelos Alcoólicos Anônimos e por outros grupos que são fundamentados na espiritualidade e também psicologicamente sofisticados, constituem uma força tão poderosa para a cura da vergonha e do vício.

VERGONHA E ESPIRITUALIDADE

Definimos espiritualidade como religação ou, mais corretamente, lembrança da nossa ligação eterna com uma força vital do poder de que somos parte. Nós "vivemos, nos movemos e existimos" nesse grande meio, à semelhança da onda que faz parte do oceano. Ele está dentro de nós e também além de nós. Por meio dele, estamos ligados a tudo e a uma rica fonte de sabedoria à qual temos acesso em momentos de inspiração e intuição. Nesses momentos, a mente se acalma e nos centramos no Eu interior. Nessa recordação, torna-mo-nos profundamente cientes de que a força vital é a energia emocional que descrevemos como amor, e temos profunda consciência do nosso valor. Sentimos amor-ternura por nós mesmos e pelos outros. A ligação espiritual é diametralmente oposta ao sentimento de isolamento e desamparo da culpa doentia.

A necessidade de relembrar o espírito é um forte desejo de todos nós, embora possamos não reconhecer o anseio espiritual como tal. O desejo de amor, de paz, de beleza, de sabedoria e de criatividade são anseios espirituais tradicionais. Os desejos viciosos de realização, poder, reconhecimento e bens materiais que podem tornar-nos amáveis, aceitáveis, ou pelo menos invencíveis, aplacando assim a vergonha interior, também são motivados pelo anseio espiritual por amor. O problema é que os comportamentos viciosos reforçam o nosso "falso eu", o conjunto de traços de personalidade e comportamentos baseados no medo que adotamos na esperança de parecer bons aos olhos dos outros, ou ao menos atenuar a dor de nossa imaginária falta de valor. Quanto mais nos identificamos com o falso eu, conhecido por diferentes teóricos como a "máscara" ou a "personalidade hipotética", tanto mais ficamos separados do verdadeiro Eu e da compreensão das experiências de vida que acumulamos em nossa alma. A vergonha literalmente nos torna estranhos para nós mesmos.

O dr. Charles Whitfield apresenta a seguinte lista de características do Eu Real, em oposição ao eu falso ou baseado na vergonha, em seu excelente livro *Healing the Child Within*.

Whitfield elabora sua diferenciação entre o Eu Real e o falso eu da seguinte forma:

> Nosso Eu Real é espontâneo, expansivo, amoroso, generoso e comunicativo. Nosso Eu Verdadeiro aceita a nós mesmos e aos outros. Ele sente, sejam os sentimentos alegres ou dolorosos. E ele expressa esses sentimentos. Nosso Eu Real aceita nossos sentimentos sem julgamentos nem medo, e permite que eles existam como uma forma eficaz de avaliar e apreciar os acontecimentos da vida... Ele pode ser infantil na mais elevada, mais madura e mais evoluída acepção dessa palavra. Ele precisa brincar e divertir-se. Entretanto, é vulnerável, talvez por ser tão aberto e confiante. Ele se entrega a si mesmo, aos outros e, por fim, ao universo. Entretanto, é poderoso na verdadeira acepção de poder. É saudavelmente generoso consigo mesmo, sentindo prazer em receber e ser cuidado. Também é aberto para aquela vasta e misteriosa parte que chamamos de nosso inconsciente.

Ele presta atenção às mensagens que recebe diariamente do inconsciente, como os sonhos, os conflitos e a doença. Por ser real, tem liberdade para crescer. E, embora nosso eu (falso) co-dependente esqueça, nosso Eu Real lembra da nossa Unidade com os outros e com o universo (pp. 10, 11).

CONHECE-TE A TI MESMO

A busca espiritual por sentido, sabedoria, ligação e amor começa com o autoconhecimento. Precisamos entender o falso eu e sua base na vergonha antes de podermos deixar para trás o medo que o sustenta e começar a reorganizar nossa personalidade em torno do verdadeiro Eu. Isto é o que vamos fazer juntos no próximo capítulo. O problema da personalidade baseada na vergonha, no entanto, está em termos demasiada vergonha de nós mesmos para fazer uma instropecção honesta! Conhecer a si mesmo significaria admitir a fraqueza e os medos normais que todo ser humano sente, mas que a pessoa cuja personalidade se baseia na vergonha tenta esconder dela mesma.

Eu Real	*Eu falso**
Eu autêntico	Eu não-autêntico, máscara
Eu verdadeiro	Eu falso, persona
Genuíno	Não-genuíno, personalidade "hipotética"
Espontâneo	Planos e tramas
Expansivo, amoroso	Mesquinho, medroso
Generoso, comunicativo	Retraído
Aceita a si mesmo e aos outros	Invejoso, crítico, idealizado, perfeccionista
Compassivo	Voltado para os outros, excessivamente adaptável
Ama incondicionalmente	Ama condicionalmente
Sente os sentimentos, inclusive a raiva adequada, espontânea, atual	Nega ou esconde os sentimentos, inclusive a raiva antiga (ressentimento)
Positivo	Agressivo e/ou passivo

---

* O dr. Whitfield intitula essa coluna o "eu co-dependente", termo que vamos definir mais adiante na parte sobre a culpa doentia e os filhos adultos de alcoólicos.

Intuitivo	Racional, lógico
Criança interior, capacidade de ser infantil	Pai superdesenvolvido/papéis de adulto/pode ser imaturo
Precisa brincar e divertir-se	Evita brincar e divertir-se
Vulnerável	Finge ser sempre forte
Poderoso na verdadeira acepção do termo	Poder limitado
Confiante	Desconfiado
Gosta de ser protegido	Evita ser protegido
Entrega-se	Controla, recolhe-se
Trata-se bem	Corrige-se
Aberto ao inconsciente	Bloqueia o material do inconsciente
Lembra da nossa unidade	Esquece a nossa unidade/sente-se à parte
Livre para crescer	Tende a agir inconscientemente, muitas vezes repetindo padrões dolorosos
Eu privado	Eu público

A pessoa cuja personalidade é baseada na vergonha previne-se contra expor seu eu interior aos outros, mas, o que é mais significativo, previne-se contra expor-se a si mesma. A vergonha tóxica é muito torturante porque é a dolorosa exposição do pretenso fracasso do eu ao eu. Com a vergonha tóxica, o eu passa a ser um objeto em que não se pode confiar. Como objeto em que não se pode confiar, a pessoa experimenta a si mesma como indigna de confiança.

— John Bradshaw, *Healing the Shame That Binds You*, p. 10.

O antigo conselho "Conhece-te a ti mesmo" é difícil de seguir quando a vergonha impede a honestidade consigo mesmo; no entanto, as tradições psicológicas e espirituais concordam que a autopercepção é o caminho que leva à recuperação da doença da alma. Conhecer a si mesmo significa aceitar-se exatamente como se é, sem ficar dependendo da necessidade de parecer bom. Quantos de nós negam determinadas emoções, como a raiva, por achar que as pessoas "boas" não ficam zangadas? A raiva, como qualquer emoção, não é boa nem má. Simplesmente é. As emoções são mensagens sobre o mundo, e sua repressão simplesmente nos mantém na ignorância. Não nos credencia para a santidade.

Foi só depois de ter sofrido durante muitos anos e chegado ao ponto em que minha falta de autopercepção, e conseqüentemente de autoconhecimento, me deixou incapacitada devido a doenças, maus relacionamentos, ansiedade, depressão, pânico e perfeccionismo, que eu finalmente me rendi e olhei de frente a dor interna da vergonha. Não foi e não é fácil descascar as camadas de auto-ilusão protetora que se formam em volta da vergonha e dão origem ao padrão de comportamento da culpa doentia. Às vezes, ainda é mais fácil para mim perder-me no trabalho ou ler do que encarar os sentimentos dolorosos que estão batendo no meu ombro, tentando me passar uma mensagem sobre meu passado e sua relação com comportamentos e relacionamentos atuais. Às vezes ainda é mais fácil fingir que tudo está ótimo, quando não está; fazer coisas que não quero fazer, porque é difícil dizer não; apresentar-me como vítima em vez de dizer o que penso — renunciar ao meu poder. Mas aprendi que as conseqüências dessas formas de auto-ilusão são desastrosas. Elas tornam o presente mais confortável e o futuro mais difícil.

O primeiro passo na minha recuperação permanente da culpa doentia e da vergonha que a embasa foi reconhecer os sintomas. Como a culpa doentia distorce nossos pensamentos, emoções e comportamentos? Através de anos, compilei uma lista de 21 pensamentos, emoções e comportamentos que acompanham a identidade baseada na culpa e resultam numa definição de trabalho sobre a culpa doentia criada pela vergonha. Admitir como nos sentimos, sem nos diminuirmos por isso, é a forma de aprender a ouvir as mensagens emocionais, de nos libertar do passado e começar a cura psicoespiritual.

Ao ler as características da culpa doentia, relacionadas abaixo, seja camarada consigo mesmo quando começar a se identificar com alguma delas. O fato de reconhecê-las em si não é um convite à autocrítica e a mais culpa. É um convite à autopercepção e à religação com o amor e o livre-arbítrio que ele proporciona. Para tornar mais fácil esse exame, compilei a lista com senso de humor, para não reforçar a tendência da culpa que faz com que nos levemos demasiadamente a sério.

VINTE E UMA EXPRESSÕES DE CULPA DOENTIA

1. Eu me sobrecarrego

Assumir mais do que o razoável para qualquer ser humano é uma característica comum da culpa doentia. Projetos demais, coisas demais para fazer, tempo que nunca é suficiente. Esse hábito, uma das principais causas do *stress*, é alimentado pela dificuldade que temos de dizer não — tanto para nossas necessidades de realização como para as expectativas dos outros a nosso respeito. A sobrecarga baseia-se na ilusão de que podemos reconquistar o nosso amor e o amor dos outros colecionando conquistas que provam o nosso valor. Além do mais, a sobrecarga é um vício que nos anestesia para os sentimentos de ansiedade e vazio, que inevitavelmente afloram se ficarmos sozinhos, sem distrações. A sobrecarga é uma forma de evitar a dor. Ela bloqueia o processo de recuperação.

2. Eu sei mesmo como me preocupar

É meia-noite. Sua filha deveria chegar às 11h30, mas ainda não está em casa. O filme pode ter acabado tarde, ou talvez ela esteja se divertindo e tenha esquecido de olhar o relógio. Talvez ela esteja só agindo como uma adolescente e testando um pouco seus limites. Mas a explicação mais provável é que ela tenha sido estuprada, seqüestrada, assassinada, ou pelo menos tenha ficado aleijada para sempre por causa de uma batida de carro. Com a respiração pesada, você decide ser razoável e esperar até meia-noite e quinze antes de ligar para a polícia e todos os pronto-socorros.

A transformação imediata de qualquer acontecimento numa catástrofe de escala mundial é o que o psicólogo Albert Ellis chama de *horribilização*. Sua mais incrível faceta é que são necessários poucos indícios objetivos, ou nenhum, para tirar inauditas conclusões apocalípticas. Esse tipo de preocupação é a projeção, no exterior, do nosso medo recôndito — o da nossa própria destruição. Pois, sem o conhecimento do amor, tudo o que resta é o medo, e nunca podemos sentir-nos seguros.

3. Sou um ajudante compulsivo

As classes de profissionais assistenciais — enfermeiros, terapeutas, voluntários — estão fervilhando de culpados. Há vários anos, no começo de minha cura permanente, um amigo chamou-me de salvadora profissional. Na época fiquei furiosa, mas ele estava coberto de razão. Entretanto, não é preciso ser um profissional assistencial para ser um ajudante profissional, que acredita que é responsabilidade sua dar um jeito no problema de todo mundo. Ao ajudar os outros, naturalmente tentamos dar-lhes o amor de que precisamos tão desesperadamente mas, como não sabemos amar a nós mesmos, as tentativas de amar e salvar os outros muitas vezes têm efeito oposto ao desejado. A ajuda compulsiva não é um contato autêntico entre o nosso Eu e o Eu do outro. Em vez disso, é um contato entre a nossa parte medrosa e a parte medrosa de mais alguém. Esse processo é como o cego que guia outro cego — provavelmente os dois vão cair num buraco.

4. Estou sempre me desculpando

Quando o ato de desmarcar a hora com o dentista transforma-se numa explicação de cinco minutos — sobre o quanto a sua sogra está doente e como não há ninguém para ajudá-la e que você lamenta imensamente o inconveniente que causou e que você fará tudo que esteja a seu alcance para ter a certeza de que nunca mais cometerá crime tão hediondo — você está com problemas. Sentindo que todos os outros são juízes e jurados de nossa alma, pedimos desculpas sem parar, muitas vezes nos transformando em verdadeiros chatos. Nada do que fazemos é suficientemente bom. O presente que escolhemos não é bem o que deveria ser, e assim dizemos à tia Rosa que ela pode trocá-lo antes mesmo de desembrulhá-lo. A casa não está bem limpa, na verdade não é isso o que queríamos dizer, o frango que fizemos para o jantar ficou seco demais. Sinto muito, *tanto*, mesmo.

5. Muitas vezes acordo com ansiedade ou tenho períodos em que fico ansioso durante dias ou semanas

Se tivermos sorte, a ansiedade começa depois de uma boa noite de sono. Caso contrário, ela acontece no meio da noite ou nos faz acordar cedo, e a roda mental começa a girar. As ruminações sobre o passado adquirem vida própria — "*se pelo menos* eu tivesse feito isso ou aquilo", junto com a preocupação sobre as incertezas do futuro, "*E se* isso ou aquilo acontecer?" Preocupamo-nos com tudo o que já podemos ter feito errado ou poderemos fazer errado em breve. Se formos também do tipo que se sobrecarrega, preocupamo-nos com a forma de encaixar tudo e com quem ficará zangado conosco se não pudermos cumprir nossas obrigações a tempo. A ansiedade, muitas vezes, também mascara a raiva. No fim das contas, essas pessoas que estamos salvando, ajudando, ou a quem estamos demonstrando nossas realizações, não começam a parecer às vezes nossos perseguidores?

6. Estou sempre me culpando

Se a sua filha vai mal em álgebra, a culpa é *sua*, porque o que quer que você tenha feito ou deixado de fazer, como pai, simplesmente não foi o suficiente. Se você perde o emprego porque há uma recessão e os engenheiros estão sendo dispensados, nunca é má sorte ou sinal dos tempos. E nunca, *nunca*, é uma oportunidade. É algo terrível, e é tudo culpa sua porque você é burro, preguiçoso, um lixo, um perdedor, ou sofre de algum outro defeito fatal que é essencial na sua constante autocrítica. Esse tipo de pensamento pessimista é característico da culpa doentia e força continuamente o desamparo tão importante para a vergonha como identidade.

7. Eu me preocupo com o que os outros vão pensar de mim

Você pode deitar na cama e fazer um retrospecto das conversas que teve. Você disse a coisa errada *outra vez*. Essa pessoa provavelmente está acordada neste exato minuto pensando como você é insensível, estúpido ou ingênuo. O simples fato de pensar nisso nos causa vergonha, mesmo que tudo parecesse estar bem na hora da conversa. Ou talvez você tenha acabado de terminar um grande projeto e tenha ficado bastante satisfeito. Se o retorno obtido for positivo, você fica envaidecido. Mas se o retorno for negativo, mesmo que possa ser um enorme aperfeiçoamento para o projeto, todas as boas sensações se evaporam. Não ouvimos o retorno como um diálogo a respeito de idéias, ouvimos como uma condenação do eu. Somos um fracasso. O nome disso é *dependência de elogios ou culpas*. Significa que concedemos a outras pessoas o poder de determinar o nosso valor. Significa que somos impotentes.

8. Odeio quando as pessoas ficam bravas comigo

Nossas antenas estão sempre pesquisando a raiva no ar. O chefe está quieto e introspectivo esta semana. Sem nenhum indício objetivo, podemos deduzir que ele está bravo conosco. Esquecemos a promessa de ligar de volta para uma amiga, e depois sentimo-nos tão culpados que adiamos sempre a ligação. Temos medo de que ela esteja zangada, e assim nos retraímos, transformando um esquecimento numa situação difícil. Quando alguém realmente nos confronta com raiva, sentimo-nos tão vulneráveis e subjugados que fazemos quase tudo para sair da encrenca e reconquistar as boas graças da pessoa, chegando até a mentir, fraudar e comprometer nossa ética. Nada é tão importante quanto a sobrevivência, que parece diretamente ameaçada pela raiva. Quando éramos criancinhas, acreditávamos que nossa sobrevivência dependia do fato de sermos amáveis, e bem lá no fundo a criança assustada ainda acredita que a pessoa zangada tem poder de vida ou morte sobre ela.

9. Não sou tão bom quanto os outros acham. Eu simplesmente engano todo mundo

Algum dia as pessoas vão descobrir que realmente não sabemos tanto, não fazemos tanto, não nos importamos tanto quanto elas pensam. Na realidade, somos impostores. Chegamos aonde chegamos unicamente por fatores circunstanciais. A maioria das outras pessoas que estão atrás de nós são, de fato, muito mais inteligentes e competentes. Os psicólogos chamam a isto de *síndrome do impostor*, que aflige muitas pessoas competentes e brilhantes, que definem o valor em termos do que são capazes de produzir, e não em termos de quem são. John Bradshaw diz que isso é agir como um *fazer humano* e não como um *ser humano*. Na verdade, o problema é que não sabemos de fato quem somos, e dessa forma sentimo-nos vazios e confusos.

10. Sou subserviente

Fazemos tanto esforço para ser bons que muitas vezes assumimos trabalho extra. Em casa, no escritório, na escola, fazemos o dobro do trabalho dos colegas, da família ou dos amigos. Além disso, mesmo que a tarefa seja de outra pessoa, muitas vezes pulamos na frente e fazemos o serviço antes que ela tenha a oportunidade de iniciá-lo! Esse padrão leva inevitavelmente à raiva, porque força outras pessoas a desempenharem o papel de "agressor", já que insistimos em ser a "vítima" da pretensa insensibilidade delas em relação a nós. Em situações familiares, a subserviência cria o famoso *complexo de mártir*, que com certeza nos tornará muito antipáticos, apesar de todos os esforços. No fim das contas, poucas pessoas gostam de desempenhar o papel do imprestável, do preguiçoso, do ingrato, de que o mártir precisa como contraponto de sua própria imagem.

11. Nunca tenho tempo para mim

E como poderia? A culpa doentia nos deixa ocupados demais trabalhando, ajudando, salvando o mundo, lavando prato e preocupando-nos com todo o resto para o qual não sobra tempo. Somos sempre a última prioridade de nossa lista. Mesmo sabendo que exercícios, meditação ou o bom e velho descanso fazem com que nos sintamos melhor, sempre existe algo mais urgente. As necessidades dos outros sempre têm prioridade sobre as nossas, o que reflete a baixa auto-estima que acompanha a vergonha como identidade. Quando não reservamos um tempo para a recuperação — espiritual e corporal — reforçamos a sensação de isolamento e desamparo que embasa a culpa doentia. Se não sobra tempo para caminhar pela praia ou contemplar um pôr-do-sol, se não sobra tempo para ouvir o nosso coração, não estamos vivendo de verdade. E não somos felizes de verdade.

12. Tenho medo que os outros sejam melhores do que eu

Quando comecei a aprender a seccionar espécimes para observar no microscópio eletrônico, eu queria fazer logo tudo perfeito. Havia muitas etapas, inclusive tirar lâminas de enormes placas de vidro, fazer uma concavidade na lâmina e enchê-la de água para os espécimes flutuarem, e em seguida aprender a abordar o espécime vagarosamente com um aparelho comprido e complicado, conhecido como micrótomo. Meu professor fazia tudo isso rápido e conseguia secções num átimo. Eu tinha inveja da facilidade com que ele trabalhava, e me queixei a ele da minha lentidão. A resposta foi realmente surpreendente. "Até onde vai o seu egocentrismo?" disse ele, com desdém. "Eu faço isso há doze anos, e você quer se igualar a mim em uma semana!" No pensamento culposo, o sucesso e o fracasso são um tema constante, fomentando a inveja e a competitividade.

13. "Preciso" e "devo" são minhas palavras favoritas

Talvez você esteja sentado na sala, largado em frente à TV. Embora esteja gostando de ouvir o noticiário, de repente você se lembra daqueles dois telefonemas que precisa dar. Sem nem pensar, você pula da poltrona e pega o telefone, colocando outra vez as necessidades dos outros à frente das suas. Ou talvez você tenha convidado amigos para o jantar. Durante a tarde toda você limpou e cozinhou compulsivamente, preparando mais do que qualquer um poderia comer. Quando seus convidados chegam, você poderia gostar de descontrair e bater papo, mas precisa voltar à cozinha e supervisionar o jantar. Não é surpresa que se sinta estressada e ansiosa em vez de estar à vontade e tranqüila. O dever e o precisar são um ótimo jeito de motivar o *fazer* humano, mas eles bloqueiam a alegria do *ser* humano.

14. Não suporto críticas

Até as perguntas mais simples freqüentemente são percebidas como ataques críticos que exigem autoproteção imediata. Por exemplo: "Oi, meu bem, você conseguiu ligar para o pedreiro hoje?" "Ligar para o pedreiro? De que jeito? Afinal, estou de pé desde as sete e meia da manhã. Não consegui parar de trabalhar até quase às 6 horas da tarde — estive tão ocupada que não sobrou um minuto para dar um telefonema. Estou completamente exausta. Nem tive tempo de almoçar. Ainda por cima, acabou o leite, o pão, os ovos e a comida para o gato. Tive que passar no supermercado a caminho de casa. Você sabe como eu sou ocupada." Como uma resposta dessas parece uma acusação (como é que ele poderia fazer essa pergunta quando sabe como você é ocupada), agora o seu marido está bravo com você. A autodefesa contra a crítica é o que achamos que nos protege da rejeição e do abandono que tanto tememos. Tragicamente, a defesa consiste em desencadear exatamente a rejeição que tememos, e assim ninguém sai ganhando.

15. Sou perfeccionista

Você faz uma prova e acerta 90%. Está satisfeito? Não, se for um perfeccionista. Em vez de se alegrar com os 90%, os perfeccionistas preferem reclamar sobre os 10% que erraram. Estatisticamente, é fato que ninguém consegue fazer "o melhor" durante 100% do tempo. Metade do tempo ficamos acima de nossa média, e metade do tempo ficamos abaixo. Isto é perfeição estatística, conforme as leis de probabilidade. É preciso ter muita ousadia para acreditar que podemos ou que devemos ser capazes de levar a melhor sobre as leis naturais, mas é exatamente isso que o perfeccionismo exige. Como estratégia que evoluiu para assegurar amor e aprovação, eles têm profundas raízes nos medos e anseios da infância, que o transformaram em necessidade emocional, não em escolha intelectual. O perfeccionismo não faz sentido algum, do ponto de vista racional, e só pode ser sanado voltando às suas raízes na infância, como faremos juntos no próximo capítulo.

16. Tenho medo de ser egoísta

Mesmo dedicando tanto tempo a ajudar os outros, no fundo você tem medo de ser egoísta. A razão é simples. Muitas vezes você fica zangado exatamente com as pessoas que você se vira do avesso para ajudar, porque ajudá-las deixa tão pouco tempo e energia para você. Em vez de reconhecer a raiva como sinal de desequilíbrio, você a interpreta como um sentimento inadequado, que você não deveria ter. Afinal, qualquer ser humano realmente bom continuaria alegremente doando-se, esquecendo as próprias necessidades, até desabar no chão, certo? Não é isso a verdadeira grandeza? Um bom amigo lembrou-me certa vez que até a Madre Teresa tem as Irmãs da Misericórdia para ajudá-la! Se você reconhece primeiro as suas necessidades, pode ajudar os outros quando *eles* precisam, não quando *você* precisa. Isso é bom senso, não é egoísmo.

17. Odeio ser ajudado ou pedir ajuda

Talvez você esteja num elevador com as duas mãos ocupadas. Em vez de pedir que alguém aperte o botão em seu lugar, você o aperta com o nariz. Seus sogros vieram passar uma semana com você. Em vez de pedir-lhes para ajudar na cozinha e na limpeza (o que os deixaria muito mais à vontade), você corre, tentando fazer tudo sozinha. No final da semana, você está exausta e zangada, certo? A maioria das pessoas culpadas acha que é muito mais fácil dar do que receber, e que é quase impossível receber se for preciso pedir.

No entanto, dar e receber são na verdade os pólos entre os quais o amor flui, não é assim? Portanto, recusar-se a receber não é absolutamente um ato de generosidade; é uma forma sutil de egoísmo, que obstrui o fluxo do amor e nos mantêm apartados do Espírito.

18. Não sei receber elogios

"Nossa, Ellen, que vestido lindo!" "Ah, é só um vestido velho da minha cunhada. Ela tem mesmo bom gosto para roupas." Isso lhe parece familiar? A resposta culpada aos elogios é um paradoxo fascinante. Por um lado, ansiamos a perfeição e vibramos com a aprovação. Mas quando a aprovação é dada generosamente, nós a afastamos, focalizando as possíveis imperfeições que poderiam invalidar o elogio. Por exemplo, você comprou o vestido numa liquidação, e na verdade ele não é tão bom quanto parece. Você comprou numa loja cara, e está constrangida pensando na quantidade de dinheiro que gastou. Você comprou um azul, que não é a cor que lhe fica melhor. Ele é perfeito para a ocasião, mas não para a temperatura, que mudou de repente. Você engordou cinco quilos, e o cinto é uma tortura. Você emagreceu cinco quilos, e ele não realça a sua silhueta. De qualquer forma, seu gosto é horrível, e o elogio era mentiroso. Lembra da valise para culpas? Você precisa de uma que combine com ela para guardar suas roupas de culpa!

19. Às vezes tenho medo de estar sendo — ou de vir a ser — castigado pelos meus pecados

Quando acontece algo ruim, o pessimismo psicológico sempre culpa a si mesmo. O psicólogo Martin Seligman descreve o pessimista como a pessoa de atitude autocrítica, desamparada e desesperançada que diz: "É minha culpa. Estrago tudo o que faço. Esta é a história da minha vida." O pessimista espiritual vai um passo além: "É tudo minha culpa, e este fato mau está acontecendo porque Deus está castigando meus pecados." Como discutiremos no Capítulo Sete, o pessimismo psicológico propicia a adoção de crenças, derivadas do medo, num Deus punitivo e julgador. O pessimismo espiritual mina a nossa força e nos mantém prisioneiros do medo, do desamparo e da culpa. É a antítese do otimismo espiritual, que deriva do "conhecimento" interno de Deus como amor, e da correspondente fé em que os acontecimentos maus da vida são oportunidades de crescimento da alma, e não castigos pela falta de valor.

20. Preocupo-me muito com o meu corpo

Pessoas culpadas são propensas tanto às doenças como à hipocondria: 75% das consultas ao médico se devem a distúrbios relacionados com *stress*, incluindo fadiga, tensão muscular, distúrbios gastrintestinais e cardiovasculares, aumento de susceptibilidade a infecções, alergia e imunodepressão. Pessoas culpadas também tendem a "horribilizar" as dores, como a dor nas costas que começou segunda-feira passada. Poderia ter sido o pneu que você trocou, o quadro que pendurou, ou até os sinais da meia-idade que se insinua. Mas com toda probabilidade é câncer. Com você, tudo é para cima. Você tem certeza. Mas se a dor nas costas sumir, não se preocupe. Amanhã, ou na semana que vem, você pode ter tonturas. Pode ser *stress*, infecção no ouvido, ou talvez mesmo esclerose múltipla. Entretanto, depois da devida reflexão, você conclui que um tumor no cérebro é a explicação mais provável! A preocupação com o corpo desvia a atenção da autopercepção emocional. É mais uma forma de entorpecer a dor da vergonha interior.

E finalmente, mas não menos importante:

21. Não sei dizer não

Essa pequena palavra enche de medo o culpado. Como precisamos tão desesperadamente de aprovação, dizer não é um risco terrível. Alguém pode pensar que somos maus ou egoístas. Alguém pode até sentir-se preterido ou ficar zangado conosco. Como não temos o direito a espaço nenhum nem a nenhuma necessidade que não seja a oportunidade de ajudar os outros, por que se incomodar em dizer não? Isso só nos traz ansiedade e rejeição.

A CULPA DOENTIA E OS FILHOS ADULTOS DE ALCOÓLICOS

Durante os anos em que compilei essa lista, comecei a me familiarizar com parte da literatura sobre filhos adultos de alcoólicos. Os filhos adultos de alcoólicos freqüentemente crescem com personalidades baseadas na vergonha, e transformam-se no que a comunidade dos viciados chama de co-dependentes. A palavra "co-dependente" vem da observação de que, mesmo que o adulto filho de um alcoólico não se torne outro alcoólico, ele em geral prefere os relacionamentos com pessoas viciadas em alguma substância, como álcool ou drogas, em algum processo, como o trabalho, ou mesmo com fanáticos religiosos. Há um radar inconsciente quase infalível para localizar relacionamentos que reprisam as experiências da infância. Esses adultos, assim, passam a ser co-dependentes dos vícios de pessoas importantes para eles, dando continuidade à forma conhecida de relacionar-se com o mundo. De fato, os co-dependentes também são viciados. São viciados em culpa.

Fiquei impressionada com a semelhança das características da culpa doentia e das características, largamente divulgadas, de filhos adultos de alcoólicos. A seguir você poderá ler uma lista de 14 desses itens feita em meados da década de 70 por Tony A., membro dos Alcoólicos Anônimos, publicada no livro de Dennis Wholey para esses adultos: *Becoming Your Own Parent*. Essa lista foi criada a partir de um inventário pessoal feito por Tony A., chamado trabalho do quarto passo — um inventário moral e psicológico inquisitivo que visa aumentar a autopercepção.

Embora a lista de Tony A. seja um reflexo da infância dele num lar alcoólico, todos nós somos filhos adultos de alguém. Charles Whitfield calcula que entre 80 a 95% dos adultos crescem em famílias com algum tipo de disfunção, em que desenvolvem uma identidade baseada na culpa, semelhante à dos filhos adultos de alcoólicos. Por causa disso, muitas pessoas que não cresceram em lares de alcoólicos sentem, mesmo assim, um frêmito de reconhecimento quando lêem a lista de características de filhos adultos de alcoólicos.

Essa lista pode aplicar-se da mesma forma a filhos de pais egocêntricos, viciados em trabalho, ausentes do lar devido a necessidades financeiras, física ou mentalmente doentes, agressivos do ponto de vista sexual, emocional ou espiritual, e pais sufocantes que fazem tudo pelos filhos, exceto deixar que eles vivam sua vida. Devido a essas semelhanças, as pessoas que não tiveram pais alcoólicos com freqüência se beneficiam consideravelmente participando dos programas Alanon ou Filhos adultos de alcoólicos e trabalhando os doze passos da recuperação, que podem ser proveitosos para a maioria das pessoas.

Esta é a lista de Tony A.:

1. Ficamos isolados e com receio das pessoas e das figuras dotadas de autoridade.
2. Vivemos em busca de aprovação e, enquanto isso, perdemos nossa identidade.
3. Ficamos amedrontados diante de pessoas zangadas e de qualquer crítica pessoal.
4. Ou nos tornamos alcoólicos, ou casamos com um alcoólico — ou ambas as coisas — ou encontramos outra personalidade compulsiva, como um viciado em trabalho, que preencha a nossa necessidade de entrega à doença.
5. Vivemos a vida da perspectiva da vítima, e somos atraídos por essa fraqueza nos relacionamentos de amor e amizade.
6. Temos um sentimento de responsabilidade subdesenvolvido; para nós, é mais fácil ter preocupações com os outros do que conosco; isso não impede que examinemos de perto nossas falhas.
7. Temos sentimento de culpa quando defendemos nossos direitos em vez de ceder aos outros.
8. Tornamo-nos viciados em agitação.
9. Confundimos amor e pena, e tendemos a "amar" pessoas que possam ser objeto de nossa "pena" e "ajuda".
10. "Encobrimos" os sentimentos relativos à nossa infância traumática e perdemos a capacidade de sentir ou de expressar sentimentos, porque isso dói muito.
11. Nós nos julgamos com severidade e nossa auto-estima é baixa.
12. Somos personalidades dependentes que sentem pavor do abandono, e fazemos qualquer coisa para manter um relacionamento, para não ter os

dolorosos sentimentos de abandono que adquirimos vivendo com doentes que estavam sempre emocionalmente ausentes para nós.

13. O alcoolismo é uma doença familiar, e tornamo-nos paraalcoólicos que assumem as caraterísticas dessa doença mesmo sem beber.

14. Os paraalcoólicos reagem, não agem.

Os paraalcoólicos são espectadores inocentes prejudicados pelo comportamento vicioso e criados de acordo com o pensamento distorcido que está na base do vício. Em lares de não-alcoólicos, poderíamos dizer que essas crianças sofrem de vergonha. Há muitos de nós que sofrem. Vamos ler algumas de nossas histórias e refletir sobre a origem do pensamento distorcido, que chamamos culpa doentia, no próximo capítulo. A esta altura, eu gostaria de examinar a característica comum a todas as crianças criadas na vergonha — a baixa auto-estima.

VERGONHA E AUTO-ESTIMA

O psicólogo Nathaniel Branden diz que a auto-estima é a nossa reputação interior. Quando vivemos a vida envergonhados e acreditamos que não temos valor, essa reputação é baixa — e o resultado é a baixa auto-estima. Nosso relacionamento com nós mesmos é tenso e opressivo. Em *Honoring the Self*, Branden lembra:

> Encontramo-nos no meio de uma rede quase infinita de relacionamentos, com os outros, com as coisas, com o universo. Entretanto, às três da madrugada, quando estamos a sós, temos ciência de que a relação mais íntima e poderosa de todas, aquela da qual nunca fugiremos, é a relação de cada um consigo mesmo. Nenhum aspecto significativo do pensamento, da motivação, dos sentimentos ou dos comportamentos deixa de ser afetado pela nossa auto-avaliação. Somos organismos que, além de conscientes, são autoconscientes. Esta é a nossa glória e, às vezes, a nossa carga (p. 11).

Embora os seres humanos sejam intrinsecamente autoconscientes — capazes de autopercepção — um efeito colateral básico da vergonha é a constrição da autopercepção. Como o profundo sentimento de inadequação que acompanha a vergonha é forte demais para ser agüentado conscientemente, desenvolvemos mecanismos psicológicos de defesa, como proteção contra a autocrítica e o julgamento autodestrutivo. Por exemplo, como nossa raiva muitas vezes é assustadora demais para ser admitida, tendemos a projetá-la no exterior, e a enxergar os outros como zangados, ou como críticos, agressivos, injustos, preconceituosos, controladores ou mesquinhos. Ao pensar em nós como vítimas dos outros, podemos negar a realidade de sermos, de fato, vítimas de nós mesmos. Quanto mais insistimos em não ter essa consciência, mais aprisionados ficamos.

A recuperação da culpa doentia, e da vergonha e baixa auto-estima que lhe servem de base, começa com a disposição em ser autoconsciente, em ser honesto acerca dos próprios pensamentos e sentimentos, como vamos discutir em profundidade nos próximos capítulos. Branden resume da seguinte forma as habilidades de percepção que precisamos nos dispor a praticar, para recuperar a auto-estima — o que ele chama de aprender a *respeitar o eu*:

O primeiro ato para respeitar o eu é a afirmação da consciência: a decisão de pensar, estar ciente, enviar a luz pesquisadora da consciência ao exterior, em direção ao mundo, e ao interior, em direção ao nosso próprio ser. Fugir a esse esforço é fugir a si mesmo no nível mais fundamental.

Respeitar o eu é estar disposto a pensar com independência, viver pela própria cabeça, e ter a coragem de ter suas próprias percepções e juízos.

Respeitar o eu é estar disposto a conhecer, não apenas o que pensamos, mas também o que sentimos, queremos, precisamos, desejamos, o que nos faz sofrer, o que nos assusta ou nos enraivece — e aceitar o direito que temos de experimentar esses sentimentos. O oposto dessa atitude é negação, renúncia, repressão — auto-rejeição.

Respeitar o eu é preservar a atitude de auto-aceitação — que significa aceitar o que somos, sem auto-opressão nem autopunição, sem nenhum fingimento destinado a enganar a nós mesmos ou a qualquer outra pessoa, sobre o que na verdade somos.

Respeitar o eu é viver autenticamente, falar e agir com base nas convicções e sentimentos mais íntimos.

Respeitar o eu é recusar-se a aceitar a culpa não-merecida e fazer o máximo para sanar essa culpa, se for merecida.

Respeitar o eu é estar identificado com o direito de existir, que provém do conhecimento de que a nossa vida não pertence aos outros, e de que não estamos aqui na Terra para satisfazer as expectativas alheias. Para muitas pessoas, esta é uma responsabilidade assustadora.

Respeitar o eu é estar apaixonado pela própria vida, pelas próprias possibilidades de crescer e de sentir alegria, e pelo processo de descoberta e exploração de potencialidades caracteristicamente humanas (pp. 3, 4).

SUPERAR A TIRANIA DO PENSAMENTO
PRETO E BRANCO

Por baixo de todo raciocínio distorcido, conseqüência do esquecimento de nossa verdadeira identidade como seres de amor, valor e sabedoria, está o medo de ser mau, o que, por sua vez, pode levar à rejeição e ao abandono. Na cabeça de uma criança, rejeição e abandono equivalem à morte. Esse profundo medo estabelece uma rígida censura mental, um mecanismo psicológico de defesa que divide nossos pensamentos, emoções e comportamentos em duas categorias mutuamente excludentes — bom ou mau, preto ou branco, seguro ou inseguro. Dividir significa que ou somos perfeitos ou um fracasso, ou santos ou pecadores, e essas são categorias que aplicamos com igual rigidez a outras pessoas. A autocrítica, a auto-ilusão e a perda de autopercepção que acompanham a divisão nos mantêm desamparados, impotentes, envergonhados, enraivecidos e ansiosos — um preço alto para parecer "bom".

Para erradicar as características da culpa doentia, é preciso ter a capacidade de aceitar a gama de tons de cinza que nos torna humanos. Ninguém é totalmente branco ou totalmente preto. Somos todos um composto, um mosaico de diferentes pensamentos, emoções e escolhas de comportamento. Cada um de nós é mais maduro em algumas áreas do que em outras. Isto não nos torna "maus" — significa apenas que temos pontos de maior crescimento. *Em vez de pensar em termos de bom e mau, é mais proveitoso pensar em termos de consciente e inconsciente, de percebido e não-percebido.* Quanto maior a nossa percepção, maior o nosso avanço na estrada da recuperação da culpa. Por exemplo, reprimir a raiva para parecer virtuoso e ficar a salvo é típico da constrição da autopercepção do falso eu. É inconsciente e comum. Da mesma forma, um acesso de raiva, cujo efeito sobre a própria pessoa e os outros é imponderado, também é inconsciente. Ao contrário, reconhecer a raiva, aceitá-la e em seguida expressá-la de forma a não magoar nem a si nem aos outros é uma decisão consciente.

Conheço um professor de meditação budista. Ele é gentil, sábio, compassivo *e* fuma. É uma escolha dele. As pessoas intolerantes, que acreditam que seres assim deveriam ser puros como lâminas de marfim em todos os hábitos carnais, vão perder um professor maravilhoso. Da mesma forma, é possível ser um ótimo pai *e* perder a calma de vez em quando. Podemos ser bondosos *e* egoístas, amorosos *e* ocasionalmente críticos, simpáticos *e* muito bravos num determinado momento. E, não importa quem somos e o quanto trabalhamos para nos tornar íntegros e perceptivos, vamos continuar a cometer erros. Se pudermos aceitar a nossa humanidade com mente aberta e percepção, em vez de nos censurarmos por vergonha, seremos mais capazes de escolher comportamentos que aumentem a nossa liberdade e a nossa felicidade.

Quando rejeitamos a tirania do preto e branco, do pensamento do tipo "ou isto ou aquilo", ficamos mais flexíveis, interessantes, brincalhões e bem-humorados. Tornamo-nos menos rígidos, intolerantes, empertigados, críticos e contraídos. Reflita sobre as palavras deste antigo poema, escrito pela voz da sabedoria feminina, e enterrado na cidade de Nag Hammadi, no deserto egípcio, há mais de 1.600 anos. O poema foi desenterrado juntamente com um conjunto de 52 manuscritos gnósticos (da palavra grega para "conhecimento interior") em 1945. O poema data da época de Cristo:

Porque sou a primeira e a última.
Sou a que é honrada e desprezada.
Sou a prostituta e a santa.
Sou a esposa e a virgem...
Sou aquela que é estéril
    e muitos são os meus filhos...

Porque sou conhecimento e ignorância.
Sou vergonha e audácia.
Não tenho pudor; sou envergonhada.
Sou força e sou medo.
Sou guerra e sou paz.
Sou desgraçada e sou grande...
Sou atéia
    e sou aquela cujo Deus é maior.

— Selecionado de
"The Thunder, Perfect Mind"
em *The Nag Hammadi Library*,
James M. Robinson, organizador

SUGESTÕES PARA O LEITOR

1. Com que características da culpa doentia, do falso eu, ou dos filhos adultos de alcoólicos você se identificou?

2. Faça um diário quando estiver disposto a dedicar uma hora ou duas a si mesmo. Escreva sobre suas características de culpa. Se possível, mostre o seu auto-exame a um amigo ou parente em quem confie, ou discuta-o com um terapeuta.

3. Fique ciente da divisão. Observe e elimine o pensamento preto e branco, ou bom e mau. Quando cair nele, respire profundamente e recue. Pergunte a si mesmo: "O que não estou percebendo? O que estou sentindo?" Se estiver julgando a si mesmo ou aos outros, lembre-se do poema gnóstico. O que conta não é "bom" ou "mau". Toda a natureza, inclusive a natureza humana, é feita de opostos. O que nos liberta é a percepção e a auto-aceitação.

CAPÍTULO TRÊS

O Drama da Criança Interior

Certa vez, voltando para casa num cansativo vôo noturno de Boston para San Francisco, fui tirada do torpor das 6 da manhã pelo inesperado som de risos e divertimento. Duas fileiras à frente, um garotinho, usando o encosto da poltrona, brincava animadamente de esconde-esconde com um homem de seus 80 anos. O rosto dos dois brilhava, e num instante juntou-se à volta deles um grupo de passageiros, atraídos pela alegria, como flores abrindo-se para o sol. Estranhos exaustos num avião lotado converteram-se, inesperadamente, em companheiros de viagem de uma jornada mais duradoura. Unidos pelos sorrisos retribuídos, fisionomias amistosas e olhos marejados com súbita gratidão pela vida que transbordava de corações confiantes, compartilhamos de um momento de magia e sentido. A "Criança Natural" de cada um de nós prontamente despertou e participou da alegria.

As crianças têm *entusiasmo* em abundância — a raiz grega de entusiasmo significa, literalmente, "possuído por Deus". Naturalmente inseridas no agora, as crianças tendem a desfrutar a vida com espontaneidade à medida que ela acontece. Os pais de crianças pequenas sempre ficam um pouco frustrados ao ver que às vezes elas preferem o papel de embrulho ao brinquedo comprado! Não seria ótimo se os adultos pudessem outra vez extrair tanto prazer das pequenas coisas? É essa exuberante gratidão pela vida que torna as crianças tão encantadoras, apesar de toda a dor de cabeça que é tomar conta delas. As crianças pequenas encaram a vida com o que o rabino Abraham Heschel chama "deslumbramento radical". Elas estão sintonizadas e fascinadas com o mistério da vida que representam. São curiosas e receptivas ao fluxo sempre mutável de acontecimentos.

Desde que as crianças se sintam amadas, sua alegria é visível, mesmo nas piores situações. Nunca vou esquecer a perturbação que senti ao ver as favelas

67

de Bombaim. A pobreza estava em toda parte, e a higiene em parte alguma. No entanto, o riso das crianças brincando enchia o ar. A psiquiatra Elisabeth Kübler-Ross fala de modo comovente de uma situação ainda pior. Ao visitar os galpões de crianças num dos campos de morte da Alemanha, depois da guerra, ela esperava encontrar sinais de terror. Em vez disso, viu paredes cobertas de desenhos de borboletas, um antigo símbolo do Espírito. A capacidade intrínseca à alma humana de florescer até em meio a terríveis adversidades é um tributo à vitalidade da Criança Natural, que permanece dentro de cada um de nós, em ligação silenciosa com o Espírito, mesmo quando envelhecemos.

AMOR CONDICIONAL E INCONDICIONAL

Durante os anos de crescimento, a Criança Natural, o Eu Real — o núcleo divino da nossa personalidade — fica escondido sob um véu, cuja matéria-prima são as instruções sobre a forma como devemos agir para sermos dignos de amor. Quando somos valorizados de acordo com comportamentos ou sentimentos predeterminados, passamos a ser vítimas do *amor condicional*. Como o amor é um reforçador muito poderoso do comportamento, logo aprendemos a experimentar e expressar basicamente os pensamentos, as emoções e os comportamentos recompensados com amor. Como veremos, aprendemos, da mesma forma, a reprimir e a negar aquelas partes nossas que são censuradas. Por meio desse poderoso condicionamento, perdemos a liberdade de experimentar o mundo à medida que ele acontece. Ao contrário, experimentamos o mundo através de filtros seletivos criados pela concessão e negação de amor. Começamos a ver, como disse o apóstolo Paulo, "através de um espelho, imprecisamente".

Nunca vi o poder do *amor incondicional* demonstrado de forma mais incisiva do que num documentário sobre Madre Teresa, em que ela aparece atendendo crianças doentes e moribundas. Quando lhe perguntam por que se dá ao trabalho de cuidar de crianças que, de uma forma ou de outra, morrerão em breve, ela responde simplesmente que o amor é um direito de nascimento de todas as pessoas. É para isso que estamos aqui na Terra. O filme tem um trecho particularmente comovente, quando Madre Teresa está cuidando de um menino com graves espasmos, morrendo de desnutrição. O rosto e os membros debilitados da criança se contorcem numa máscara retorcida de dor e medo. Madre Teresa começa a "imposição de mãos" com muita ternura, sorrindo com amor para o rostinho assustado. Em alguns minutos, os membros do menino ficam milagrosamente relaxados, e seu rosto se enche de paz e alegria. Sua Criança Natural, temporariamente adormecida, redesperta com o amor de

Madre Teresa. Assistindo a esse trecho, pude ver facilmente que o amor incondicional — que nos é dado simplesmente porque existimos — completa o circuito que nos liga à vida.

A necessidade de amor é, na verdade, a condição mais fundamental da sobrevivência. Sem ela, morreríamos na infância. Crianças cujas necessidades físicas são satisfeitas — são alimentadas e trocadas — mas que não são acariciadas nem colocadas no colo, que não recebem paparicos e nem respostas, literalmente param de crescer. A glândula pituitária não segrega uma quantidade suficiente de hormônio do crescimento, e as crianças crescem muito devagar, se crescerem. Isto costumava acontecer com freqüência com os bebês prematuros isolados em incubadeiras. Agora sabemos que quando as enfermeiras e os pais massageiam esses minúsculos bebês várias vezes por dia, eles crescem muito mais depressa e sofrem menos complicações do que quando são deixados sozinhos num ambiente asséptico.

Essa debilidade, chamada síndrome do não-crescimento, também é endêmica em orfanatos onde os cuidados são dispensados com hora marcada, e não de acordo com as necessidades da criança. Essas crianças ficam deprimidas e retraídas, anti-sociais e terrivelmente medrosas. Depois de vários meses num ambiente desses, elas se retiram para um triste mundinho próprio, e muitas vezes reagem com gritos de pavor à aproximação de alguém. Muitas morrem cedo, e as que sobrevivem ficam psicologicamente marcadas. Essas pobres crianças são uma triste prova científica daquilo que, no fundo, todos sabemos — o amor é a própria força vital.

Felizmente, a maioria de nós recebe amor suficiente para nossas células saberem que estamos vivos, mas muitos também recebem mensagens condicionadoras. Acabamos acreditando que merecíamos amor quando agíamos de determinada forma e não de outra. Talvez fôssemos dignos de amor se ficássemos quietos e não perturbássemos mamãe e papai, se fôssemos bem na escola ou nos destacássemos nos esportes. Alguns aprenderam que eram dignos de amor quando estavam felizes, mas não quando estavam tristes ou zangados. Outros aprenderam que seu valor dependia da capacidade de guardar algum segredo familiar — a capacidade de fingir para esconder vícios, tristezas, doenças mentais ou outro problema, para a família parecer "normal".

A PONTE INTERPESSOAL

O amor é um reflexo da reciprocidade no relacionamento. Quando um bebê cobre o rosto com a camiseta, depois abaixa-a rapidamente e começa a rir brincando de esconde-esconde, na maioria das vezes o pai ou a mãe também começam a rir. O bebê envolve o pai, que responde a partir de um referencial de prazer. Com o prosseguimento da brincadeira, os dois continuam a criar novos referenciais um para o outro. Ambos brincam usando a curiosidade, a surpresa, reagindo de forma diferente a cada momento. Estão sintonizados, unidos por um laço de reciprocidade, e o amor flui livremente entre eles. Um está presente para o outro. Sabem que a interação é amorosa, e por isso estão abertos e criativos. Embora nesse caso um dos parceiros seja um bebê e o outro um adulto, a relação é de Criança Natural para Criança Natural. De Eu para Eu. De centro para centro. De alegria para alegria.

O psiquiatra Gershen Kaufman dá a esse elo de amor e confiança entre duas pessoas o nome de *ponte interpessoal.* Ela é a pedra angular da interação humana. Quando o amor flui pela ponte, estamos em sintonia com o nosso núcleo, o nosso centro. Sentimos o prazer do momento. Deliciamo-nos com a paz, o amor, a alegria e a confiança, porque a luz natural do Eu brilha. Isso é felicidade, a nossa mais cara esperança como seres humanos, e a razão mais fundamental pela qual todas as atividades da vida são empreendidas. As pontes interpessoais são o alicerce da confiança.

A confiança é importante para os adultos, mas para as crianças é crucial, por causa da limitada noção que estas têm do funcionamento do mundo. Confiar significa que o mundo permanece constante. Se o céu é azul e as nuvens são brancas hoje, a criança precisa saber que as cores serão as mesmas amanhã. Se mamãe elogia Molly que guardou seus brinquedos hoje, Molly supõe que guardá-los amanhã continuará agradando mamãe. Se as regras mudam no meio do caminho, a tênue imagem que a criança tem da "realidade" desmorona, e ela se sentirá culpada pelos dolorosos sentimentos de confusão e vergonha que se seguem. A menininha que deixa mamãe encantada quando levanta o vestido e dança pela sala com as calcinhas à mostra ficará repentinamente chocada e envergonhada se for severamente repreendida ao agir da mesma forma no supermercado.

No momento da repreensão, o mundo pára de funcionar de acordo com as regras. A ponte interpessoal se rompe. Sentindo-se amedrontada e isolada, a criança imagina o que fez para ocasionar esse desastre. Significa que ela será abandonada? Significa que mamãe ficará brava para sempre? Significa que ela nunca será amada outra vez? Para uma criança pequena que sabe tão pouco sobre o mundo, um ser frágil cuja vida é totalmente dependente do cuidado dos pais, a ruptura das pontes é tão assustadora quanto a morte.

A resposta emocional ao súbito colapso da realidade que se segue à ruptura das pontes é a vergonha. Enquanto o amor fluía pela ponte, estávamos ligados e seguros. Quando o amor pára de fluir, ficamos isolados, impotentes e amedrontados. Com a vergonha, estamos à mercê do outro que é poderoso, de quem parece depender a nossa sobrevivência. Como crianças pequenas, não importa o que tenha acontecido para nos envergonhar, chegamos à conclusão de que foi tudo nossa culpa. Não fomos suficientemente bons. O mundo ruiu *por nossa causa.* Não é de surpreender que a vergonha precoce crie a necessidade doentia de controlar tudo!

Certa vez, observei uma mãe abrindo caminho pelo trânsito do centro da cidade com um carrinho de bebê, onde estava deitado seu filho de oito ou nove meses. A criança fazia força para se levantar e olhar em volta, e finalmente agarrou a haste lateral do carrinho e se ergueu. O rosto do bebê demonstrava muito prazer e uma sensação de vitória. Mas mamãe estava preocupada em abrir caminho e deve ter achado que poderia ir mais depressa se o bebê ficasse deitado. Ela ignorou o triunfo dele e lhe deu um empurrão de leve nas costas. O bebê arregalou os olhos, surpreso. *Não* é assim que o mundo deve funcionar! O bebê prendeu a respiração e depois começou a choramingar. Felizmente, mamãe reconsiderou o efeito de seu ato. Parou, pegou o filho no colo, consolou-o e restabeleceu a ponte interpessoal. Depois, colocou-o sentado no carrinho e lá foram eles.

Esse era um bebê com sorte. Alguns de nós tiveram pais problemáticos — eram muito ocupados, viviam agitados em resultado de sua própria infância; eram alcoólicos, doentes, ignorantes, ou agressivos do ponto de vista físico, emocional ou espiritual. Podem ter rompido pontes com muita freqüência, sem perceber nem se importar, mas em qualquer caso sem parar para reconstruí-las. E, por mais bem-intencionado que seja o pai, é impossível ficar o tempo todo em completa sintonia com as necessidades de um filho. Todo pai rompe pontes, às vezes em pequena escala, às vezes de forma mais grave. A vida é uma colcha de retalhos de pontes construídas, rompidas e, espera-se, reconstruídas. O fato há muito sabido de que as partes que quebramos podem se tornar as mais fortes do nosso corpo dá um significado mais profundo aos ferimentos que todos nós inevitavelmente sofremos. Os maiores aprendizados da vida ocorrem quando aproveitamos as oportunidades de reparar pontes rompidas, como discutiremos na Parte Três, ao analisar o perdão e os relacionamentos.

A VERGONHA E AS PONTES ROMPIDAS:
A INFÂNCIA DE STEPHANIE

A dor da vergonha que surge quando as pontes são rompidas é tanta e representa uma ameaça tão grande à nossa sobrevivência, que aprendemos a evitá-la a todo custo. Aprendemos a agradar, a apaziguar e a mentir sobre nossos sentimentos, para manter a ilusão de ligação com os outros. Digo ilusão porque a criança que sentiu vergonha a ponto de desenvolver uma personalidade baseada nesse sentimento, uma personalidade organizada para a autoproteção e não para a reciprocidade, já não pode construir pontes interpessoais verdadeiras. Como crianças, aprendemos que a única forma de proteção contra a ruptura das pontes é parar de fazer pontes. A solidão e o isolamento contra os quais esperávamos nos proteger transformam-se em nossos companheiros constantes. Acabamos isolados na dor que tínhamos esperança de isolar. Vamos ver a história de Stephanie para entender como isso acontece.

Stephanie, uma publicitária de notável beleza, com 30 e poucos anos, veio consultar-me com um grave quadro de hipocondria, complicado por um problema real de asma. Brincamos com o fato de ela ser sócia do clube da doença do mês, porém seu constante medo de estar com câncer, com AIDS ou com alguma outra doença fatal não era motivo para riso, como também não eram os ataques de asma que a atormentavam desde a infância.

Stephanie era filha única e, aos cinco anos de idade, tendo perdido repentinamente a mãe num acidente, sentiu-se aflita e amedrontada. O pai, um homem rico e fanático pelo trabalho, cujos pais também tinham personalidades baseadas na vergonha, não sabia como consolar nem a filha nem a si mesmo depois da morte da esposa. Refugiou-se no trabalho e deixou Stephanie aos cuidados de uma babá. Stephanie passou muitas noites solitárias, esperando com a babá até oito ou nove da noite, quando papai voltava do escritório e passava alguns minutos com ela. O pai prometia sempre chegar em casa mais cedo, mas em geral não cumpria a promessa. Só os ataques de asma de Stephanie faziam com que ele viesse mais cedo do escritório.

Depois da morte da mãe, a asma de Stephanie tornou-se progressivamente mais grave. Embora eu não acredite que o *stress* e a vergonha da infância provoquem a doença, acredito, isto sim, que eles trazem à tona ou agravam as doenças para as quais há uma predisposição. Nesses casos, a doença pode tornar-se um meio importante que a criança tem de sentir-se próxima do pai e receber o tão necessário cuidado. A doença pode tornar-se um importante meio de aproximação e construção de pontes para a criança que tem um pai inseguro, porque proporciona uma estrutura segura e previsível para a interação pai-filho.

As crianças cuja doença teve a função crucial de assegurar o cuidado e um tipo limitado de proximidade, muitas vezes, na idade adulta, apresentam um agravamento da doença nas ocasiões em que passam por *stress*, estão fora de controle ou precisando de apoio emocional. O sistema nervoso fica condicionado a provocar a doença em resposta ao *stress* porque este, por sua vez, provoca o cuidado de que tanto precisam. Em *Minding the Body, Mending the Mind*, discutimos essa questão como o "lucro secundário" resultante da doença. O corpo-mente, em sua sabedoria, não abre mão de uma doença cuja existência assegura o cuidado tão vital para a sobrevivência. Por causa disso, encontrar formas saudáveis de satisfazer as necessidades emocionais é uma parte importante da cura física em pessoas com uma história semelhante à de Stephanie.

Todas as crianças envergonhadas sofrem de abandono emocional e precisam encontrar formas de suprir essa necessidade de ligação. A morte da mãe de Stephanie foi uma forma traumática de abandono para uma criança de cinco anos. O divórcio é igualmente traumático, principalmente quando a criança é ignorada pelo progenitor que vai embora, ou quando fica no meio de uma luta pelo poder. As crianças muitas vezes julgam-se responsáveis pela doença, pelo divórcio ou pela morte dos pais, e Stephanie se perguntava o que teria feito de tão terrível para a mãe ir embora. Como o pai não estava emocionalmente disponível para ela, Stephanie tinha poucas oportunidades de falar sobre seus sentimentos, o que, como veremos mais adiante, é de importância crítica para superar as experiências de trauma e perda. A personalidade em desenvolvimento de Stephanie — uma criança assustada que julgava não ter valor — organizou-se em torno da proteção contra futuros abandonos. Ela o fez criando todo um elenco de personagens, ou falsos eus, destinados a conquistar amor e aprovação, sendo tão perfeita quanto possível e agradável sob todos os aspectos.

Stephanie fazia tudo o que lhe pediam. Era excelente aluna, boa cozinheira, grande protetora do pai atarefado e rainha do baile do colégio. No entanto, quando adulta, por mais bonita e talentosa que fosse, só atraía um tipo de homem — os lobos, segundo ela. "Os lobos não ligam para você", disse-me, "eles só querem conseguir o que podem de você — sexo, dinheiro ou prestígio. Eles são usuários." O Eu de Stephanie não estava disponível para ligar-se ao Eu de outras pessoas e construir autênticas pontes interpessoais. Pelo contrário, os falsos eus dela — a personalidade multifacetada, não-autêntica, que tinha nascido da necessidade de autoproteção — construíam "pontes falsas" ligadas ao eu falso de outra pessoa. Stephanie tinha criado um radar inconsciente que permitia que um dos falsos eus, que ela chamava de *femme fatale*, identificasse e atraísse *personas*-lobos para namorar. Não é que Stephanie quisesse agir assim. Acontecia, apesar dos esforços em contrário que ela fazia.

Eis como se desenvolveu o radar. Com doze ou treze anos, quando as meninas e meninos judeus da idade de Stephanie dançavam juntos nos Bar Mitzvahs, ela observou que as meninas que dançavam mais colado eram as mais populares. Embora Stephanie logo viesse a *desempenhar* o papel de mulher fatal, não desenvolveu muito a capacidade de intimidade emocional e não tinha a menor idéia do que fazer com a avalanche de impulsos sexuais que começavam a surgir nela e em seus jovens pretendentes. Assim, fez o que sempre tinha feito para sobreviver. Tentou agradar os garotos. Tornou-se sexualmente precoce e logo adquiriu má fama. O comportamento de Stephanie fortalecia exatamente os sentimentos de desvalia que ela tinha tentado afastar. Nesse processo, sua sexualidade autêntica ficou reprimida, porque tinha se transformado numa fonte de vergonha interior.

Reservada e tímida, apesar do impressionante elenco de falsos eus sofisticados, intelectualizados e sedutores, Stephanie começou a sair um pouco da casca com seu primeiro namorado da faculdade, um calouro chamado Steve. Gostou dele e começou a baixar a guarda. A Criança Natural dela começou a vir à tona na espontaneidade das conversas e brincadeiras, algo que a séria e um tanto tímida Stephanie tinha esquecido lá pelos dezoito anos. Depois de três encontros, foram para o quarto de Steve, aos beijos e provocações bem-humoradas.

Ainda me lembro do jeito feliz e sonhador de seu rosto ao lembrar o começo daquela noite que se transformou num pesadelo. Stephanie gostava de Steve e achava que ele se importava com ela. Até a sexualidade reprimida dela estava começando a aflorar. A verdadeira Stephanie estava voltando à vida. Mais tarde, quando Steve fez a mão dela percorrer seu corpo, ela agiu autenticamente com um homem talvez pela primeira vez na vida. Retirou a mão, não se sentindo pronta ainda para esse grau de intimidade sexual com ele. Steve ergueu-se zangado: "O que é que há, Stephanie? Ouvi dizer que você era uma garota fácil no colegial. Eu esperava pelo menos uma carícia íntima no quarto encontro."

Stephanie ficou arrasada. Ela chorava ao me contar como se "encolheu como uma anêmona cutucada por uma vareta", sentindo-se totalmente desvalorizada e humilhada. Ela teve vergonha, embora fosse Steve quem tivesse agido de modo vergonhoso. Quando uma ponte interpessoal é rompida, a criança assustada dentro de nós acha que a culpa é dela, independentemente das circunstâncias. Este era um sentimento que Stephanie já conhecia. A criancinha dentro dela sofria com os velhos sentimentos de desvalorização e abandono que a tinham acompanhado durante a adolescência e o início da fase adulta, e que ainda imploravam por consolo quando a conheci, quinze anos depois.

A ponte interpessoal entre os dois jovens foi totalmente rompida. Embora talvez pudesse reparar a ponte, Steve simplesmente não tentou. Como disse Stephanie, ele era um "lobo em pele de cordeiro". Ele a tinha enganado e ganhado sua confiança para usá-la. Ela se sentiu irremediavelmente traída e explorada. Nunca mais se falaram e se evitaram deliberadamente quando ele voltou ao dormitório dela como namorado de outra moça. A indiferença de Steve provocou uma cicatriz tão profunda que Stephanie nunca mais abriu a ponte da confiança para outro homem. Tinha outros namorados, mas ficou desanimada com sua tendência a atrair lobos. No início da casa dos 30, Stephanie estava, de fato, casada com a carreira. Como o pai, ela encontrou no vício do trabalho uma fortaleza socialmente aceitável para esconder sua criança amedrontada.

A MÁSCARA: MODELOS PSICOLÓGICOS
E ESPIRITUAIS DO FALSO EU

Os falsos eus de Stephanie eram tão familiares para ela que pareciam ser quem ela realmente era. Entretanto, um falso eu como a *persona femme fatale* de Stephanie é um pouco esquisito. É como a imagem de Mae West num filme, abordando um homem num bar e sussurrando: "E aí, garotão, apareça para me ver a qualquer hora." Stephanie repetia esse filme vezes sem conta, sempre do mesmo jeito — sem as nuanças da vida real, sem adaptar-se às sutilezas de novas situações. Um falso eu pode parecer bom a distância, mas olhando de perto é rígido e duro, como uma máscara. Não é autêntico nem espontâneo. *A máscara é uma forma de comportamento compulsivo adotado na infância como maneira de proteger-nos da dor das pontes rompidas.* Embora na fase adulta a máscara não seja flexível e, em geral, provoque mais dor, não conseguimos deixar de usá-la.

Minha boa amiga e colega Robin Casarjian é terapeuta e escritora, especializada em trabalhar com o perdão. Ela deu à síndrome da renovação da dor da infância, pela repetição desses velhos papéis, um nome clínico impressionante: MCOD — *mesma coisa, outro dia.* Quando nossas máscaras atraem sistematicamente as máscaras de outras pessoas, somos como roupas vazias ou armaduras ocas. Nosso comportamento não é consciente; é o resultado de um antigo condicionamento. Não nos ligamos ao Eu verdadeiro do outro nem compartilhamos a sabedoria, a alegria, a paz e a criatividade das pontes interpessoais autênticas. Já não podemos ser íntimos da outra pessoa. Em vez disso, somos como sombras de boxeadores ou autômatos, repetindo sempre os mesmos movimentos. Estamos adormecidos para quem realmente somos, e convencidos de que somos os papéis tão conhecidos. Este é o caso da identidade errada, que se forma em torno da vergonha e dá origem aos comportamentos que caracterizamos como culpa doentia.

Os conceitos do falso eu, ou máscara — que levam à doença da alma — e do verdadeiro Eu, cuja sabedoria aviva a alma, são temas espirituais antigos. Estão no cerne das filosofias orientais que remontam a milhares de anos. Jesus também condena a hipocrisia, termo derivado da palavra grega que significa *quem desempenha um papel.* Como o Novo Testamento foi originalmente escrito em grego, podemos avaliar a solidez psicológica de suas palavras. Vamos examinar inteiramente a máscara e o Eu como conceitos filosóficos e espirituais no Capítulo Cinco, quando voltarmos nossa atenção para uma pergunta intemporal: "Quem sou eu?"

Embora os círculos filosóficos e espirituais tenham sido os primeiros a discutir o falso eu e o verdadeiro Eu, este tema também é abordado pela moderna teoria psicológica. Tanto a psicanálise tradicional como as escolas de pensamento ecléticas encaram a máscara como uma defesa contra a vulnerabilidade, cuja descoberta e abandono são críticos para o desenvolvimento da liberdade pessoal. O estudo mais detalhado dessas teorias está além de nosso propósito; porém, eu gostaria de chamar a atenção para vários teóricos cujo trabalho foi particularmente influente, que constam da lista de leituras do Capítulo Dez.

Alice Miller, analista que escreveu vários livros fascinantes sobre as pontes rompidas na infância, incluindo *The Drama of the Gifted Child*, originalmente publicado com o título *Prisoners of Childhood* e *For Your Own Good*, descreve a história da máscara na teoria psicanalítica:

> A acomodação às necessidades dos pais leva muitas vezes (mas não sempre) à "personalidade hipotética" (que Winnicott chama de "falso eu"). Essa pessoa desenvolve-se de tal forma a revelar apenas o que se espera dela, fundindo-se tão completamente com o que revela que — até chegar à análise — dificilmente

alguém poderia imaginar quanta coisa mais existe nela, além dessa "visão mascarada de si mesmo" (Habermas, 1970). Ela não consegue desenvolver e diferenciar seu "Eu verdadeiro", por ser incapaz de viver nele.

— *The Drama of the Gifted Child* (p. 12)

A autora prossegue, analisando a personalidade saudável:

Entendo a autopercepção saudável como a certeza inquestionável de que os sentimentos e desejos experimentados são parte da própria pessoa... Essa ligação automática e natural com as próprias emoções e desejos confere força e auto-estima à pessoa. Ela pode expressar seus sentimentos, ficar triste, desesperada ou precisar de ajuda sem medo de deixar insegura a mãe introjetada. Ela pode permitir-se ficar com medo quando é ameaçada, ou zangada quando seus desejos não são satisfeitos. Ela sabe, não apenas o que não quer, mas também o que quer, e consegue expressar seu desejo, a despeito de ser amada ou odiada por causa disso.

— *The Drama of the Gifted Child* (p. 33)

Em outras palavras, a pessoa saudável tem liberdade de ser ela mesma e experimentar seus sentimentos sem se preocupar em agradar ou desagradar os outros. Ela pode literalmente ser o seu Eu verdadeiro. Pode ficar feliz ou triste, zangada ou contente, conforme achar apropriado, em vez de vestir uma máscara que a faz sentir-se ansiosa, vazia, deprimida e desligada de seus verdadeiros e autênticos sentimentos, que ficam em segundo plano. Esses impulsos ocultos, essas partes de nós mesmos que tapamos com a máscara, são o que Carl Jung chamou *a sombra* (que discutiremos em breve neste capítulo). Virginia Satir, a "mãe" da terapia familiar, comparou esses sentimentos autênticos reprimidos a um bando de cães famintos arranhando a porta do celeiro. Essa é a energia que a máscara reprime e que às vezes irrompe, deixando-nos com aquela sensação esquisita de que um estranho entrou na nossa pele. "Por que eu fiz ou disse ou senti tal coisa?", perguntamos. "De onde veio essa atípica explosão de raiva?"

O repentino surgimento de eus desconhecidos, as mudanças de energia, de postura corporal, de fisiologia e disposição de ânimo, que todos experimentamos diariamente, intrigaram o psiquiatra eclético Eric Berne, na década de 50. Ele desenvolveu uma teoria e tratamento psicológico sério, sensato e, no fim das contas, prático: a Análise Transacional. Esse método se baseia na observação de que todas as pessoas entram e saem de diferentes estados do eu (sistemas de sentimentos e correspondentes reações físicas e padrões de comportamento) em suas comunicações, ou transações, com os outros e consigo mesmas. Esses estados do eu correspondem aos papéis de pai, criança e adulto. Eles podem ser observados, analisados e tornados menos compulsivos de uma forma que libera a capacidade inerente à Criança Natural sábia e criativa, à qual Berne afetuosamente se referia como o "Pequeno Professor".

As constatações de Berne de que "todo o mundo traz seus pais dentro de si" e "todo o mundo traz um garotinho ou garotinha dentro de si" são decisivas para curar nossas máscaras e deixar para trás os papéis estilizados que desempenhamos. Berne chamava nossas interações com a máscara de "armações", "roteiros" ou "jogos". Stephanie, por exemplo, vivia o roteiro da vítima. O treinamento EST (Eastern Standard Time), agora chamado *Forum*, desenvolvido por Werner Erhardt, também se baseia na identificação dos roteiros de vida, para podermos tomar a decisão consciente de abandoná-los.

Todas essas terapias são psicologicamente sagazes e ajudam a identificar nossas máscaras e a analisar como viemos a colocá-las, mas são, não obstante, apenas abordagens parciais do problema. Na minha opinião, faltam duas coisas. Primeiro, elas identificam o problema e desenvolvem a percepção de comportamentos, mas em geral não põem o dedo na ferida. O adulto de Stephanie pode entender a origem dos problemas dela com muita perspicácia, mas quando, aos 33 anos de idade, ela depara com uma situação que lembra outra que viveu aos oito anos, é a menina de oito anos que precisa de conforto emocional. Nada que se fale ao intelecto de 33 anos fará Stephanie sentir-se melhor naquele momento. Terapia alguma é completa enquanto não aprendemos a confortar-nos e restabelecer a ligação com a criança assustada que ainda vive em nós quando adultos. As tentativas nesse sentido surgiram principalmente em conseqüência do movimento Filhos Adultos de Alcoólicos, e estão aos poucos conquistando espaço na principal corrente psicológica.

A segunda falha da maioria das terapias é que elas param no nível do corpo-mente isolado, sem tratar da nossa ligação com um todo maior universal. Alma e Espírito são simplesmente deixados de fora. Na verdade, são deixados conscientemente à parte, como temas "religiosos" que nada têm que ver com a psicoterapia. Essa forma de pensar foi popularizada por Sigmund Freud e resultou na cisão que logo ocorreu entre ele e seu discípulo de orientação espiritual, Carl Jung. Em seu ensaio "Estágios da vida", Jung escreveu: "Acontece-me, às vezes, de precisar dizer a um paciente mais velho: 'A idéia que você tem de Deus ou da imortalidade está atrofiada, e conseqüentemente o seu metabolismo psíquico está desequilibrado'." Sem reequilibrar o metabolismo psíquico, Jung sabia que seus pacientes muitas vezes não poderiam ser curados.

Se não vamos além do reino *intrapessoal* da nossa relação com o Eu e do reino *interpessoal* de nossos relacionamentos com os outros, ignoramos a ligação básica de todos os seres humanos com uma Fonte maior do ser. Este é o chamado reino *transpessoal*. Uma forma séria e elegante de psicoterapia transpessoal foi concebida no começo do século XX pelo psiquiatra italiano Roberto Assagioli, contemporâneo e colega de Freud e Jung. É a chamada psicossíntese.

A psicossíntese baseia-se na identificação dos falsos eus, em grande parte inconscientes e reflexivos (que Assagioli chama de subpersonalidades), e na sua reintegração ao todo consciente, onde eles servem ao Eu e aumentam a sabedoria acumulada em nossa alma. Ao supor e discutir a existência da alma e de sua relação com o Espírito, a psicossíntese vai além do conceito psicológico do eu pessoal. Assagioli baseou seu sistema na perspectiva filosófica de que cada pessoa *tem* uma personalidade superficial e até certo ponto mutável, necessária para agir neste mundo, mas *é* uma alma imortal e permanente, cuja crescente sabedoria é aumentada pelas experiências de um período de vida. Essas visões são parte do que o cientista e filósofo Aldous Huxley chamou de *filosofia perene*, o núcleo de crenças reiteradas nas tradições de sabedoria de todas as culturas e que representam uma espécie de sabedoria mundial coletiva que permanece inalterada através dos tempos.

Para transpor o conjunto de falsos eus, precisamos reconquistar a vitalidade da Criança Natural. A pergunta é: para onde foi toda aquela exuberância? O que aconteceu com a energia ilimitada da infância? A explicação habitual de que a energia se dissipa à medida que o corpo envelhece é mais uma racionalização do que um fato biológico. Todos nós já sentimos a enorme energia que acompanha o afluxo de criatividade quando estamos planejando tirar férias, fazer um jardim, uma pintura, um poema, ou realizar qualquer projeto criativo ou excitante que nos deixe "ligados". Todos nós já nos sentimos exaustos quando desistimos.

A energia física varia de acordo com o estado mental. Em geral, há mais energia em reserva do que em uso. Portanto, onde está ela? Carl Jung nos disse para procurá-la em todas as partes rejeitadas de nós mesmos, que oferecemos a nossos pais e que eles não aceitaram. Tomamos essas oferendas e as escondemos naquilo que Jung chama de *sombra*. Aceitar a sombra nos dá a energia de que precisamos para empreender a jornada de redescoberta do Eu e da nossa natureza eterna, como parte do Espírito e como personalidades vivenciando as alegrias e mágoas da vida. Só então podemos perceber plenamente a sabedoria e a criatividade que são expressões do potencial único de nossa alma. Só então somos realmente capazes de amar e de ser amados.

A SOMBRA:
A GRANDE SACOLA QUE ARRASTAMOS

Robert Bly, poeta americano, compara a sombra a uma grande sacola que arrastamos. Nela estão todas as nossas facetas de que nossos pais não gostavam, que nossos professores consideravam malcomportadas, que nosso pároco classificava de pecaminosas, e assim por diante. Nela estão todos os impulsos e emoções naturais dos quais, em algum momento, nos envergonhamos.

A sombra contém a energia vital da Criança Natural, que pode ter sido criticada pela rebeldia, pela sexualidade, pela espontaneidade, pela excitação, e mesmo pela necessidade, quem sabe tachada de preguiça, de descansar, fantasiar e criar. Talvez a compreensão da sombra fique mais clara com essa história que vou contar, sobre uma sacola de verdade que eu, em tenra idade, arrastei por uma estrada durante a maior parte de uma noite escura sem luar, tentando fugir de um acampamento e encontrar o caminho de casa. Embora eu fosse obrigada a desfazer a mala ao ser encontrada, conservei uma réplica dela em espírito durante a maior parte da minha vida, e ali guardei tudo o que foi rotulado como mau acerca do meu fracassado vôo para a liberdade e, portanto, acerca de mim. Eis o que aconteceu.

Com apenas sete anos, fui mandada para um acampamento supostamente de elite, onde ficaria fora de casa, pela primeira vez, durante dois meses. Eu era um ano mais nova do que as outras meninas do meu alojamento, e vítima de suas brincadeiras sem graça. Jogavam minhas bolas de tênis no mato, tiravam os lençóis da minha cama e me obrigavam a fazer o papel de paciente quando brincavam de médico. A monitora era o que meus filhos chamam de debilóide. Quando eu me queixava das brincadeiras e jogos, ela simplesmente me mandava calar a boca e cuidar da minha vida. Assim, numa noite sem lua, reuni tudo o que era meu e fugi, arrastando a pesada mochila verde.

Fui pega logo antes do amanhecer, tentando ligar para casa numa cabina telefônica da loja de uma cidadezinha à beira da comprida estrada de terra que ia dar na rodovia. Arrastada de volta ao acampamento, fui colocada sobre a mesa do refeitório, quando o diretor do campo fez de mim um espetáculo — uma humilhação pública. Em seguida, fui trancada sozinha no alojamento o dia inteiro, por todos os dias, exceto na hora das refeições — nas quatro semanas restantes do verão! Joguei muita paciência. As cartas que eu escrevia para meus pais eram censuradas "para minha proteção", pois me disseram que, se minha família algum dia descobrisse o que eu tinha feito, eu estaria numa grande encrenca. Com sete anos, achei que tinha arruinado a minha vida irremediavelmente. Nunca me ocorreu que eu tinha caído num campo de concentração surrealista onde os adultos eram perfeitos loucos varridos! Fico pensando como se sentem as crianças que sofrem abusos físicos ou sexuais, e como conseguem suportar a intensidade da vergonha.

Levei muitos anos para descobrir o que tinha guardado permanentemente na grande mochila da minha sombra naquele verão longínquo. Minha experiência no acampamento ensinou-me que confrontar a autoridade não era apenas mau, mas também absolutamente perigoso. A coragem era uma ofensa punível com morte emocional e prisão literal. A coragem foi para a sacola. Nesse verão também aprendi que dizer a verdade era algo inútil e considerado "coisa má", quando a colega de alojamento e a pior carrasca era sobrinha da diretora do acampamento. Uma parte da minha integridade foi para a sacola. Nesse verão aprendi que ser você mesma era o pior erro que se pode cometer. Minha identidade foi para a sacola. Passei o resto da minha vida tentando tirar a mim mesma daquela sacola.

A sacola pessoal contém uma combinação diferente de frutos proibidos, apesar de compartilharmos com nossos contemporâneos uma sombra comum. Nos anos 60, por exemplo, minhas amigas e eu colocamos nossos sutiãs, cintas e sapatos de salto na sacola. Pernas depiladas, permanente no cabelo e respeito pelo dinheiro vieram a seguir, quando passamos a nos identificar totalmente com a geração *hippie*. Muitas dessas pessoas ainda não conseguem deixar de se desculpar pelos carros novos e roupas bonitas que têm! Afinal, nos anos 60, essas coisas eram símbolos vergonhosos do materialismo, cujo lugar era a sacola.

Durante toda a nossa infância e início da maturidade, continuamos a encher a sacola. Depois que ela está cheia e vergamos com o seu peso, a carga começa a tornar-se perceptível. Aí, começamos a esvaziar a sacola. Ao fazê-lo, reassumimos nosso poder perdido e diminuímos nossa carga. *Mas se não reas-*

sumirmos o poder, ele começará a agir contra nós, muitas vezes com sérias conseqüências. Como diz Robert Bly:

> Passamos a vida, até os 20 anos, decidindo que partes de nós colocar na sacola, e passamos o resto de nossa vida tentando tirá-las de lá. Às vezes parece impossível recuperá-las, como se a sacola estivesse lacrada. Suponha que a sacola fique lacrada — o que acontecerá? Uma grande história do século XIX dá uma idéia a respeito. Uma noite, Robert Louis Stevenson acordou e contou à mulher um pedaço de um sonho que acabara de ter. Ela insistiu para que ele o escrevesse; foi o que ele fez, surgindo então *Dr. Jekyll* e *Mr. Hyde*. O lado bom da nossa personalidade torna-se, na nossa cultura idealista, cada vez melhor. O homem ocidental pode ser um médico liberal, por exemplo, pensando sempre no bem dos outros. Do ponto de vista moral e ético, ele é maravilhoso. Mas o conteúdo da sacola assume vida própria; não é possível ignorá-lo. A história diz que o conteúdo fechado na sacola aparece um dia *em outro local* da cidade. O conteúdo da sacola fica zangado... quando colocamos uma parte de nós na sacola, ela regride. Ela involui para a barbárie.
>
> — *A Little Book on the Human Shadow* (pp. 18-19)

Portanto, enquanto estamos vestindo a máscara da bondade e da conformação, nossa coragem, impulsividade, liberdade, sexualidade, raiva e assim por diante estão formando um tanque de vapor acumulado, que fica cada vez mais agitado no nosso interior. Essas qualidades tornam-se perigosas porque vivem na escuridão, influindo no nosso comportamento sem que tenhamos consciência da sua presença. Elas podem expressar-se de forma bastante inesperada e explosiva por meio de "acidentes", comportamento impulsivo, doenças ou falhas de discernimento envolvendo erros que, para nós, são atípicos. Expressam-se cronicamente na síndrome MCOD de Casarjian: mesma coisa, outro dia. Em outras palavras, a sombra não conhecida deixa-nos paralisados sem entender por quê; somos dominados por estranhos impulsos, e incapazes de mudar.

Você pode estar imaginando como, afinal, é possível tirar essas partes de nós mesmos da sacola, antes que elas expludam. Se não temos consciência do conteúdo da sacola, como podemos ver o que lá está? O inconsciente, na sua sabedoria, nos dá pistas sobre o seu conteúdo, através do mecanismo de defesa psicológica chamado *projeção*. Se a pequena Sally está morrendo de inveja da boneca nova de Susie, mas a inveja já foi trancafiada na sacola, Sally não pode admitir nem experimentar a inveja como sentimento seu. Mas *é seguro* ver a inveja em outra pessoa. Assim, Sally vai até Jane e fala da inveja *desta última*, explicando que nem todos podem ter uma boneca nova como Susie. Sally pegou seu sentimento rejeitado e projetou-o fora de si, vendo-o em Jane.

Na projeção, vemos em outra pessoa as partes ocultas, "vergonhosas", de nós mesmos. Certa vez, participei de uma reunião de negócios com um colega que, apesar de ser uma pessoa muito ansiosa (embora esses sentimentos estivessem confinados à sombra dele), sempre tentava manter a aparência de perfeito controle e compostura (a máscara). Achei a reunião bastante tediosa e quase adormeci, mas ela evidentemente despertou uma certa ansiedade em Sam, pois este comentou como *eu* estivera ansiosa o tempo todo! Diz um velho ditado sobre a sombra: *O que menos toleramos do lado de dentro é o que mais vemos do lado de fora.*

A projeção é a base da falsidade e da procura de um bode expiatório. Esse último termo envolve a punição de outras pessoas pelo que erroneamente rotulamos como mau em nós mesmos. Em *For Your Own Good: Hidden Cruelty in Child-Rearing and the Roots of Violence*, o livro de Alice Miller que provoca calafrios, a autora sustenta que o povo alemão — que tradicionalmente é ensinado a reprimir os sentimentos — era psicologicamente suscetível ao sacrifício dos judeus promovido por Hitler. Os judeus eram o repositório da projeção da sombra de toda uma nação. A triste ironia é que a violência contra os outros é quase sempre uma externalização da violência contra nós mesmos. Este é o perigo da sombra desconhecida. Na Parte Três deste livro vamos investigar formas de reassumir o conteúdo da sombra, quando considerarmos a dinâmica do perdão e da cura por meio dos relacionamentos conscientes.

RESUMO DO DRAMA DA CRIANÇA INTERIOR

Este é o drama. Chegamos como crianças "deixando um rastro de nuvens de glórias", vindos dos mais longínquos recantos do universo, trazendo conosco apetites bem preservados da nossa herança mamífera, espontaneidades maravilhosamente preservadas de nossos 150 mil anos de vida nas árvores, raivas bem preservadas de nossos 5 mil anos de vida tribal — em resumo, num esplendor absoluto — e oferecemos essa dádiva a nossos pais. Eles não a querem. Eles querem uma boa menina ou um bom menino. Este é o primeiro ato do drama.

— Robert Bly, *A Little Book on the Human Shadow* (p. 24)

Nos atos seguintes, colocamos a máscara do falso eu que achamos que nossos pais querem, guardamos os restos de glória na sacola, e depois ficamos exaustos e desanimados, porque estamos vazios de nós mesmos. De tempos em tempos, a graça (mensageira do Espírito) bate à porta com um telegrama que diz que algo está errado. Talvez nossas dores de cabeça piorem, nosso casamento termine, ou comecemos a beber ou a usar drogas. Como temos livre-arbítrio, podemos dar ouvidos a essas mensagens ou ignorá-las. Se as ignorarmos, ficaremos progressivamente mais miseráveis e desesperados. Se as ouvirmos, ficaremos cientes do nosso falso eu baseado na vergonha e na culpa doentia criada por ele, e entraremos na fase de cura.

William James usou uma metáfora médica para descrever as duas formas pelas quais as pessoas se curam, retornando ao Eu e descobrindo sua ligação com o Espírito. Em algumas pessoas, a cura é um lento processo de *lise*, a dissolução gradual da falsa identidade. Para outras, a cura toma a forma de *crise*. Na crise, há um confronto direto com os demônios interiores, que foram se tornando fortes e ardilosos dentro da sacola. Quanto mais controladores formos, mais difícil será descontrair para ver gradualmente a sombra, e isso aumenta a probabilidade da cura pela crise. Na crise, aprendemos rapidamente que não podemos vencer sozinhos. Precisamos da ajuda de amigos e da graça de Deus. Em nossa cura, aprendemos a pedir ajuda.

Recapitulação de quem somos, de quem pensávamos ser, e da razão pela qual pensávamos ser alguém que não somos!

1. A consciência universal, ou força vital, está presente dentro de cada ser humano como o Eu.

2. A Criança Natural, ou alma de nascimento, é cheia de criatividade, sabedoria, amor, alegria, entusiasmo e contentamento, que irradiam do Eu. A esse estado de ser damos o nome de felicidade e autenticidade. A felicidade é a substância de nossa alma e um reflexo do Espírito maior de onde brota a nossa consciência individual. A felicidade é inata. Não pode ser aprendida, mas *pode* ser esquecida. A autenticidade é uma atitude consciente em que estamos dispostos a experimentar nossos pensamentos e sentimentos conforme são.

3. A ponte interpessoal do amor é o elo entre o Eu e a alma de dois seres humanos. As pontes Eu-a-Eu criam um estado de reciprocidade onde duas pessoas espelham seus respectivos estados mentais e, juntas, experimentam emoção, sabedoria, criatividade e alegria mais profundas do que cada uma delas em geral experimenta sozinha. *Esse estado de união de almas,*

em que nos religamos ao Espírito ao compartilhar com outro ser humano, é o amor.

4. Se o Eu de um pai, devido a mágoas passadas, não estiver habitualmente disponível para a ligação com o Eu da criança, surge uma "pseudo" ligação ou ligação "falsificada" com um dos falsos eus do pai. Como as máscaras do falso eu são rígidas, elas impedem a reciprocidade da experiência, que consiste num fluxo de emoção de momento a momento, refletindo o estado interior de duas pessoas. Por exemplo, o pai que joga tênis com o filho de doze anos pode estar usando uma máscara de "professor". Tudo irá bem a menos que a criança comece a ganhar, se recuse a jogar ou viole de qualquer forma as regras rígidas da máscara do professor. O pai, nesse caso, pode envergonhar o filho e romper a ponte. O "amor", nessa interação, estava condicionado à adaptação da criança ao que foi preconcebido pelo pai.

5. O amor condicional gera a vergonha. A vergonha é um estado de adaptação e submissão que propicia a sobrevivência, mas gera medo e desamparo. Quando a ponte interpessoal é rompida por causa da vergonha, a criança sente como se estivesse em perigo mortal. Ela fica humilhada e enraivecida, mas é incapaz de expressar sua raiva.

6. A vergonha é a emoção primordial porque tem o poder de determinar que outras emoções podemos sentir. Gershen Kaufman descreve esse processo até o *elo sentimento-vergonha*. Um sentimento é um estado emocional primário, como interesse, prazer, surpresa, raiva, pesar, vergonha, desgosto. *Sempre que a expressão de sentimento de uma criança é fonte de vergonha, esse sentimento é prontamente enfiado na sacola.* Por exemplo, o pequeno Bobby berra por mamãe uma noite porque a camisa que pende do encosto da cadeira parece um monstro terrível. Mamãe vem e censura Bobby por ser um bebê chorão. Bobby coloca o medo na sacola, mas não apenas o medo de camisas-monstros. Todos os tipos de medos vão também para a sombra, dado o poder do elo original medo-vergonha. Em breve Bobby esquece como é sentir medo, ou começa a dar-lhe qualquer outro nome — talvez raiva ou mesmo tédio. Através dos elos sentimento-vergonha, nossa vida emocional fica entorpecida, confusa, ou as duas coisas.

7. Criamos máscaras como resposta ao amor condicional e à vergonha que ele cria. Há uma infindável variedade de máscaras usadas para comprar

afeto ou proteção, ou simplesmente para entorpecer a dor. Desenvolvidas na infância, as máscaras são estratégias de sobrevivência que passam, inconscientemente, a regular nossos pensamentos, emoções e comportamentos. Algumas máscaras comuns para nossas inseguranças são: agradar às pessoas, ser vítima, seduzir, ter comportamentos de controle, manipulação, perfeccionismo, fanatismo religioso, super-realização, raiva, salvamento, condescendência, intolerância e vício. Essas máscaras dão origem a pensamentos, emoções e comportamentos baseados na vergonha, que chamamos culpa doentia.

8. Quanto mais tivermos sido envergonhados, mais tempo durará a nossa sombra e mais rígidas serão as máscaras. Como nossas máscaras cobrem o Eu e obscurecem o conhecimento da alma, nossa capacidade de ter alegria, paz, sabedoria, criatividade e felicidade fica submersa, e perdemos contato com a nossa verdadeira natureza. Tornamo-nos caricaturas unidimensionais que carecem da profundidade normal do sentimento humano. Podemos achar que sentimos emoções, mas com mais probabilidade somos guiados pela raiva e pelo medo da criança interior. Raras vezes experimentamos emoções positivas, e não conseguimos estar totalmente presentes na vida. Perdemos grande parte da capacidade de autopercepção e sofremos de auto-estima perigosamente baixa.

9. Estamos todos em algum lugar no *continuum* entre a identificação com o falso eu e a percepção do Eu eterno. Nosso lugar ao longo do *continuum* não é um juízo de valor sobre quão bons, inteligentes, espertos ou espirituais somos. É simplesmente onde estamos. Saber onde estamos é o primeiro passo para a cura.

A ORIENTAÇÃO DA CRIANÇA INTERIOR

O drama da criança é ao mesmo tempo psicológico e espiritual. O drama envolve a personalidade como a conhecemos psicologicamente, e seu reflexo como máscara e sombra. O drama também envolve a alma, que está adquirindo sabedoria e riqueza de experiências, mesmo enquanto formamos nossos falsos eus. O problema não é tornar-se sábio, mas saber ter acesso a essa sabedoria. Como o falso eu forma um véu ou invólucro em torno da alma (o que os psicólogos chamam de defesas), só conseguimos divisá-la vagamente. No entanto, a sabedoria da alma continua a guiar-nos, da mesma forma que o sol continua a iluminar nosso caminho quando está por trás das nuvens.

Eu estava com dez anos quando passei por uma noite escura da alma particularmente penosa. Num curto período, mudamos de casa e a babá que me criou foi embora para casar-se. Senti-me abandonada e com medo de ser rejeitada por um novo grupo de colegas. Senti-me como se me tivessem puxado o tapete, e perdi a sustentação. Entrei em depressão profunda que durou a maior parte do ano. Durante várias semanas, eu estava com tanto medo que não fui à escola. Pesadelos me atormentaram durante meses.

No auge do meu terror, escrevi um poema, ou melhor, a minha Criança Natural o fez. Mesmo nas horas mais sombrias nunca estamos sozinhos. A graça afasta as nuvens para que o Eu possa brilhar e iluminar a sabedoria da alma. Se procurarmos e valorizarmos as pequenas mensagens que espreitam por trás das nuvens, teremos dádivas para nos sustentar na jornada da criança interior. Eis aqui a dádiva que minha Criança Natural me deu no meio dessa grande escuridão. Ela tem me inspirado e confortado nos tempos difíceis há quase 35 anos. Talvez possa também iluminar um pouco o seu caminho.

A Luz

Em algum lugar na noite mais negra
Cintila sempre
Uma pequena Luz brilhante.
Essa luz brilha lá no céu
Para ajudar nosso Deus a zelar por nós.
Quando nasce uma criancinha
A Luz adorna-lhe a alma.
Mas quando nossos olhos somente humanos
Olham para o firmamento escuro
Sempre sabemos
Mesmo sem poder ver bem
Que uma pequena Luz
Brilha lá longe na noite
Para ajudar nosso Deus a zelar por nós.

SUGESTÕES PARA O LEITOR

1. Você consegue reconhecer alguns dos seus falsos eus? Sabe quando eles se formaram? A escritora Megan LeBoutillier lembra do nascimento de sua "Menininha Perfeita". Aconteceu no dia em que ela caiu no banheiro e estragou seu vestido de festa, aos quatro anos de idade. A Menininha

Perfeita nasceu da vergonha e da determinação de evitar para sempre outra situação dolorosa como aquela.

2. Quando você faz nascer um falso eu, guarda uma parte de si na sombra. Que emoções ou atitudes estão fermentando nessa sacola grande e pesada? Uma forma de descobrir o que existe lá dentro é prestar atenção nas suas projeções. O que o incomoda mais nas outras pessoas? Que características são comuns a várias pessoas de quem você não gosta?

CAPÍTULO QUATRO

A Cura da Criança Interior

Dentro de mim existe uma criança de sete anos que ainda sofre pela humilhação a que foi submetida num acampamento de verão. A angústia dela é redespertada cada vez que me vejo na presença de uma figura de autoridade que age de forma controladora. Nesses momentos, meu intelecto tende a me abandonar, e fico sujeita a ceder e a chorar com a mesma desolação e desamparo que senti aos sete anos.

Você já se surpreendeu alguma vez com o fato de ser dominado por mágoa e raiva porque alguém esqueceu de telefonar ou demonstrou insensibilidade em relação a você? Já entrou em pânico sem uma boa razão? Já acordou deprimido sem saber por quê? As mágoas da infância podem fazer-nos sentir emoções fora de contexto e desproporcionais em relação à situação atual, como também impedir-nos de sentir qualquer emoção.

As emoções que não podemos trazer à consciência muitas vezes se expressam somaticamente, através do corpo. Veja o caso de Barry, um advogado no final da casa dos 20 anos, que me procurou devido a uma forte dor lombar. Em nosso primeiro encontro, Barry me contou algo que realmente o deixava perplexo. Era o caçula de três irmãos, o filho predileto, e descreveu sua relação com a mãe como "excepcionalmente próxima". Entretanto, quando a mãe morreu de repente de um ataque cardíaco, Barry não sentiu absolutamente nada. Não conseguiu ficar triste.

Seis meses depois da morte da mãe, as "pontadinhas" que Barry sentia nas costas há anos transformaram-se numa dor séria e incapacitante. Foi aí que ele veio procurar ajuda. A dor física não começou a ceder enquanto ele não encarou a dor emocional da infância. Barry não era "próximo" de sua mãe no sentido de ter pontes autênticas; era tragado pelo amor sufocante e condicional dela. Somente quando começou a lamentar seu eu perdido e a sentir a raiva oculta que trazia em sua sombra há anos é que ele pôde começar a perdoar a mãe e a chorar a sua morte. Só então a dor lombar desapareceu.

Não podemos começar a curar a criança interior ferida e recobrar-nos da vergonha e da culpa doentia enquanto não entendermos, como Barry, o que a criança sente. Quando a energia emocional é bloqueada e impedida de fluir pelos canais naturais, ela se acumula no corpo, sob a forma de tensão e dor. Quando a energia emocional fica retida, também nos é roubada uma rede crucial de informações e de mobilização de emergência.

> As emoções são parte do nosso poder básico. Elas têm duas importantes funções na nossa vida psíquica. Monitoram nossas necessidades básicas, informando-nos de uma necessidade, de uma perda ou de uma saciedade. Sem a energia emocional, não ficaríamos cientes de nossas necessidades mais fundamentais. As emoções também nos fornecem combustível ou energia para agir. Gosto de colocar um hífen na palavra emoção. E-moção é energia em movimento. Essa energia nos leva a obter o que precisamos. Quando nossas necessidades básicas são violadas, a raiva nos leva a lutar ou a fugir.

> — John Bradshaw, *Healing the Shame That Binds You* (p. 52)

TIRE DA SACOLA AS EMOÇÕES PRESAS

Uma etapa crítica da cura da nossa criança ferida e da recuperação da vitalidade perdida é tirar da sacola as emoções ocultas. Lembre que o conteúdo da sacola fermentou, ficando cada vez mais descontrolado. A raiva presa na sacola transforma-se em fúria. O medo preso na sacola transforma-se em pânico. A tristeza presa na sacola transforma-se em mágoa paralisante ou entorpecimento emocional. Mantenha isso em mente e prepare-se para reviver emoções muito fortes quando a cura se iniciar. Isso não é loucura; é o começo da sanidade. Mas é doloroso. Não há como deixar de encarar a dor que ainda está presa.

Como as emoções da sombra são fortes, precisamos da ajuda de pessoas que nos apóiem, que sejam capazes de ouvir com compaixão e deixar-nos expressar os sentimentos. Os bons ouvintes são capazes de ouvir solidariamente sem nos menosprezar, sem determinar o que devemos ou não sentir, nem interromper-nos com conselhos, ou tentar consolar-nos em vez de ouvir até o fim. Os bons ouvintes podem ser parentes, amigos, terapeutas ou membros de diferentes tipos de grupos de apoio ou terapia. Programas de doze passos de organizações como Glutões Anônimos, Alcoólicos Anônimos, Alanon, Filhos Adultos de Alcoólicos e suas ramificações, em número cada vez maior, são também boas alternativas para encontrar o apoio necessário.

No restante deste capítulo e em alguns dos capítulos seguintes há exercícios experimentais destinados a aumentar a percepção do conteúdo da sombra, confortar a criança interior ou levar a um novo esclarecimento. Penso neles como Exercícios de Sabedoria Interior, porque liberam a nossa Criança Natural e ajudam a ter acesso à sabedoria do Eu; para muitos leitores, será uma experiência interessante e esclarecedora. Entretanto, como é natural, alguns desses exercícios vão tocar em antigas dores. Se você sofreu agressões quando criança ou teve uma infância particularmente traumatizada, talvez não queira revolver essa dor, a menos que esteja em terapia. Você pode ter outros motivos para não reviver antigas dores a esta altura de sua vida. Todos os exercícios são opcionais, ou seja, não é preciso fazê-los para entender o ponto principal e tirar o melhor proveito do restante do livro. Você decide se quer ou não fazer os exercícios.

EXERCÍCIOS DE SABEDORIA INTERIOR
PARA CURAR A CRIANÇA INTERIOR

O mais importante em qualquer exercício que você fizer, agora ou em outro momento, é não ter expectativa alguma sobre o que deverá acontecer. Nunca se pode saber antecipadamente.

As expectativas são limitadoras e geram culpa doentia quando você não obtém o que quer ou quando obtém o que não quer! Qualquer tipo de exercício de sabedoria interior pode resultar em surpreendentes esclarecimentos, grande alívio, ansiedade, prazer, perturbação, tristeza, paz, raiva, sabedoria, tédio, ou absolutamente nada. Em resumo, nossas experiências refletem toda a gama de emoções humanas. Este é exatamente o objetivo destes exercícios. Eles não foram feitos para tornar você melhor ou mais "positivo", nem pretendem reforçar nenhum atributo seu. Eles foram feitos para deixar você sentir o que está sentindo e para ser o que você é. Sem nenhum compromisso com o resultado, você poderá ficar satisfeito com o que quer que aconteça ou deixe de acontecer. A capacidade de permitir-se fazer essas experiências sem nenhuma expectativa é, em si mesma, um sinal de cura.

EXERCÍCIO: RECONSTRUIR AS PONTES
COM A CRIANÇA INTERIOR

Pare por um momento. Faça algumas respirações de relaxamento — dê um bom e fundo suspiro de alívio — e feche os olhos. Agora pense na última vez em que você ficou de fato mais transtornado do que seria normal nas circunstâncias, ou que ficou confuso acerca do que estava sentindo. *Quando tiver em mente um quadro nítido de uma dessas situações, você estará pronto para o exercício de contatar a criança interior.* Talvez você descubra uma emoção criticada no passado e reconstrua a ponte interpessoal rompida, ao ouvir, aceitar e confortar a criança interior. Mantenha esse episódio em mente ao ler o objetivo e as instruções do exercício.

O objetivo do exercício seguinte é permitir que venham à consciência antigas emoções que estão contribuindo para a sua dificuldade atual. Essas emoções ficaram presas na sacola durante a infância, quando você se envergonhava delas. A criança interior ainda está magoada com esses episódios não-resolvidos. Durante o exercício, você pode viajar no tempo, guiado pela energia emocional oculta, até uma cena da sua infância quando ocorreram fatos que geraram vergonha, ou outras situações importantes. Sua sabedoria interior selecionará uma lembrança adequada nas vastas prateleiras do seu inconsciente. Você poderá, então, dar à sua criança o amor incondicional necessário para se sentir bem, literalmente "corrigindo" a recordação. Dessa forma, parte da energia emocional presa pela vergonha será liberada.

Você pode ler estas instruções e fazer o exercício sozinho, pedir que alguém leia as instruções para você, ou fazer uma gravação e tocar a fita, usando o pronome ele ou ela conforme o caso. O exercício tem a duração de três a cinco minutos.

Faça algumas respirações de relaxamento e feche os olhos. Sua respiração é o elo entre o passado e o presente, entre o consciente e o inconsciente, entre o adulto e a criança ... Com o olho da mente, veja o número três ... Expirando, faça com que o três se dissolva e se transforme num dois ... Expirando, deixe o dois se dissolver e transformar-se em um ... Expirando, deixe o um se dissolver e se transformar em zero. Faça com que o zero se alongue e se transforme num espelho oval, e nele você se verá numa cena da infância. O que está acontecendo? Pergunte ao seu eu criança o que ele está experimentando e o que sente. Ouça com muito respeito e amor ... Quando a criança terminar, diga-lhe o que ela precisa ouvir ... Conforte-a durante alguns minutos. Talvez você queira pegar a criança no colo, abraçá-la, alisar seu cabelo. Faça o que for necessário para restaurar o sentimento do eu da criança, consertar a ponte que foi rompida. Tranqüilize a criança e dê-lhe amor. Deixe

92

que ela saiba que você voltará para falar com ela outra vez, e que ela pode contar com seu amor e compreensão, sem condições. Quando estiver pronto, solte a criança no espelho e deixe que o espelho se transforme num círculo. Faça com que o círculo se transforme em um, o um se transforme em dois e o dois se transforme em três. Abra os olhos e volte à sala.

O que aconteceu? Se você se viu como criança, confortou-se e reconstruiu a ponte, provavelmente sentiu alívio. Talvez tenha até sentido amor. Pode ser que tenha sentido um pouco de mágoa ou entendido alguma coisa. Você descobriu por que a emoção ficou presa? Se nada aconteceu, tudo bem. Seu inconsciente pode dar-lhe um esclarecimento mais tarde, através de um sonho, de um "estalo", da atração por um determinado livro. Mas se aprendeu algo sobre você mesmo ou sentiu alguma coisa interessante, mesmo que seja incoerente, pare por um momento e faça algumas anotações a respeito no seu diário ou num bloco qualquer.

Aprendi a técnica da contagem regressiva do espelho, para ter acesso à sabedoria do inconsciente, com a dra. Harriett Mann, terapeuta de Cambridge, Massachusetts. Você pode perguntar absolutamente qualquer coisa ao "espelho mágico". Ele serve de conduto aos reservatórios, pessoais e transpessoais, de sabedoria e memória. Ensino esse exercício a milhares de pessoas em seminários por todo o país, e sempre me surpreendo com a variedade de revelações interessantes que ele provoca. Cada vez que faz o exercício do espelho mágico, você fica mais eficiente. Depois de várias tentativas, "ir para dentro" para encontrar a criança ou receber outras informações pode passar a ser uma segunda natureza. Talvez você volte várias vezes à mesma cena ou à mesma idade, ou entre numa cena diferente a cada vez. A criança que encontra pode ser um bebê ou até um jovem adulto. Sempre que você faz contato com a entidade que o dr. Hugh Missildine, psiquiatra pioneiro no trabalho com a criança interior, chamou de *criança interior do passado*, você tem uma oportunidade de concluir uma velha questão, cuidando da mágoa da criança e absorvendo conscientemente qualquer aprendizado que possa ser extraído da situação. Dessa forma, você pode contribuir para a sua libertação, não por apagar o passado, e sim por inseri-lo num contexto maior, que tem como referencial a sua compaixão e o seu cuidado. O velho padrão é, assim, transformado.

EXERCÍCIO: VISITAS PERIÓDICAS À CRIANÇA INTERIOR

Entrar em contato com a criança interior, comunicar-se com ela e confortá-la trará mais benefícios se for uma prática regular. Você pode repetir o exercício acima sempre que precisar de esclarecimento sobre situações confusas ou laços emocionais, ou quando antigos padrões o estiverem impedindo de agir livremente.

Você também pode visitar a criança interior diariamente. Muitas pessoas consideram a prática a seguir uma forma reconfortante de começar o dia e uma forma eficiente de curar o passado. Ao acordar de manhã, ainda debaixo das cobertas, faça algumas respirações profundas ou use o espelho mágico. Traga para a sua mente um local de sua infância onde você se lembra de ter-se sentido a salvo. Se não conseguir lembrar de um lugar seguro da sua infância, imagine um que teria lhe agradado. Cumprimente a sua criança ali. Pergunte o que ela espera do dia que começa. *Ouça com respeito e carinho o que ela disser, em vez de tentar dissuadi-la de sentimentos dolorosos, se ela os manifestar.* Deixe a criança interior saber que você ouve e entende as preocupações dela e, em seguida, responda verbalmente, se necessário. Pode perguntar, também, o que ela aconselha para o novo dia, recorrendo à sabedoria inata da Criança Natural. Antes de se despedir, passe um momento simplesmente abraçando e acariciando a criança. Olhe nos olhos dela. Faça uma ponte de amor e confiança. Deixe que ela saiba que você voltará.

Repita o exercício à noite, antes de dormir. Imagine-se voltando para aquele local seguro e repasse o dia com a sua criança, ouvindo os sentimentos dela, confortando-a e falando com ela. Lembre-se de que você também pode pedir conselhos a ela. Eric Berne tinha boas razões para chamar a Criança Natural de Pequeno Professor. A criança é um sábio conselheiro que você poderá realmente vir a apreciar.

AS DOENÇAS E A CRIANÇA INTERIOR

Uma de minhas pacientes, uma mulher chamada Martha, ficou de cama certa tarde com uma forte dor abdominal — um sintoma da colite que ela tinha há anos. Martha estava fazendo o trabalho da criança interior há algumas semanas e decidiu encontrar e confortar a "Martie" — em geral uma menina de quatro anos. Quando Martha começou a imaginar, teve a surpresa de encontrar um bebê de 10 ou 11 meses sentado no chão, completamente só e chorando inconsolavelmente. Ela instintivamente pegou o bebê, sentou numa cadeira de balanço e começou a embalar a criança. Detendo-se nessa imagem por vários minutos, Martha foi notando que, enquanto confortava o bebê, seu intestino descontraía e a dor desaparecia.

Na próxima vez que teve colite, Martha foi imediatamente para dentro e encontrou o bebê. Mais uma vez, o fato de niná-lo por alguns minutos acabou com a dor. Havia uma parte muito jovem de Martha — uma parte pré-verbal — que tinha medo de não serem satisfeitas suas necessidades mais básicas de amor e sustento. Durante vários meses, Martha visitou com regularidade o bebê, dando-lhe amor e afeto. Gradualmente desapareceram os sintomas intestinais, e um dia o bebê também sumiu, sendo substituído pela garota de quatro anos com quem Martha tinha começado o trabalho com a criança interior, meses antes.

O caso de Martha, que descobriu a relação entre uma doença física e as necessidades não satisfeitas da criança interior, não é incomum. Embora seja importante compreender que a doença ocorre por muitos motivos diferentes, que podem ou não ser influenciados por experiências da infância, o psicólogo James Pennebaker, da Southern Methodist University, revisou uma grande quantidade de literatura científica indicando que adultos que tiveram traumas na infância têm mais probabilidade de desenvolver doenças — desde pressão alta até úlcera e câncer — do que os que não tiveram esses traumas quando pequenos. Isto significa que o trauma é um fator, entre muitos, que aumenta a possibilidade de ocorrência de doenças. Sem uma predisposição genética ou uma causa ambiental, a infância mais traumática não pode elevar o risco de adoecer, a não ser no caso de doenças diretamente relacionadas com *stress* e ansiedade, como dor de cabeça por tensão muscular, distúrbios digestivos e alguns problemas cardiovasculares. Minha própria experiência é um exemplo.

Quando voltei para casa daquele acampamento de verão de que falei, ocultei resolutamente minha vergonha pela fuga, morta de medo de ser descoberta e castigada. Um dia, no inverno seguinte, quando meus pais discutiam sobre minha segunda ida ao acampamento, não resisti mais e contei meu terrível segredo. Meus pais não acreditaram. Eles tinham pesquisado vários acampamentos, esforçando-se ao máximo para escolher um que fosse bom. Chocados e descrentes, fizeram o que muitos pais fazem quando são revelados episódios de maus-tratos. Acharam que eu estava inventando pelo menos parte da história e exagerando o restante. Fatos como esse simplesmente não acontecem, não é?

Apesar de me sentir aliviada por não ter sido castigada e por ser poupada de voltar ao acampamento, o fato de não merecer crédito total me deixou muito triste. Tive muitos pesadelos e logo comecei a ter enxaquecas com distúrbios de visão que continuaram durante quase 20 anos, só desaparecendo quando aprendi as técnicas de meditação e imaginação criativa mente-corpo descritas em *Minding the Body, Mending the Mind*. Só nos últimos anos descobri que a meditação é capaz de fazer passar uma dor de cabeça incipiente, mas que isso acontece muito mais depressa quando vou para dentro e confronto a Joanie de sete anos que sofreu maus-tratos naquele acampamento.

Felizmente, a maioria das pessoas é poupada da experiência verdadeiramente humilhante da violência e conseqüente vergonha, mas sempre que uma criança não é levada a sério pelos pais, sempre que seus esforços criativos ou seus sentimentos são menosprezados ou diminuídos, a vergonha aparece quando o pequeno impacto do não-reconhecimento e da não-aceitação repercute no sistema nervoso.

Todo ser humano passa por traumas, perdas e decepções que deixam uma sensação má — tristeza, raiva, mágoa, vulnerabilidade, traição ou medo. Procuramos entender as causas do sofrimento e aprender o que pudermos, e o meio mais natural é conversar com outras pessoas sobre nossos problemas. Infelizmente, muitas situações perturbadoras são difíceis de discutir. As vítimas de abuso sexual e físico na infância e as crianças de lares alcoólicos muitas vezes têm vergonha de suas histórias, como eu, e podem omitir-se. Infelizmente, negar, conter a dor que clama por conforto, consome energia psicológica bem como energia mental. Como vimos, a interação da energia emocional represada com uma debilidade física subjacente pode resultar em doença. Foi o que aconteceu com as minhas dores de cabeça, a dor nas costas de Barry, a colite de Martha.

Os drs. James Pennebaker e Sandra Beall conduziram um experimento esclarecedor com 46 estudantes universitários, sobre a relação entre emoção não-expressa e doença. A hipótese era que, como a negação de um sentimento requer inibição ativa e esforço psicológico real, o que causa *stress*, seria possível detectar diferenças de saúde entre estudantes que revelassem seus sentimentos sobre traumas, em comparação com os que não o fizessem. Eles realizaram um experimento no qual os estudantes tinham que escrever sobre diferentes experiências durante quatro noites consecutivas. Foram feitas medições fisiológicas da reação de luta ou fuga, como pressão sangüínea e batimento cardíaco, logo após as redações, e a saúde dos estudantes foi medida nos seis meses seguintes.

Um grupo de controle recebeu exercícios de redação sobre temas corriqueiros; foram incumbidos, por exemplo, de fazer dissertações sobre sapatos. Outro grupo escreveu sobre traumas, mas unicamente sobre fatos — sem sentimentos. O resto dos estudantes escreveu sobre o trauma *e* os sentimentos. Os "reveladores de emoções", do terceiro grupo, apresentaram reações de luta ou fuga e aumento de pressão sangüínea logo após as redações, sentindo-se mais angustiados no dia seguinte. Entretanto, seis meses depois, constatou-se que os que revelaram suas emoções relataram menos sintomas, e fizeram um número significativamente menor de consultas a médicos por causa de doenças, do que os estudantes dos outros grupos. Perguntados sobre eventuais efeitos de longa duração do experimento, os que revelaram suas emoções responderam com muita convicção, citando maior entendimento, menos tensão, mais paz de espírito e capacidade de pensar sobre coisas que, anteriormente, eram muito difíceis de aceitar. Muitos deles começaram espontaneamente a escrever diários para prolongar esses benefícios.

Entrar em contato com a criança interior é o meio mais imediato de aliviar a dor, digerir sentimentos e lidar com antigos traumas. Como mostraram Pennebaker e Beall, é benéfico escrever sobre as experiências, bem como falar a respeito com um bom ouvinte. Mas lidar com os sentimentos represados no passado é apenas uma parte do trabalho de cura que precisamos fazer. Como não nos permitiam ter determinados sentimentos quando crianças, agora não conseguimos reconhecê-los com facilidade. Além de sanar antigos traumas, precisamos aprimorar nossa capacidade de reconhecer emoções atuais. Para tanto, precisamos aprender a nos ouvir com respeito.

APRENDER A OUVIR

Aprender a nos ouvir é uma forma de aprender a nos amar, assim como ouvir os outros é uma eficiente forma de amá-los. Nos meus seminários, muitas vezes peço que os participantes façam um exercício, adaptado de um exercício de aprendizado da psicoterapia, que fiquei conhecendo com o psicólogo Bob Ginn, terapeuta familiar de Cambridge, Massachusetts. Trata-se de um exercício muito simples: duas pessoas estranhas formam um par e uma começa a falar — sobre qualquer coisa. A outra precisa ficar *em silêncio* ouvindo com muita atenção e respeito, mas sem dizer nada. Depois de dez minutos, as duas trocam de papel e o falante passa a ser o ouvinte. Quando, decorrido o tempo estabelecido, as duas pessoas podem conversar, parecem velhos amigos se reencontrando! A maioria das pessoas começa o monólogo de dez minutos falando do clima e termina falando de profundas esperanças e medos. Alguma coisa no respeito silencioso e na atenção do ouvinte traz à tona sentimentos que precisam de conforto ou confirmação.

O que mais costuma frustrar os ouvintes é a instrução de não fazer comentários simpáticos nem dar conselhos. A maioria das pessoas acha que não dizer nada poderá parecer grosseria, ou que o outro não vai gostar delas caso não respondam. Entretanto, a experiência do exercício de escuta mostra exatamente o contrário. O falante em geral diz que sentiu profunda empatia e que, na realidade, não queria ouvir conselhos; na verdade, estes provavelmente prejudicariam o vínculo de empatia criado. As pessoas freqüentemente comentam que há anos não se sentiam tão próximas de outro ser humano. A confiança e a consideração que se estabelecem entre dois estranhos em 20 minutos é realmente notável. A escuta respeitosa cria uma sólida ponte interpessoal.

A experiência da escuta respeitosa também é algo que podemos fazer por nós mesmos. Os benefícios são vários. Primeiro, ela aumenta a percepção das emoções. Sempre que nos sentimos ansiosos ou vazios — o que muitas vezes chamamos apenas de mau humor —, os verdadeiros sentimentos estão logo abaixo da percepção consciente, presos na sombra. Segundo, ela é uma forma de cuidar de si mesmo, que aumenta a auto-estima. Terceiro, a escuta respeitosa é uma forma de nos recriarmos e reconstruirmos as pontes rompidas quando nossos verdadeiros sentimentos não foram aceitos na infância. Estes são quatro passos simples para melhorar a capacidade de auto-escuta:

Primeiro passo: Escuta respeitosa

Pare e concentre-se no que você estiver realmente sentindo. Se a emoção não for clara, formule perguntas para ajudar a determinar sua origem. Por exemplo, se estiver sentindo inquietação ou tédio, pergunte a si mesmo com o que essa inquietação se relaciona. O que levou a ela? O que você estava pensando? Nesse momento, existe alguma coisa de que você realmente precise e que não tenha? Talvez a inquietação, no fim das contas, seja ansiedade, raiva ou outro impulso criativo que precisa ser expresso. Fique aberto a essa investigação. Se você realmente não conseguir sentir uma emoção nem identificar uma necessidade, pergunte: "O que eu poderia fazer agora para me sentir melhor?"

Segundo passo: Aceitar seus sentimentos

Fique aberto para qualquer sentimento que aflorar. "Ah, raiva, que interessante!" Não diga a si mesmo que é um sentimento mau nem tente afastá-lo. Tudo o que você precisa fazer é aceitar o sentimento. Concentre sua atenção no sentimento e flua com ele, sem tentar dirigi-lo. Ele pode levar você para o interior do corpo, onde você observa medo ou tensão. Pode levar a antigas lembranças. Pode levar a uma reprise da situação que o fez surgir. Não importa a direção que ele toma, nem mesmo se ele revela a sua origem. Fique certo de que, se a compreensão for útil, ela virá como parte do processo. Caso contrário, não virá.

Terceiro passo: Confortar-se

Como é bom ser abraçado por alguém quando você está se sentindo mal. Você mesmo pode fazer isso: dê alguns suspiros profundos de alívio, para ajudar a dissipar a tensão mental, e depois envie sentimentos amorosos para si mesmo. Feche os olhos e imagine-se como uma criancinha, como fizemos anteriormente. Em seguida, você pode pegar a criança e abraçá-la apertado, afagar-lhe a cabeça, niná-la, cantar para ela, ou confortá-la da forma que lhe parecer melhor. Com a prática, ficará cada vez mais fácil sentir amor e aceitar a si mesmo. Mais cedo ou mais tarde, você será capaz de ter acesso direto aos sentimentos de amor, sem necessariamente precisar invocá-los através do exercício de imaginação da criança interior.

Quarto passo: Verificar se o processo está completo

Depois de ter ouvido os seus sentimentos e aceitado a si mesmo, o processo pode estar completo. Se você sentir o corpo relaxado e estiver em paz, ocorreu uma liberação natural. Mas se você ainda se sentir física ou mentalmente tenso, o processo não está completo. Faça algumas respirações de relaxamento e volte na imaginação para encontrar a sua criança. Conforte-a e pergunte-lhe, amorosamente, do que ela precisa para se sentir melhor. Pode ser que você obtenha uma resposta direta, pode ser que não. A experiência será diferente a cada vez; portanto, não tenha expectativas.

Nossas pontes podem ter sido rompidas muitas vezes, na infância e na idade adulta, mas quando praticamos a escuta respeitosa somos capazes de reconstruí-las. Quando ouvimos nossa criança interior e nosso eu adulto, na realidade participamos de um processo de recriação, conducente à independência emocional, que nos permite ser autenticamente quem somos. Também teremos mais condições de ouvir os outros com a mesma paciência, amor e respeito que aprendemos a ter conosco.

O AMOR COMO EPÍLOGO DO CRESCIMENTO

O processo de nos separarmos dos pais e nos tornarmos nós mesmos nunca é fácil. É tanto mais difícil quanto mais amor condicional tivermos recebido, pois na verdade não sabemos onde terminam nossos pais e onde começamos nós. Não sabemos o que está na nossa sombra, nem quem somos por trás da máscara. Mesmo quem foi muito feliz na infância e recebeu principalmente amor incondicional tem dificuldade para deixar o ninho e se tornar independente. Esse penoso período que anuncia a autonomia de vôo chama-se adolescência. Muitas vezes é uma época turbulenta, porque distinguir entre nossos sonhos e valores e os de nossos pais envolve correr riscos, cometer erros e determinar os limites entre nós e eles. Na adolescência, damos os primeiros passos da jornada, que dura a vida toda, para nos tornarmos nós mesmos e encontrarmos o nosso mais elevado potencial e mais felicidade.

Quando eu tinha quinze anos e passava por uma adolescência particularmente tempestuosa e confusa, meu pai me deu um exemplar de *O Profeta*, de Kahlil Gibran. Sentamos juntos num canto, numa tarde chuvosa de domingo, e ele leu para mim o ensinamento do profeta sobre filhos e pais. Seus olhos suaves e meigos encheram-se de lágrimas ao compartilharmos a dor da separação, parte inevitável do crescimento, e ao celebrarmos a alegria de compartilhar a vida. Ele morreu quando eu tinha 30 anos, e não tivemos a oportunidade de compartilhar minha fase pós-adolescente e a velhice dele. Era um homem maravilhoso. Isto foi o que ele deu para mim naquela tarde agridoce há tanto tempo.

Os filhos

Uma mulher que trazia um bebê no colo
Pediu que ele falasse sobre os filhos.
E ele disse:
Teus filhos não são teus filhos.
São os filhos e filhas do anseio
da Vida por si mesma.
Eles vêm através de ti mas não de ti,
E embora estejam contigo
não te pertencem.
Podes dar a eles o teu amor
mas não os teus pensamentos,
Porque eles têm seus próprios pensamentos.
Podes abrigar seu corpo

mas não a sua alma,
Porque a alma deles mora na casa do
amanhã, que não podes visitar,
nem mesmo em sonhos.
Podes querer ser como eles,
mas tenta não fazê-los iguais a ti.
Porque a vida não caminha para trás
nem permanece no ontem.
És como o arco de onde partem
os filhos, flechas vivas.
O arqueiro vê o marco no caminho
do infinito, e com Seu poder transforma-te no arco
que lança as ágeis flechas a distância.
Aceita com alegria que a mão do arqueiro
te molde;
porque ele ama a flecha que voa
e da mesma forma o arco que fica.

Lembre-se disso, pois você poderá ser progenitor de outras pessoas, e inevitavelmente precisará aprender a ser o seu próprio progenitor.

SUGESTÕES PARA O LEITOR

1. Se tiver vontade, faça os exercícios da criança interior. Escreva algumas observações sobre suas experiências, num diário ou num bloco.

2. Pratique a escuta respeitosa dos sentimentos, seus e de outras pessoas.

3. No Capítulo Dez, há um roteiro de meditação orientada, com música, para curar a criança interior. A maioria das pessoas que participam de meus seminários considera essa meditação uma experiência comovente e bonita. É amorosa, suave e curadora, mas pode trazer à tona sentimentos dolorosos em algumas pessoas, pois faz lembrar do amor que elas não tiveram na infância. A criança interior precisa chorar o que foi perdido; enquanto a mágoa antiga não é vivida até o fim, não há espaço para a cura. Como sempre, há épocas e períodos adequados para o trabalho interior. Depois de ler a meditação, você pode decidir se acha que esse momento de sua vida é apropriado para fazê-la. Nesse caso, você pode gravar o roteiro com a música sugerida, ou com outra música que lhe ocorrer, ou pode encomendar-me essa meditação.

PARTE DOIS

Origens Espirituais

Nos secretos recessos do coração
além dos ensinamentos deste mundo
clama uma pequena voz suave
que canta uma canção inalterada
desde o começo do mundo.
Fala comigo no pôr-do-sol e na luz de estrelas
Fala comigo nos olhos de uma criança
Você, que me chama num sorriso
Meu amado cósmico
Diga-me quem sou eu
E quem sempre serei.
Ajude-me a lembrar.

— J.B.

CAPÍTULO CINCO

Quem Sou Eu?

Você ainda tem o seu álbum de fotos do colegial? Eu tenho, e acho que minha foto ainda se parece muito comigo — embora eu tenha passado por muitas metamorfoses através dos anos, desde que posei com um vestido de jérsei preto, cabelo comprido e liso, fazendo o máximo para projetar a imagem de uma jovem rebelde cuidadosamente produzida, que ouvia Bach e lia poesia *beat*. Meus brincos, compridos e pendentes, eram a própria marca da contracultura. Eu percebi que tinha conseguido meu objetivo quando o sr. Rinaldi, o coordenador da minha classe, chamou-me ao seu escritório. "O que aconteceu com você? O que está errado? Você não arruma mais o cabelo. E esses brincos!" Ele revirou os olhos e bateu na testa, exatamente como minha mãe tinha feito naquela mesma manhã.

Quantas identidades assumimos no decorrer da vida? Quantas personalidades se formam e se dissolvem como nuvens no céu? Entretanto, o nascimento e a morte de cada uma parece algo terrivelmente sério. Procuramos a personalidade definitiva — a afirmação definitiva do nosso ser — esquecendo que as ondas da mudança acabarão levando embora todos os novos castelos de areia. Pois quem, além dos mortos, não muda? Quem, na realidade, não se renova a cada momento? Nosso filho Justin, ao terminar o colegial, debruçou-se sobre livros de poesia, citações de pessoas famosas e letras de músicas populares, em busca de uma expressão perfeita do seu ser para deixar no álbum para a posteridade. O mesmo fizeram seus amigos. Abaixo da foto de uma moça morena particularmente cativante, encontrei a seguinte citação:

> *Quando eu era jovem, parecia que a vida era tão*
> *maravilhosa, um milagre, era bonita, mágica.*
> *Mas depois me mandaram embora para aprender a ser*

> *sensata, lógica, responsável, prática.*
> *Querem me dizer por favor o que aprendemos?*
> *Eu sei que parece absurdo, mas por favor me digam*
> *quem eu sou.*

Pensei nessa jovem desconhecida, elegante, no final da infância, fitando-me do álbum. Sua citação expressava o antigo anseio de toda alma humana de sentir a contínua novidade da Criança Natural, mesmo quando ela descobre sua expressão na personalidade única que se desenvolve ao longo da vida. Achei que suas palavras eram tão pungentes, expressavam bem o esforço sincero para encontrar o eu, que copiei a citação e mostrei-a a meu marido, Myrin. Ele deu uma olhada, sorriu, num súbito reconhecimento, e começou a entoar os quatro primeiros versos numa melodia que foi popular há alguns anos. Cantou: "Era bonita, mágica... responsável, prática." Também reconheci a música, admirada com a capacidade que têm os poetas populares de retratar, em alguns versos, a condição humana.

Descobrir quem somos não é uma investigação acadêmica sobre o sentido fundamental da vida. É o próprio processo da vida, a essência e a forma dos pensamentos, sentimentos e ações que compõem cada dia. Enquanto somos prisioneiros da culpa, não podemos descobrir quem somos, porque a Criança Natural está adormecida, e nossa vitalidade está baixa. Presos pelas correntes do falso amor condicional que hipoteca nossa alma às opiniões e expectativas dos outros, estamos ocupados demais com todas as máscaras, as falsas personalidades, a vontade de agradar aos outros e o perfeccionismo, para realmente viver cada momento enquanto ele acontece. Ao contrário, queremos controlar cada momento e ter a certeza de que nada perturba as maçãs que arrumamos com tanto cuidado no nosso cesto.

Caso você não tenha percebido, ser diretor do universo e controlador de todas as interações não é nada divertido. Os "maníacos por controle" têm um estilo de vida reservado, medroso, intolerante. E como a maioria das pessoas não gosta de ser controlada, os relacionamentos pessoais também saem prejudicados. Quando nos sentimos impotentes, a reação natural é assumir o controle, para disfarçar a impotência e o medo. Mas o verdadeiro poder não está na determinação do fluxo dos acontecimentos, e sim na flexibilidade de mudar de rumo, em sintonia com o fluxo sempre cambiante de possibilidades que o universo descortina à nossa frente.

Quanto mais estivermos limitados pela culpa doentia, menos seremos capazes de perceber a mudança do fluxo. *A culpa obstrui a intuição* (a percepção do fluxo), que normalmente pode captar um nível sutil de informações nas emoções, nos sonhos, nas imagens, nos palpites, nas "coincidências" e nas questões aparentemente triviais da vida. A informação intuitiva maximiza a nossa criatividade e nos permite assumir papéis, não de criadores e controladores do universo, mas de co-criadores flexíveis que moldam as matérias-primas fornecidas por um Poder Superior.

Às vezes nós nos controlamos com rigidez e cumprimos as penas da culpa nesta vida, na estranha esperança de que nosso medo e repressão sejam considerados "bondade" e nos comprem um lugar no céu. Em outras palavras, podemos ser infelizes agora, mas sem dúvida conseguiremos nossa recompensa mais tarde! Um *tzaddik*, ou sábio judeu, certa vez deu um bom conselho a seu discípulo. "Quando você morrer e for para o céu, Deus não vai lhe perguntar por que você não foi corajoso como Moisés ou sábio como Salomão. Ele só vai perguntar por que você não foi você mesmo." E o que você vai responder? Foi porque minha mãe queria que eu fosse médico, ou fiquei com medo de deixar minha mulher zangada, ou pensei que o Senhor *gostasse* das pessoas de testa franzida e jeito sério, ou alguém me disse que se divertir era pecado? A culpa provavelmente vai parecer uma bobagem como trunfo final, você não acha?

OS MUITOS EUS

Roberto Assagioli, o psiquiatra italiano que criou a psicossíntese, ressaltou que cada um de nós tem todo um harém de personalidades que vivem juntas sob os auspícios do "Eu". Freqüentemente, estamos muito mais cientes de alguns de nossos componentes — o que Assagioli chamou de *subpersonalidades* — do que de outros. Vejam o caso de Joanne, uma advogada cerimoniosa e produzida que veio para o grupo Mente-Corpo. Nos sonhos, ela usava *lingerie* de seda vermelha igualzinha à do catálogo da Frederick's de Hollywood. A subpersonalidade sensual dela ficou submersa na sombra, vindo à consciência principalmente nos sonhos, mas mesmo assim é parte dela, junto com a advogada bem-organizada, a mulher generosa que aos domingos serve jantar nos asilos para os sem-teto, e a menininha assustada, terrivelmente temerosa de rejeição, que ficou noiva pela primeira vez aos quarenta anos. Nessa confusão de sombra, máscara e papéis conscientemente escolhidos, qual é a *verdadeira* Joanne?

Podemos esclarecer essa questão examinando o interessante fenômeno chamado distúrbio das personalidades múltiplas. Vejamos o caso hipotético de Marsha. São 15h30 de uma quarta-feira, e Marsha acaba de chegar em casa, vindo do hospital onde trabalha como enfermeira na unidade de terapia intensiva neonatal. Ela tira e dobra cuidadosamente as roupas de trabalho, veste uma calça jeans e senta-se para assistir a uma novela na televisão. Espreguiça-se, fecha os olhos e boceja. Um minuto depois, um sorriso matreiro começa a aparecer nos cantos de sua boca; ela vai até o quarto, onde começa a vasculhar as gavetas até encontrar sua velha boneca de pano, Sally. Abraçada com força à boneca, Betty, como ela agora se chama, vai até a cozinha, fazendo para si e para Sally uma refeição com leite, biscoitos e sorvete. Depois, ela e Sally dormem na cama. Quando o telefone toca às 7, Marsha fica completamente confusa. Em vez de encontrar o namorado às 6, ela tinha tido outro desses estranhos brancos, e *como* foi que aquela boneca velha saiu da gaveta?

O distúrbio das personalidades múltiplas é tão fascinante que nos faz repensar algumas de nossas premissas mais estimadas. Lembro-me de quando assisti ao filme *As três faces de Eva*, há muito tempo; fiquei espantada com o fato de três personalidades, cada uma tão diferente das outras como a noite do dia, poderem viver num só corpo. Cada personalidade era capaz de controlar totalmente os gestos, o timbre de voz, a mente e a memória, e até a fisiologia do corpo. Sabemos que a mente exerce profunda influência sobre o corpo e que uma mudança de atitude pode alterar os nossos hormônios, o sistema cardiovascular, o sistema respiratório e o sistema imunológico, que pode, de fato, afetar todas as células e tecidos. Não obstante, é incrível que uma personalidade possa ser alérgica, usar óculos e até ter diabetes não-dependente de insulina, e as outras, não! Além disso, uma personalidade pode ter um QI normal e outra ser um gênio. Uma pode ser médica, outra pode ser artista, enquanto outra ainda pode conhecer línguas que as demais desconhecem.

Até uma década atrás, o distúrbio das personalidades múltiplas era considerado raro, uma anomalia, e algumas pessoas acreditavam que ele não existia de fato. Agora sabemos que é razoavelmente comum, e que surge em crianças que sofreram abusos e que, na realidade, "dividem" ou dissociam novas personalidades, que contêm o abuso, enquanto a personalidade original esconde-se nos bastidores da consciência. Com o tempo, pode-se formar um novo elenco de personalidades, cada uma capaz de cuidar de diferentes aspectos da vida — cada uma com seu papel, cada uma acreditando ser "quem a pessoa é". Este é um exemplo extremo de formação de "falsos eus" como resultado de trauma emocional ou de abuso físico.

108

No caso da pessoa que desenvolve a culpa doentia por causa da experiência menos grave, mas mesmo assim muito assustadora, do amor condicional na infância, pode haver desdobramento de falsas personalidades ou máscaras para agradar os pais, e desdobramento de personalidades "inaceitáveis" na sombra. A sexualidade é um material comum da sombra, como no caso de Joanne, mas isso não significa que ela deixe de exercer influência. Significa apenas que não pode exercer uma influência normal e saudável. Em 1987 e 1988, os televangelistas Jim Bakker e Jimmy Swaggart foram vítimas dos impulsos sexuais naturais que haviam sido prejudicados ao fermentarem no saco da sombra. Apesar de os dois condenarem publicamente a sexualidade, seus impulsos reprimidos afloraram como ligações sexuais secretas. A sombra inexplorada pode ser exatamente tão perigosa como um dos *alter egos* de uma personalidade múltipla. Embora a sombra não controle conscientemente o comportamento e a fisiologia, ela o faz inconscientemente. E como mudar aquilo de que não temos consciência?

A terapia do distúrbio das personalidades múltiplas visa reintegrar todos os diferentes eus em um todo funcional, sob os auspícios de uma única personalidade. Isto significa, naturalmente, que a maioria das personalidades — como a Betty de Marsha — terá de desaparecer. O que significa, para uma personalidade, desaparecer, perder suas recordações e sonhos, seu passado e seu futuro — perder sua consciência? Não é isso o que mais tememos na morte? A dissolução do ego, o abandono do que pensávamos que éramos, parece terrivelmente assustador. Mas os terapeutas que observaram esse processo nas personalidades múltiplas descobriram um fato surpreendente. Como nenhuma das personalidades é "real", nenhuma delas de fato "morre". Assim como continuamos a ser nós mesmos quando abandonamos uma profissão, nos casamos ou divorciamos, existe em todos nós um núcleo mais profundo do que as infindáveis personalidades que projetamos como filmes numa tela.

Em 1974, o dr. Ralph Allison descreveu um estado de ego potencialmente presente em todas as pessoas com personalidades múltiplas que ele batizou de Auto-Ajudante Interior. *O Auto-Ajudante Interior afirma não ter sido formado em nenhuma época específica nem por nenhum motivo, como foram os outros, mas ter estado com a pessoa desde o nascimento.* Suas características são o amor e a boa vontade; com freqüência ele se descreve como um canal do amor de Deus, e às vezes invoca a ajuda de um Poder Superior. Em vez de procurar "tomar conta" do corpo, como fazem as outras personalidades, tudo o que ele quer é unir-se a elas. Essa personalidade pode ser de grande utilidade para o terapeuta, apontando erros na terapia e fazendo sugestões que ajudam o processo de reintegração das diferentes personalidades num todo funcional.

O Auto-Ajudante Interior guarda notável semelhança com o núcleo de Divindade que existe dentro de cada pessoa — a díade formada pela expressão da Consciência Divina, que é nossa alma única (a Criança Natural) e a consciência impessoal do Espírito (o Eu) que dá vida à alma como a eletricidade que ilumina a lâmpada. Não importa o número de *slides* que projetemos ou o número de diferentes personalidades falsas que criemos — em si mesmas elas não têm vida nem realidade. Apesar de as experiências que temos nessas falsas personalidades contribuírem para o nosso cabedal de sabedoria da alma, as personalidades em si não são essenciais para a nossa identidade. Sem a luz do Eu, elas são inertes, mortas. Podemos abrir mão voluntariamente dessas personalidades, como a minha personalidade *beatnik*, que só durou até o começo da faculdade, ou podemos lutar, como fazem algumas das personalidades múltiplas, insistindo que aquela personalidade somos nós.

O trabalho psicoespiritual de uma vida é duplo. Primeiro, precisamos estar cientes de nossas diferentes personalidades — tanto as da luz como as da sombra — para podermos caminhar pela vida como uma pessoa íntegra, sem travar o tipo de batalha interior que Joanne travava. A isso se chama integração psicológica e totalidade. Precisamos encontrar a nossa sombra, aceitar nossas várias partes e aprender a funcionar como um ser coordenado que usa todas as diferentes partes da personalidade. Em segundo lugar, precisamos reconhecer que, mesmo essa personalidade bem integrada que dizemos ser — formada para servir nossas necessidades e agir como um veículo através do qual podemos experimentar a vida e expressar nosso potencial — ainda não é quem realmente somos. Não é a unidade, ou centro essencial Eu/Alma, que está conosco desde o nascimento e que (como veremos no próximo capítulo) parece acompanhar-nos depois da morte física.

Quando nos identificamos com esse centro essencial organizado em torno do Eu, e não com qualquer um de nossos papéis, podemos ter um funcionamento ótimo, livre de medos e ansiedades — como disse o apóstolo Paulo, "no mundo, mas não do mundo". O autoconhecimento também foi chamado de iluminação, porque acaba com a ilusão da identificação errada com os papéis do ego, e desperta-nos para uma identidade mais fundamental e permanente na qual nos sentimos a salvo, seguros, amados e capazes de irradiar essas qualidades aos outros. No autoconhecimento, a personalidade — o nosso ego — é visto como nem mais nem menos importante do que a identidade que

110

escolhemos para realizar o nosso trabalho singular no mundo. É ótimo ter uma personalidade, tudo bem, mas ela não é mais "nós" do que as roupas que penduramos no encosto da cadeira quando nos recolhemos à noite.

O EU QUE NÃO MUDA

A despeito do séquito de personalidades sempre cambiantes que acreditávamos ser, e apesar de todas as mudanças — os sucessos e fracassos, os ganhos e as perdas, os longos brincos pendentes e as argolas de ouro, a doença e a saúde, os cabelos castanhos, pretos, loiros e grisalhos, os relacionamentos que vão e vêm — não podemos reconhecer como nosso núcleo a mesma consciência de quando éramos pequenos?

Pare por um instante *e vá buscar uma fotografia sua de quando era criança, de preferência com dois ou três anos. Olhe essa pequena pessoa doce, ou imagine-se com essa idade, se não conseguir achar uma foto. Ainda é você não é? Você ainda pode sentir-se na sua pele, não pode? Corpo diferente, experiências diferentes, mesmo núcleo. (Se você encontrou uma foto, pendure-a em algum lugar — no espelho do banheiro ou na porta da geladeira, ou no seu local de meditação, se tiver — onde fique à vista. Isso vai ajudá-lo a lembrar e a amar sua criança interior.)*

Todos sabemos que a Criança Natural — a alma jovem e alegre que reflete diretamente a energia do Eu — não precisa fazer nada nem ter um jeito especial para gostar de si mesma. Como na personalidade múltipla, o Auto-Ajudante Interior não está vinculado a nenhum tipo especial de ser. Não investe em nenhum estado do ego. E, com freqüência, quando criancinhas, somos o nosso núcleo, o nosso centro, expressando a Criança Natural diretamente, sem precisar filtrá-las através de uma subpersonalidade ou máscara. Isto é a exuberância, o entusiasmo ou "possessão por Deus" que torna a presença das crianças tão positiva.

Quando ficamos mais velhos, desenvolvemos cada vez mais subpersonalidades e necessariamente passamos cada vez mais tempo nelas. Afinal, se você estiver diante de um processador de textos, como é o meu caso agora, é melhor estar na subpersonalidade chamada escritor, já que a Criança Natural, sem um filtro, estaria fazendo uma baderna e enchendo a página de desenhos! Precisamos de nossos egos para desempenhar determinadas funções. Mas se o filtro ficar espesso demais — se o estado do ego levar a si mesmo muito a sério e começar a viver como se o seu papel fosse o de glorificar-se e não de desempenhar a tarefa que lhe foi designada — a energia do Eu, a lâmpada do projetor, a Fonte de vida que anima todos os diferentes estados do ego, não consegue passar. Nesse caso, sentimo-nos deprimidos e carentes de vitalidade.

EM BUSCA DO EU:
A JORNADA DO HERÓI

A busca do Eu foi imortalizada em mitos e contos de fadas em todas as culturas, nas metáforas religiosas e no cinema. O mitólogo Joseph Campbell chamou essa busca do Eu de jornada do herói. Em seu livro épico e erudito *The Hero with a Thousand Faces*,* Campbell descreve a evolução da consciência humana desde o mundo instintivo da sobrevivência animal até a arena da experiência compartilhada, ou compaixão. Cada um de nós acaba fazendo essa jornada, lançando-se do mundo de nossas preocupações temporais em direção a um reino à margem da vida cotidiana — o Reino de Deus, o Paraíso, o encontro de Luke Skywalker com Yoda, o Castelo do Graal, o Inferno, o Mundo dos Sonhos. Durante nossas aventuras nesse reino, percebemos alguma verdade mais profunda, alguma ligação maior com a Fonte ou Base do nosso ser. Em seguida, voltamos ao mundo temporal transformados, capazes de viver a vida autenticamente, ou, como disse Nietzsche, como "uma roda que gira em torno de seu próprio centro".

Nascemos com o instinto da jornada, um profundo conhecimento de que o mundo temporal não é senão uma esfera limitada de experiência, um palco onde atuam energias muito maiores. O filósofo Schopenhauer usava a metáfora da vida humana como um sonho, em que não temos consciência do sonhador. As crianças estão naturalmente sintonizadas com uma esfera maior de consciência, com o reino invisível ou noético, bem como com o mundo material da experiência temporal. Podemos aprender muito ouvindo as crianças. Quando nossa sobrinha Alexa tinha seis anos, estávamos andando de carro juntas, num dia quente de julho, num silêncio camarada. De repente, ela disse com convicção, e sem mais nem menos, que gostava das palavras porque às vezes, ao ouvi-las, sabia histórias inteiras sobre elas, de algum lugar há muito tempo, algum lugar "além do mundo".

Jung falou desse conhecimento além das palavras, dessas histórias entranhadas em nós, como arquétipos ou padrões organizadores da experiência humana, que fazem parte da consciência de todas as pessoas ao nascer. Elas são

---

* *O Herói de Mil Faces*, publicado pela Editora Cultrix, São Paulo, 1988.

a herança da sabedoria universal que reside no Eu — o padrão instintivo que revela o caminho da volta — em direção à autopercepção e ao reencontro com a Fonte.

Instintivamente, saudamos o herói que supera as dores e os prazeres deste mundo e sonda o mistério da vida, e ao regressar da viagem inspira-nos a fazer o mesmo. Há alguns anos, os fãs do cinema vibraram com o arquétipo do herói como o jovem Luke Skywalker aprendendo a usar A Força com o mestre esotérico Yoda. A história de Jesus, da mesma forma, tem feito vibrar gerações de seres humanos porque evoca o mesmo arquétipo. Jesus nos assegurou que tinha vindo para mostrar-nos O Caminho que cada um de nós pode trilhar para voltar a Deus e ingressar no Reino, exatamente como ele fez. Buda também deixou instruções detalhadas sobre a forma de perceber o Eu, como o fizeram muitos mestres hindus e rabinos cabalistas que escreveram já no primeiro século da era cristã.

ASPECTOS PSICOESPIRITUAIS
DO MITO E DO SÍMBOLO

É reconfortante saber que os roteiros de vida que representamos na jornada heróica da alma, para redescobrir a Fonte, já foram percorridos antes. Os mitos, por exemplo — aquelas velhas histórias cujo próprio nome, paradoxalmente, é sinônimo de "inverdade" —, são de fato repositórios ocultos de sabedoria. Neles, cada personagem representa alguma parte de nós, pois em última análise a jornada é interior, embora sejam freqüentes as informações e a ajuda de fontes externas. A busca do Eu é uma jornada ao mesmo tempo psicológica e espiritual. Conheço pessoas que meditaram e buscaram conhecimento esotérico durante anos, inutilmente, porque sua natureza temporal e os artifícios do ego não foram explorados. Por outro lado, muitas pessoas se conhecem bem psicologicamente, mas não sabem voltar a atenção para o reino espiritual.

Os mitos e os contos de fadas sintonizam-nos com o psicológico e o espiritual. Ao estudá-los, podemos precaver-nos contra o que provavelmente vamos encontrar, tanto no reino pessoal da nossa psique como no reino noético das forças maiores. Podemos ter coragem ao atingir o ponto mais sombrio da jornada, porque sabemos, pelas histórias dos que nos precederam, que a aurora está próxima. E podemos ter fé em que, embora pareçamos estar trilhando sozinhos uma estrada estreita e perigosa, ela já foi trilhada inúmeras vezes antes. Nem agora, nem jamais, estaremos sozinhos.

A tão apreciada fábula de Branca de Neve, por exemplo, é muito mais do que uma simples história. É um mito psicológico arquetípico sobre a cura de uma criança ferida. Quando nos identificamos com a experiência de Branca de Neve, percebemos como é possível reintegrar a máscara e a sombra e recuperar a vitalidade da Criança Natural. Também somos advertidos sobre os obstáculos do caminho. Penso em Branca de Neve como o arquétipo da criança "perfeita" que precisa superar seus falsos eus, encarar os artifícios do seu ego, na pessoa da madrasta má, e ficar frente a frente com a morte, antes de despertar para a percepção de quem realmente é. Vamos examinar mais de perto as linhas gerais e alguns detalhes dessa história. Lembre-se de que nos mitos, como nos sonhos, todo personagem representa uma parte de nós. Branca de Neve e a madrasta má são uma só pessoa, máscara e sombra, respectivamente.

O conto afasta-nos da dor da identificação total com o falso eu (a Rainha Má que sempre precisa ser "a mais linda da terra"), através de uma batalha de vida ou morte com a Criança Natural (Branca de Neve), que personifica o desejo que a alma tem de despertar e perceber o Eu. Esse período de reflexão e introspecção, necessário para perceber o Eu, é representado pela estada de Branca de Neve no bosque com os sete anões. Ali, na pequena cabana de madeira, ela luta contra a Rainha Má, que tenta matá-la várias vezes. A fase final da auto-aceitação e do amor só chega quando ela é despertada pelo belo príncipe, que realiza o ato compassivo do herói, unindo-se a ela mesmo que pareça estar morta.

Durante sua estada no bosque com os sete anões, Branca de Neve é aprisionada pela sua sombra repetidas vezes, assim como todos nós fazemos durante o processo de crescimento psicológico. A Rainha Má (a sombra) vai visitá-la três vezes na cabana dos anões. Por três vezes, Branca de Neve não reconhece a madrasta, apesar das advertências dos anões. Duas vezes os anões salvam Branca de Neve: uma vez de um colete apertado que iria sufocá-la e na segunda vez, de um pente envenenado. Como todos nós, Branca de Neve conhece seus pontos fracos, mas continua a sucumbir a eles, mesmo que isso quase lhe custe a vida.

Na terceira visita da Rainha Má, Branca de Neve engole um pedaço de maçã envenenada e morre, atingindo o fundo do poço psicológico, chamado a noite escura da alma. Mas como a morte é simbólica — a escuridão que precede o amanhecer —, o corpo dela não apodrece. Em seu prolongado sono, a morte do ego, ela na verdade está reorganizando uma nova personalidade centrada no Eu. Mas nenhum de nós faz isso inteiramente sozinho. As etapas

114

finais de integração requerem um ato de graça, representado pela compaixão do Príncipe, que consegue ver a alma dela além da máscara da morte, um ato de visão representado pelo caixão de vidro onde ela está colocada. Com amor, ele leva embora o caixão; quando este bate numa pedra, Branca de Neve cospe a maçã e renasce.

Theodor Seifert, um analista junguiano, escreveu uma elegante e bonita explanação desse conto de fadas, intitulado *Snow White: Life Almost Lost*. No trecho reproduzido a seguir, ele escreve sobre a Rainha Má que, diante do espelho, pergunta: "Espelho, espelho meu, existe alguém mais bela do que eu?" Seifert observa:

Aqui começa a difícil tarefa de perceber a própria imagem e o próprio eu sem a necessidade — no sentindo competitivo — de ser o único, o melhor, o mais destacado. Esta é uma pergunta de particular importância, pois aqui *chocam-se dois princípios aparentemente excludentes:* por um lado, cada um de nós é único, um indivíduo que nunca existiu antes, visivelmente diferente de todas as outras pessoas; por outro lado, no entanto, visivelmente diferente não significa melhor, mais bonito, à frente dos concorrentes, mas simplesmente outro, único, "assim como sou", claramente diferenciado de todos os outros. É precisamente quando essa singularidade não se mistura com altivez e orgulho que se torna possível a comunhão com os outros e com a novidade que brota da própria alma. Mas, se basearmos nossa singularidade na desvalorização dos outros, estaremos assumindo uma atitude isolacionista que elimina a comunhão. Estou me colocando à parte da comunhão com os outros, porque não me conformo a ser como eles e, em vez disso, sempre quero ser melhor e mais bonito. Esse isolamento leva à solidão, em seguida à ansiedade, e finalmente à necessidade cada vez maior de ser melhor e mais destacado. Trata-se de um círculo vicioso que leva ao colapso da comunhão natural e saudável (pp. 75-76, o grifo é nosso).

A questão crucial para escapar do narcisismo da culpa é reconhecer que não somos melhores nem piores do que os outros. Podemos ter diferentes papéis a desempenhar, mas nenhum de nós é, na verdade, o papel que desempenha. Lembro-me, a esse respeito, de uma antiga história sobre o "Clube dos nobres". Todos os seus membros precisam ser nobres, e nenhum deles quer ninguém de nível inferior dentro do clube. Assim, eles se revezam desempenhando os papéis de porteiro, cozinheiro, cavalariço e convidado. Como todos sabem que são nobres, nenhum se sente acima ou abaixo de qualquer outro, e a situação é muito agradável. Essa história nos lembra que é preciso que nos relacionemos com o Eu, a Divindade que está igualmente presente em cada um de nós, e não com os nossos papéis aparentes.

Nossa capacidade de nos relacionarmos com o Eu dos outros é conseqüência da nossa cura psicológica. É a esfera da compaixão, palavra que significa literalmente *sofrer junto*, deixar o isolamento da esfera pessoal e entrar na vida do outro. Joseph Campbell também chama a compaixão de flor do crescimento psicoespiritual. No livro de Campbell, *Creative Mythology: The Masks of God*, ele reconta a lenda do Graal, conforme foi escrita pelo poeta medieval Wolfram von Eschenberg. O Santo Graal, o cálice da Páscoa que Jesus usou na Última Ceia e que recebeu seu sangue quando seu corpo foi tirado da cruz, é um poderoso símbolo arquetípico de nossa capacidade de viver uma vida autêntica que culmina com o florescimento da compaixão.

> No Castelo do Graal de Wolfram, onde características celtas, orientais, alquímicas e cristãs se combinam num ritual de comunhão de forma e sentido não-ortodoxo, o teste espiritual do jovem herói é esquecer de si mesmo, de seu ego e de suas metas, e participar, com compaixão, da angústia de outra vida.
>
> — Joseph Campbell, *Creative Mythology: The Masks of God* (p. 454)

Jesus falava da mesma coisa ao dizer que somente quando perdemos nossa vida podemos ganhá-la. Em *The Power of Myth*, Campbell fala do Graal:

> ... que é conseguido e conquistado pelas pessoas que viveram a própria vida. O Graal representa a realização das mais elevadas potencialidades espirituais da consciência humana... O Graal torna-se símbolo de uma vida autêntica vivida em termos da própria vontade, em termos do próprio sistema de impulsos, que se coloca *entre* os pares de opostos do bom e do mau, do claro e do escuro. Um dos escritores da lenda do Graal começa seu longo poema épico com um pequeno poema que diz: "Todo ato tem resultados bons e maus." Todo ato da vida resulta em pares de opostos. O melhor que podemos fazer é pender para a luz, para as relações harmoniosas oriundas da compaixão pelo sofrimento, do entendimento do outro (p. 197).

Campbell aponta para uma profunda ligação psicoespiritual. *A compaixão, que é a parte interpessoal, é a união dos planos temporal e espiritual.* É o lugar onde a Divindade entra no relacionamento humano, como vamos considerar juntos na Parte Três. Na compaixão, estamos totalmente inseridos no momento. Podemos entrar no momento com outra pessoa, e podemos também ser compassivos em relação à própria vida — entrar na magnificência de um pôr-do-sol, na força de uma tempestade, no enverdecimento das folhas na primavera. Todos esses momentos de proximidade compassiva levam-nos para a plenitude do Eu.

EXPERIÊNCIAS NATURAIS DO EU:
O ENCANTAMENTO DO CORAÇÃO

Participar da vida, dizer sim à vida, exige a urgência de nossa atenção — da nossa consciência. Sempre que estamos atentamente presentes, não importa qual seja a atividade, experimentamos o Eu e seus atributos de paz, sabedoria e compaixão. Você já se sintonizou com o momento ao despertar de um sono profundo e sem sonhos, aquele momento de total paz e contentamento antes que sua mente comece a zunir e a roncar com planos e preocupações? E o que dizer daquele momento em que você joga longe os sapatos, dá um suspiro de alívio e senta-se para tomar um café depois de horas de atividade frenética? Sabe o que quero dizer? A mente pára. E aqueles momentos que você passa rindo com uma pessoa amada, abraçando alguém de quem gosta, ou caminhando num bosque perfumado? Esses são os momentos que valorizamos, os momentos em que estamos em contato com o Eu.

Num dia de inverno, compartilhei um desses "momentos sagrados" com meu filho Justin, então com 20 anos, e seu amigo Brian. Minha mãe estava chegando ao final da vida e precisava de assistência o dia todo; assim, nós três estávamos descarregando alguns móveis do caminhão de Brian para arrumar o quarto da enfermeira. Eu não conhecia bem o Brian, mas fiquei impressionada com o seu jeito inteligente e prestativo. Tínhamos começado a nos conhecer naquela manhã, enquanto Justin estava fora, caminhando no bosque. Quando Justin voltou, veio ajudar-me a carregar umas gavetas pelo vestíbulo enquanto Brian tirava outras peças do caminhão. Eu disse a Justin o quanto tinha gostado de Brian e ele, em sua sabedoria, respondeu: "O Brian não é só inteligente, mamãe, ele realmente se importa com os outros. Ele é amável. É por isso que gosto tanto dele."

Alguns minutos depois, nós três estávamos na calçada carregando os móveis do caminhão, brincando e aproveitando de fato a companhia. O sol de fevereiro estava excepcionalmente quente e parecia intensificar essa sensação de bem-estar. De repente, o tempo pareceu parar e ficamos suspensos por um instante numa transcendência de paz, de bondade, de carinho e atenção positiva. Compartilhamos a experiência do Eu, em que o amor fluía sem obstáculos pela ponte de mão tríplice que ligava todos nós a algo maior. Nesse momento, estávamos completos. Tudo parecia ir bem no mundo. Estávamos totalmente presentes no momento e uns para os outros.

O padre ortodoxo grego arquimandrita Kallistos Ware diz que o presente é "o ponto em que o tempo toca a eternidade". O mundo preso ao tempo e o reino transcendente encontram-se nesses momentos em que experimentamos o Eu. O famoso psicólogo Abraham Maslow dá-lhes o nome de "experiências de pico". As cores parecem extraordinariamente vivas, os aromas incrivelmente perfumados, os sons excepcionalmente ricos e as texturas quase vivas. É como se um véu invisível fosse levantado do mundo, permitindo que sua beleza luminosa brilhasse claramente. Não existe medo; só amor, paz, sabedoria, interligação e um onipresente sentimento de amor e segurança que perdura no agora.

Os antigos filósofos comparam o Eu a uma pedra que jaz tranqüilamente no fundo de um poço. Ela está sempre lá; mas quando a superfície do poço está turva, não podemos vê-la. O poço é uma metáfora da mente. Quando a mente está ocupada, ruminando e se preocupando — seu estado habitual — o Eu permanece oculto pelas tempestades mentais. Mas quando a mente se aquieta, a pedra fica visível outra vez. Mexer na terra ou caminhar na natureza são atos prazerosos porque passado e futuro desaparecem. Apenas a ligação próxima com a terra e sua beleza persistem. O amor e a paz da Fonte da vida inundam a nossa ligação com o momento. "Como eu gosto do bosque", pensamos. Mas a paz não é inerente à floresta ou ao jardim, ao "objeto amado" que temporariamente recebe nossa atenção. Ele está presente dentro de nós. E quando nos ligamos a essa nascente interior, sentimos, com muito mais intensidade, a nossa ligação com a vida.

A literatura e a poesia contêm inúmeros relatos de momentos sagrados, quando se revelam o Eu e sua ligação com a Fonte, testemunhados pela alma com alegria e espanto. A professora de literatura Rhoda Orme-Johnson cita uma série de notáveis relatos literários desses momentos transcendentes, entre eles, a peça *Present Past, Past Present*, de Eugene Ionesco:

Antigamente, há muito tempo, eu às vezes era tomado por uma espécie de graça, uma euforia. Era como se, em primeiro lugar, todas as idéias, todas as realidades fossem esvaziadas do seu conteúdo. Depois desse esvaziamento ..., era como se eu me visse subitamente no centro de uma pura existência inefável ... Creio que me identifiquei com essa realidade essencial quando, junto com uma alegria imensa e serena, fui tomado pelo que poderia chamar a estupefação de ser, a certeza de ser ... Digo isso com palavras que só podem distorcer, que não conseguem retratar a luz dessa intuição profunda, totalmente orgânica que, emergindo como o fez do meu eu mais profundo, poderia ter inundado tudo, coberto tudo, a mim e aos outros.

Esses momentos sagrados são o que o escritor James Joyce chamava de epifanias — momentos de êxtase, ou profunda imobilidade, em que a mente já não é perturbada nem pelo desejo nem pela repulsa, e simplesmente pára. Em *Portrait of the Artist as a Young Man*, de Joyce, o personagem Stephen Daedelus comenta que

O instante em que a suprema qualidade da beleza, a clara irradiação da imagem estética, é luminosamente apreendida pela mente, que foi capturada pela sua totalidade e fascinada pela sua harmonia, é a estase luminosa e silente do prazer estético, um estado espiritual muito parecido com o quadro cardíaco que o fisiologista italiano Luigi Galvani, usando uma expressão quase tão bela quanto as de Shelley, chamou de encantamento do coração.

APRENDER A EXPERIMENTAR O EU

Os vislumbres do Eu ocorrem de forma intermitente e muitas vezes acidental, nas ocasiões em que os pensamentos desaceleram. No entanto, a maioria de nós é incapaz de se sentir tranqüila, concentrada e ligada ao Eu por escolha própria, porque aprendemos muito pouco sobre a forma de usar a mais poderosa ferramenta que temos — a mente. Meus pacientes insones sabem disso muito bem e, em geral, se queixam de que a mente tem vida própria, principalmente no meio da noite! Muitas pessoas começam a praticar a meditação na esperança de aprender a "desligar da tomada" a mente quando esta se agita inutilmente gerando apenas ansiedade obsessiva. Nesse estado, estamos literalmente dizendo não à vida, porque não estamos presentes para experimentá-la. Caímos na armadilha da mente.

A antiga ciência da ioga, que significa *união* com o Eu, baseia-se no conhecimento, como dizem os sutras iogues de Patanjali, de que "a mente é inquieta como o vento" e que, para experimentar o Eu, é preciso fazer da mente um servo, em vez de deixar que ela seja o senhor. As práticas mentais e físicas da ioga, portanto, visam aprender a aquietar a mente e dirigi-la de forma ordenada. Isto não significa vegetar num estado de bem-aventurança e sair do mundo. Significa concentrar-se no presente, para poder agir no mundo com mais consciência: com mais honestidade, amor, competência e confiança.

Aprender a usar a mente como ferramenta e a *pensar por escolha*, em vez de reagir às próprias fantasias ou a velhas fitas repetidas, este é o significado da ioga. Quando não é preciso pensar e a mente pode descansar, automaticamente passamos a experimentar o Eu. O treinamento mental é a pedra angular de muitos métodos de artes marciais, de escolas de meditação e de antigas filosofias que só chamaram a atenção de um pequeno número de pessoas no Ocidente. No entanto, durante a última década, as técnicas de controle mente-corpo chegaram ao povo em geral, através da Psicologia e da Medicina. O dr. Herbert Benson e outros desmistificaram as antigas práticas iogues estudando a fisiologia que lhes serve de base, tornando-as disponíveis na forma de tratamentos médicos para o *stress* e para as doenças de fundo nervoso, independentemente de crenças religiosas ou espirituais.

A beleza dessas técnicas, muitas delas descritas e ensinadas em detalhe em *Minding the Body, Mending the Mind*, está no fato de que elas são compatíveis com qualquer visão de mundo, secular ou religiosa, e constituem a base da ciência da mente. Todas essas práticas foram originalmente concebidas como métodos para ter acesso ao Eu, sendo um de seus efeitos colaterais a atenuação da resposta de luta ou fuga. Muitas pessoas, em nossos dias, começam a praticar a meditação ou as posturas físicas da hatha ioga principalmente devido a esses efeitos colaterais fisiológicos, e depois continuam a prática porque gostam da experiência do Eu e dos benefícios da maior autopercepção psicológica que acompanha a meditação.

MEDITAÇÃO BÁSICA

Sempre que estiver em contato com o Eu, em vez de estar enredado nas preocupações isolacionistas do ego, você estará vivenciando um estado de meditação. Isso pode acontecer naturalmente, mas com uma prática mais formal de meditação para exercitar a tranqüilização da mente, o Eu pode ser vivenciado com mais facilidade. Duas escolas básicas de meditação atravessaram os séculos. Uma visão em profundidade sobre sua história, suas semelhanças e diferenças consta do livro *The Meditative Mind*, de Daniel Goleman. Na *meditação de concentração*, fixa-se a mente num estímulo específico, como a chama de uma vela, uma palavra, uma prece, a imagem de um santo, a respiração, ou qualquer outra coisa que proporcione um foco único. Esse processo acaba resultando na experiência do Eu. Na *meditação da atenção* ou *foco aberto*, faz-se um esforço para fixar a mente no Eu e observar o fluxo sempre mutável de pensamentos, emoções, sensações e percepções.

A **meditação de concentração**, é uma técnica antiga usada em muitas tradições religiosas. Foi popularizada recentemente pela meditação transcendental e pesquisada cientificamente pelo dr. Herbert Benson, que deu o nome de resposta de relaxamento às alterações corporais específicas induzidas pela meditação de concentração. A idéia é manter a mente totalmente ocupada com um estímulo específico e repetitivo que a faz sair dos trilhos das preocupações habituais. Do ponto de vista fisiológico, o estímulo em si não faz diferença nenhuma. É possível provocar a resposta de relaxamento, com igual facilidade, repetindo mentalmente a palavra "um" em cada expiração, ou concentrando-se na sensação da respiração à medida que o ar entra e sai do abdômen ou das narinas, ou fixando-se em um estímulo mais espiritual. Por ter a meditação surgido como prática espiritual destinada a reunir a alma separada e o Todo Divino, um *mantra* — um nome de Deus, uma prece, ou algum outro aspecto do Divino — era o foco preferido. Ao escolher um mantra, se for esta a sua opção, encontre um aspecto da Divindade com o qual você tenha uma relação mais natural.

Um mantra sânscrito genérico que se enquadra em qualquer tradição religiosa é a repetição de *Ham Sah* — *Ham* na inspiração e *Sah* na expiração. *Ham* significa "sou" e *Sah* significa "Eu". O mantra destina-se a lembrar quem realmente somos, e os antigos acreditavam que, ouvindo atentamente a própria respiração, ela sussurraria a verdadeira identidade em cada minuto da vida. *Ham*, sou, *Sah*, Eu. E, com a prática, esse mantra de fato repete-se automaticamente — você acaba ouvindo-o em vez de dizê-lo.

As tradições judaica e cristã, da mesma forma, focalizaram a meditação de concentração. Os místicos judeus da tradição cabalística repetem as quatro letras hebraicas do tetragrama — em inglês, YHVH — que Deus deu aos judeus para usarem em lugar do Seu nome santo e impronunciável. Algumas seitas cristãs tomaram essas letras hebraicas e as nacionalizaram como Jeová, mas na tradição judaica as letras nunca são pronunciadas juntas, sendo combinadas de várias formas como foco para meditação que leva à experiência direta de Deus. O rabino Aryeh Kaplan foi um místico e erudito judeu que escreveu vários livros sobre diferentes aspectos do misticismo judeu e sua prática; *Jewish Meditation*, incluído na lista de leituras, é um bom começo para quem estiver interessado nessa tradição.

A tradição cristã de meditação também é muito rica. Os padres do deserto, os primeiros monges cristãos que viveram no século IV, levaram uma vida de prece contemplativa, concentrando-se no mantra conhecido como a prece do publicano: "Senhor Jesus Cristo, Filho de Deus, tem piedade de mim, um pobre pecador." A forma resumida dessa "prece a Jesus" no original grego é *Kyrie Eleison*, ou "Senhor, tem piedade".

Bill estava com 60 anos quando o conheci na Clínica Mente-Corpo no início da primavera, quando a neve de Boston começava a derreter. Um homem alto, magricela, com um sorriso largo e as mãos calosas de um trabalhador, Bill tinha um tipo crônico de leucemia que estivera estabilizada há vários anos, mas que começava a piorar. O interesse de Bill pela meditação era triplo. Ele acreditava que ela iria ajudá-lo a diminuir o desconforto do tratamento contra o câncer, que talvez pudesse retardar a doença, e que poderia ajudá-lo a fortalecer sua ligação com Deus. E a meditação é de fato essa dádiva. O *tzaddik* judeu rabino Nachman, do século XVIII, comparou a meditação a uma árvore cujos frutos podemos comer nesta vida e cujas raízes perduram para alimentar-nos no tempo que virá depois.

Quando conversamos sobre a escolha de um mantra, Bill imediatamente pensou em *Kyrie Eleison*. Quando sentamos para meditar juntos, Bill entoou mentalmente o "kyrie" na inspiração e "eleison" na expiração. Em poucos minutos, a tensão dele sumiu, sendo evidente a paz na sala. Quando abriu os olhos, cheios de lágrimas, Bill disse-me que, naqueles vinte minutos, tinham desaparecido o medo e a solidão. Ele se sentia fortemente ligado, de uma forma que as palavras não conseguem descrever, a todas as pessoas que, através de todos os séculos, haviam entoado no coração aquela prece a Jesus. Isso é o que nos dizem os hindus, os budistas, os cristãos, os judeus, os sufis e outros, para quem a meditação é uma ligação espiritual viva — que os velhos mantras estão impregnados do amor e da fé de todos aqueles que os pronunciaram antes; que eles são uma espécie de talismã vivo contendo o poder coletivo de muitos corações que anseiam pelo reencontro com a Fonte. Por esse motivo, escolher um mantra "pertencente" a uma tradição espiritual, muitas vezes dá um poder de concentração maior do que inventar um mantra novo.

Os passos para a meditação de concentração, explicados por Benson em *The Relaxation Response* e descritos em detalhe em *Minding the Body, Mending the Mind*, são simples:

1. Sente-se ou deite-se com a coluna vertebral reta e o corpo equilibrado e simétrico (em outras palavras, sem cruzar os braços e as pernas).

2. Relaxe os músculos o máximo que puder, esticando-se de leve ou inspecionando mentalmente o corpo, dos pés à cabeça.

3. Concentre-se no mantra, repetindo-o no ritmo da respiração.

4. Se se distrair — o que vai acontecer — faça uma respiração de relaxamento e volte ao mantra.

O mais importante no processo é a *atitude*. A noção culposa de que você tem de ser capaz de se concentrar perfeitamente e domar sua mente errante no prazo de alguns minutos, algumas semanas, alguns meses ou mesmo alguns anos de prática, é contraproducente. Não caia na armadilha de julgar, sob nenhum aspecto, a "qualidade" da meditação. Apenas faça-a, buscando coragem nas palavras de São Francisco, que nos tranqüiliza dizendo que, mesmo que a mente vagueie durante todo o tempo da meditação, este é um tempo bem gasto.

Uma das mais poderosas conseqüências da prática da meditação é a gradual compreensão de que você *não* é a sua mente. Os pensamentos vão e vêm, mas você aprende a ficar inativo e observá-los como as muitas nuvens que passam pelo céu. Você está *tendo* pensamentos, mas *não* são os seus pensamentos. Às vezes, é claro, a mente é arrebatada pelos pensamentos, e você se identifica temporariamente com eles. Então você observa: "Ah, pensamentos!", faz uma ou duas respirações e retorna ao mantra ou à respiração, mais uma vez desconsiderando passivamente os pensamentos que passam e fortalecendo o que chamamos músculos mentais do abandono.

A outra grande tradição da meditação, chamada **caminho da visão interior**, está associada à tradição budista. Ela começa com a prática da observação, *sathipatthana*, ou simplesmente atenção. O praticante de meditação começa concentrando-se na respiração, tentando tornar-se uno com o Eu ou Espírito que o habita. Em muitos idiomas, a palavra para respiração é sinônimo de Espírito. Em hebraico, *ruach* significa respiração, vento e espírito. Em grego, *pneuma* significa ar, respiração ou espírito. A palavra portuguesa *respiração*, da mesma forma, vem da raiz latina *spiro*, que significa sopro ou espírito.

Depois de se concentrar na respiração, o praticante de meditação, como um detetive, fica tranqüilamente à espreita de pensamentos, sentimentos e percepções, simplesmente observando sua experiência imediata, sem julgar, comentar, ou tentar fazer mudanças. Depois de um certo tempo, o praticante de meditação começa a perceber que a visão coerente da realidade, que ele tanto valoriza, é formada por sucessivas unidades de "material mental", em si mesmo sem sentido, e surge, então, uma visão inteiramente nova da mente, um processo denominado desenvolvimento da visão interior, ou *vipassana*, que leva ao estado de *nirvana,* no qual a mente e os objetos que ela contempla são experimentados como uma só coisa.

Em qualquer uma das formas de meditação, você acabará aprendendo a assumir a posição de observador ou testemunha dos pensamentos, em vez de identificar-se com eles. Isso proporciona um poder enorme, porque muitas vezes somos agredidos ou enganados pelos nossos próprios pensamentos. Como técnica de crescimento psicológico, a capacidade de se apartar da ilusão de que os pensamentos são uma realidade é extremamente benéfica. Em breve você fica ciente de que, quando sua mente não está identificada com os pensamentos e você consegue deixá-los passar sem julgá-los ou enredar-se neles, a consciência básica que chamamos Eu emerge automaticamente, como observadora passiva das acrobacias da mente. Em algumas escolas de meditação, com efeito, o Eu é chamado de a Testemunha.

Pare por um instante e tente observar sua mente antes de continuar a ler. Feche os olhos e faça algumas boas e profundas respirações de relaxamento, verdadeiros suspiros de alívio. Ao fazê-lo, deixe o corpo afundar confortavelmente na cadeira e deixe a respiração encontrar seu ritmo natural. Detenha-se no bem-estar da respiração. No minuto seguinte, finja que é um detetive na escuta de uma conversa importante, atento a qualquer palavra ou imagem que atravesse a mente. Com uma atitude descontraída, mas fortemente interessada, faça uma escuta "clandestina" e atenta da mente, permanecendo centrado na respiração. Continue durante um ou dois minutos.

O que aconteceu? Pode acontecer de você ter começado a observar a ida e a vinda dos pensamentos, quando um deles, particularmente picante, surgiu de repente e você se entregou por completo a ele. Fazemos isso o tempo todo, é claro, identificando-nos totalmente com o filme mental, ou o sonho, do momento. Ou talvez você tenha ficado sentado tranqüilamente à beira do rio metafórico da mente, simplesmente deixando os pensamentos passarem flutuando, mantendo-se passivamente concentrado na sua observação. Ou — as surpresas nunca terminam — talvez sua mente tagarela tenha de fato descansado, só para variar!

Cerca de 50% das pessoas que tentam observar a mente pela primeira vez saem de mãos abanando e muito surpresas. Para onde foram todos os pensamentos? Steve Maurer, atual diretor da Clínica Mente-Corpo, costuma brincar, dizendo que a mente fica constrangida ao ser observada. Quando a mente se acalma, as pessoas relatam uma agradável e relaxante sensação de paz, que muitas vezes se transforma na sensação de amorosa ligação com toda a vida. Ao observar, você sai da mente e entra na natureza essencial do Eu, que é paz e amor. Temporariamente, você corrige a manifestação da identidade errada e lembra-se de quem realmente é.

Quem faz exercícios de amar a criança interior provavelmente já conhece a maravilha que é a corrente de amor surgida quando o sistema nervoso inteiro e cada célula do corpo reagem à imaginação. Trata-se de uma sensação semelhante, porém menos intensa, àquela que você acabará tendo ao aprender a desprender-se da correnteza de pensamentos que tira você do seu centro. Todos nós já tivemos diferentes experiências desse estado de profundo repouso, da perfeita sensação de amar e ser amado. Lembro-me de sentir algo assim quando me sentava em silêncio e observava meus filhos, ainda bebês, dormindo. Só que, dessa vez, estamos observando o nosso próprio Eu, lembrando da mesma nascente de amor pela qual sentimos carinho na infância e adoramos na natureza, a Fonte que habita em nós como nossa natureza essencial.

Durante o dia, quando o ego toma a dianteira e começa a julgar e a criticar você, tente fazer algumas respirações e, saindo da mente, passar à posição de observador. Você pode fazer isso confortando a criança interior e, em seguida, deixando a imagem ir embora e detendo-se nos sentimentos serenos e bem-ajustados que sobram. Ou talvez você seja capaz de passar diretamente para a posição de testemunha, tornando-se o observador dos pensamentos, como no exercício anterior. A técnica não importa — faça o que lhe parecer mais natural. Depois de uma dose de amor, um momento de ligação com quem você realmente é, a influência condicionada do seu ego, sempre alardeando as suas "limitações", parecerá muito mais fraca.

Gosto de começar minha prática de meditação concentrando-me no Eu, lembrando um momento sagrado e em seguida concentrando-me na corrente de amor e na ligação que permanece depois de a lembrança desaparecer. Se você praticar a lembrança do Eu, seja na meditação ou ao longo do dia, começará, de forma *lenta* porém constante, a respeitar o valor que você tem, porque irá *experimentá-lo diretamente*. Saberá, sem precisar pensar nisso, que você não é o seu medo, os seus desejos, a sua raiva, as suas limitações. Estes são apenas estados da mente. Corrigindo a falsa identidade, você perceberá que você é o seu Eu.

O PODER DA CENTRALIZAÇÃO RITUAL

A maioria da nós fica tão ocupada com as exigências externas da vida que a atenção se dispersa constantemente, pulando de uma coisa para outra. A vida exige que gastemos energia com muitos papéis diferentes. Somente nas últimas 24 horas de relacionamentos e atividades, por exemplo, fui mãe, esposa, amiga, filha, cunhada, cozinheira, faxineira, convidada de festa, meditei, dormi e escrevi. Temos grande identificação com alguns de nossos papéis e, ao fazê-lo, ficamos mais propensos do que nunca a esquecer o Eu. Mas qualquer atividade, quando conduzida com consciência, pode ligar-nos ao Eu. Lavar pratos não é um convite menor a um momento sagrado do que um pôr-do-sol. Ouvindo amigos, brincando com crianças, divertindo-se com um animalzinho, falando com sinceridade, meditando — é assim que normalmente nos concentramos. Mas sempre que realizamos atividades centralizadoras como uma prática regular — com a intenção de fortalecer a nossa ligação com a Fonte — estamos fazendo uso do enorme poder do ritual.

A meditação, por exemplo, é um ritual que tem como propósito lembrar o Eu. Ao fazê-la diariamente, assumimos um compromisso com uma visão — com um propósito de vida — que tem poder real de promover uma mudança. Quando reservamos tempo e energia para lembrar o Eu, nós o trazemos para a consciência. E, como veremos no próximo capítulo, nosso anseio por retornar à Fonte, por lembrar do Eu, também é uma forma de atrair a graça.

A meditação, no entanto, é um ritual solitário. Existem também rituais comunitários que servem como importantes lembretes de que somos todos protagonistas de um grande drama que se repete. Esses rituais ajudam a impedir parte do sofrimento que advém quando nos levamos demasiado a sério, ou quando acreditamos que somos especiais (acreditar que somos particularmente bons ou supor que somos particularmente maus são duas atitudes igualmente problemáticas). O problema é que ser "especial" implica ser "diferente". Como o Eu — o núcleo comum de consciência — tem valor igual em todas as pessoas, continuaremos a ser prisioneiros de nossos egos e a sofrer de culpa enquanto insistirmos em ser especiais. No ritual — um ato comunitário repetido da mesma forma ao longo da história — perdemos a ilusão individual de especialidade e ingressamos numa identidade grupal na qual o Eu pode vir à tona com mais facilidade.

Na família judaica, no oitavo dia de vida dos meninos, celebra-se tradicionalmente a cerimônia chamada *bris* — circuncisão ritual —, representando a introdução da criança na antiga aliança com Deus. A família reúne-se para compartilhar um novo vínculo, no momento da dor da criança, que rapidamente dá lugar à celebração da vida. A cerimônia é uma saudação à promessa do recém-nascido, à continuidade da família, a uma tradição cultural que sobreviveu à grande Diáspora, quando os judeus se espalharam pela face da Terra, e a uma herança espiritual que se estende pelos milênios até o momento em que Moisés recebeu as Tábuas no Sinai. No catolicismo, existe o sacramento da comunhão, o mistério da união com o corpo e o sangue — a visão e o Espírito — de Jesus, que ele nos deixou como lembrança eterna do propósito da vida, e de seu amor e perdão sempre presentes. Tanto no judaísmo como no cristianismo, há o ritual de reservar o sábado — deixar de lado um dia da semana — para lembrar e se concentrar.

Esses são rituais poderosos quando realizados conscientemente, com a compreensão de que são atos de centralização, porque foram concebidos para sintonizar o indivíduo com algo maior — a família, a tribo, a cultura, Deus. No momento da sintonização, todas as peças se encaixam como o vidro colorido de um caleidoscópio. Tudo fica centralizado, o padrão está completo, e ocupamos nossos devidos lugares, ligados por fios invisíveis a um todo maior. Vivemos por um momento num tempo sagrado, sem rupturas, e sabemos quem somos e onde estamos. Todos os atores do drama estão dispostos conforme o plano, e tudo está certo no mundo.

Toda cultura, toda tradição, tem rituais que marcam as passagens da vida e permitem a seus membros uma recentralização periódica e a certeza de que estão no caminho certo. Algumas culturas, como a dos índios norte-americanos, tinham espaços geográficos sagrados chamados mesas, topos de montanha onde eram tradicionalmente realizados os rituais de centralização. A maioria das religiões tem áreas delimitadas — templos e igrejas construídos de acordo com uma geometria sagrada, destinados a demarcar campos de força invisíveis, sentidos pelos místicos e registrados na linguagem universal da matemática e da geometria. O coração humano é, também, um local sagrado. Se criarmos o ritual diário de prece, de meditação, ou um simples momento de gratidão silenciosa, estaremos realinhados com um Poder Superior, a força do amor criativo, da sabedoria, do humor e da intuição que nos guiará na jornada do herói.

SONHOS E INTUIÇÃO

Mesmo que não saibamos conscientemente que papéis e arquétipos estamos representando e manifestando na nossa jornada, nosso inconsciente sabe, e tenta passar-nos essa informação nos devaneios, nas fantasias, nas percepções espontâneas e no desenvolvimento noturno dos sonhos. Passamos cerca de um terço da vida dormindo, e cada um de nós sonha aproximadamente 20% desse tempo. Estudos laboratoriais revelam que entramos em sono REM (*rapid eyes movement* — movimentação rápida dos olhos) quatro ou cinco vezes por noite. Os sonhos sempre acompanham o sono REM, quer nos lembremos, quer não e, se prestarmos atenção, nossos sonhos proporcionam um vasto manancial de inspiração criativa de compreensão psicológica e orientação espiritual.

A literatura relativa aos sonhos é repleta de histórias sobre descobertas criativas e invenções:

> Descartes formulou a postura filosófica básica do Empirismo Racional, que serve de base a todo o desenvolvimento da ciência moderna, depois de uma vívida experiência de sonho. Kekulé, que, a partir de um sonho com uma cobra mordendo a cauda, recebeu a inspiração para entender que a estrutura molecular do benzeno tem a forma de um anel, advertiu certa vez seus colegas em pesquisa básica: "Senhores, aprendam a sonhar!" Albert Einstein, ao ser perguntado, no final da vida, exatamente quando e como lhe havia ocorrido a idéia da Teoria da Relatividade, respondeu que as primeiras sugestões nesse sentido remontavam a um sonho de sua adolescência. Ele contou que, no sonho, estava viajando num trenó. À medida que o trenó acelerava, andando mais e mais rápido até aproximar-se da velocidade da luz, as estrelas começaram a desfigurar-se, adquirindo incríveis formas e cores, deixando-o inebriado com a beleza e a força de sua transformação. Einstein concluiu dizendo que, de muitas formas, toda a sua carreira científica poderia ser vista como o prolongamento da meditação sobre esse sonho.

> — Jeremy Taylor, *Dreamwork* (pp. 6-7)

Jeremy Taylor é um pastor Unitarista e psicólogo que dirige grupos de sonhos há mais de 20 anos. Na minha opinião, seu livro *Dreamwork* é, isoladamente, a melhor pesquisa jamais escrita sobre o sentido psicoespiritual dos sonhos. Ele sintetiza da seguinte forma o cerne do trabalho com sonhos:

> Os sonhos sempre estão a serviço da promoção da totalidade. Eles têm um efeito inerente de abertura, sempre trazendo à consciência os aspectos de nosso ser que excluímos da experiência da vigília ... Mesmo o pior pesadelo tem, como razão importante para existir, a correção de algum desequilíbrio de percepção, atitude ou comportamento durante a vigília (pp. 18, 45).

Freud disse que os sonhos eram o "caminho nobre" para o inconsciente. Eles vêm com a finalidade de promover a percepção, muitas vezes apresentando-nos informações que tentamos negar. Parte da minha recuperação permanente em relação à culpa envolveu a admissão de que sou uma filha adulta de um alcoólico com meu próprio vício de culpa, comportamento codependente e vício de trabalho. Como o uso de álcool na minha família de origem era encoberto e a família parecia funcionar muito bem, nunca pensei em vício e co-dependência como questões que me afetassem pessoalmente. Esse tipo de negação é muito comum nos filhos adultos de alcoólicos.

Minha negação foi destruída por um arguto jogo de palavras num sonho muito vívido, que me chamou a atenção. No sonho, minha mãe e eu estamos flutuando numa jangada na parte funda de uma grande piscina. Eu nado para a outra extremidade, onde várias senhoras estão reunidas. Uma tem cerca de 90 anos e é obviamente uma mulher de grande sabedoria espiritual. Quero apresentá-la à minha mãe, para que ela possa compartilhar sua sabedoria conosco e assim, excitadamente, nado de volta até a jangada, para falar com minha mãe. Quando volto para a sábia senhora, vejo que ela está deitada, quase morta, no canto da piscina. Seu peito fora aberto e a carne fora fatiada como o peito de um peru. As outras mulheres que estão na piscina comem sanduíches feitos com essa carne. Fico exasperada, decepcionada e espantada. "Por que vocês não abriram uma lata de atum?", eu berro. "Preferimos sanduíches de peru frio", é a resposta lacônica que recebo.

Acordei perplexa e perturbada — um bom sinal de que o conteúdo do sonho é particularmente relevante. Na fase crepuscular da semivigília, enquanto eu repassava o sonho e o memorizava para poder registrá-lo no diário de sonhos, não captei o jogo de palavras do "peru frio", pois o inconsciente é muito literal. Quando estava totalmente acordada e anotava o sonho, contudo, o sentido coloquial de "peru frio" (abstinência súbita e total) saltou-me aos olhos, e não pude deixar de receber o conselho da mulher sábia com um acesso de riso que desmontou a minha recusa. Era hora de aceitar e recuperar-me dos vícios que há tanto tempo me mantinham prisioneira, antes que eles literalmente me matassem. Era hora do "peru frio".

O primeiro passo para se recuperar de qualquer padrão de comportamento é o conhecimento, e o conhecimento do nosso padrão de vício familiar constante era a verdadeira dádiva do sonho. Aparentemente, para ter certeza de que eu havia entendido a mensagem, meu sono durante as três semanas seguintes foi repleto de dois tipos de sonho sobre o vício. O primeiro era o que eu considero típicos sonhos cheios de metáforas e simbolismo em muitos níveis; o segundo era o que eu considero sonhos instrutivos do reino do Eu Superior. Essa categoria não é exatamente um sonho, mas uma série de explicações esclarecedoras que se ouvem sem serem acompanhadas por imagens.

Os sonhos também são uma excelente fonte de informações sobre a sombra. Os sonhos em que somos perseguidos ou atacados muitas vezes representam a divisão da psique em suas partes, revelando as guerras internas, em que as figuras sombrias ameaçam destruir as máscaras do ego que adotamos para substituir quem somos na realidade. Num sonho, todos os personagens, mesmo os assustadores, representam alguma faceta de nós. Num de meus seminários, uma mulher que estava registrando seus sonhos e trabalhando com eles há anos, contou um sonho de sombra muito interessante no qual ela é uma parteira assistindo o parto de dois bebês. A primeira mãe dá à luz uma criança saudável e rechonchuda. O segundo parto é longo e lento, e o bebê apresenta-se de nádegas, com os pés na frente. Com aflição, ela percebe que as pernas do bebê terminam em cascos fendidos, e que ela está assistindo o parto de um demônio. Assim que termina o sonho, ela já compreende que este se refere ao trabalho que ela tem realizado para tornar-se ela mesma, dando-se à luz. Ela desenvolveu um ego saudável, e também tem, resolutamente, procurado e enfrentado a própria sombra, que lhe parece "quase nascida". Quando acabar de nascer, pensa, e puder ficar ao lado do bebê rosado e rechonchudo, estará inteira. Ela desperta sentindo-se forte e em paz.

Talvez você já tenha encontrado diferentes níveis de simbolismo nesses sonhos que contei. Na experiência de Taylor, e na minha, há múltiplos níveis de significado em todo sonho, e novos níveis de significado aparecem à medida que o sonhador passa por várias transições na vida e continua a crescer e a mudar. Este é um fato bastante óbvio e agradável para quem mantém um diário de sonhos e reexamina-os periodicamente. Edgar Cayce, Jeremy Taylor e outros especialistas em sonhos aconselham o sonhador a pensar no sonho até o fim e tentar fixá-lo na memória antes de virar-se na cama. Mesmo se você só conseguir captar um pequeno fragmento de sonho, fique parado, com o trecho em mente, pois provavelmente outras partes do sonho virão à consciência. Registre o sonho no tempo presente, o que também ajuda a lembrar, e escolha um título que evoque o seu conteúdo. Por exemplo, dou ao meu sonho sobre o vício o nome de "Peru Frio". A mulher do seminário deu ao sonho sobre a sombra o nome de "Nascimento para a Totalidade". Se você mantiver o diário de sonhos perto da cama, com a finalidade de registrar os sonhos ou à medida que vão ocorrendo durante a noite ou pela manhã ao despertar, sua capacidade de se lembrar deles aumentará substancialmente.

Além das idéias criativas e psicológicas, os sonhos são há muito tempo considerados mensageiros do reino espiritual. Como tais, falam a linguagem do Eu Superior — a linguagem universal do mito e do simbolismo, que permanece constante em todas as culturas de todos os tempos. Jeremy Taylor lembra-nos:

> O mito e o sonho derivam da mesma fonte básica do inconsciente coletivo, e é possível entender o mito como "sonhos coletivos" — expressões coletivas de dramas que são universalmente humanos e, assim, são sempre vivenciados como pessoais, embora ao mesmo tempo possam ser vistos como uma infindável repetição de si mesmos na vida e nos dramas individuais e coletivos de todos os seres humanos.

> — *Dreamwork* (p. 72)

Como tanto o mito como o sonho são expressões do inconsciente coletivo, os antigos arquétipos de crescimento espiritual aparecem freqüentemente como temas de sonhos. Eles podem ser aplicados aos dias de hoje, da mesma forma que o foram durante milênios. Podem informar o sonhador sobre algum acontecimento atual ou dar uma orientação geral para a vida. Myrin e eu tivemos o mesmo sonho sobre um arquétipo mítico na primeira noite que passamos juntos, há quase duas décadas. Esse pequeno sonho, como todos os sonhos, tem muitas camadas sobrepostas de simbolismo. Em 20 anos desvendamos muitos de seus segredos, porém ele continua a fornecer-nos novos conhecimentos. No sonho, é noite. Estamos no alto de uma torre de pedra numa pequena ilha rochosa no meio do mar. A torre é atingida por um raio, pega fogo, e começa um estrondo infernal. De mãos dadas, pulamos no mar. Nós dois acordamos do sonho no mesmo instante. Com o coração disparado e os olhos arregalados, ainda sem fôlego por causa das imagens vívidas, voltamo-nos um para o outro dizendo: "Acabo de ter o sonho mais incrível."

Embora nem eu nem Myrin tivéssemos ouvido falar da palavra *arquétipo* na época desse Sonho da Torre, ambos sabíamos intuitivamente que o sonho simbolizava o antigo drama de morte e renascimento, e que ele estava nos proporcionando uma visão psicológica e espiritual da nossa nova vida em comum. A importância do sonho revelou-se de forma dramática dois anos depois, quando ficamos conhecendo o baralho do Tarô. Manuseando o baralho, vimos uma carta chamada A Torre e ficamos assombrados ao perceber que ela fazia parte do nosso sonho comum.

O que o Tarô representa é uma jornada alegórica, sendo cada uma das cartas a experiência de algo (uma energia universal) ao longo do caminho, mais ou menos como os episódios da *Divina Comédia* de Dante, do *Progresso do Peregrino* de Bunyan, ou mesmo da *Trilogia do Anel* de Tolkien ... A tradição esotérica, conforme representada no Tarô, faz algumas afirmações muito fundamentais sobre o homem e a natureza do Universo que é seu ambiente supremo. Ele diz que existe uma ordem perfeita que ninguém tem a capacidade de perceber, e que o acaso não existe. Para todo movimento de cada folha de cada árvore existe uma razão, e todo movimento de todas as coisas está inter-relacionado ... A doutrina segundo a qual nosso universo é tão precisamente ordenado é fundamental no Tarô, como também a idéia de que as imagens do Tarô simbolizam, de forma exata, a estrutura do Universo.

— Robert Wang, *Qabalistic Tarot** (pp. 4-6)

A carta A Torre é chamada o caminho que equilibra a personalidade, e representa a união do intelecto (o caminho da razão) e da intuição (o caminho do coração). Na maioria das versões dessa carta, o topo ou cimo da torre é atingido por um raio, simbolizando a destruição abrupta dos valores e papéis que antes considerávamos ser os constituintes da realidade. Num certo nível, a torre simboliza o ego, destruído pela súbita força e poder do Eu Superior que incita a pessoa a prosseguir a jornada para a consciência de Deus. Em outro nível, a torre representa sistemas de crenças, religiões ou qualquer força restritiva que, no nosso caso, abrangia antigos casamentos, relacionamento com os pais e valores espirituais, para citar apenas algumas das mudanças pelas quais nos vimos, de repente, atravessando a correnteza a nado.

Como a carta revelou, temos crescido juntos graças ao equilíbrio do intelecto e da razão, com ocasionais raios que periodicamente queimam inteiramente a torre de nossos conceitos individuais e comuns, e nos empurram em direção a uma nova consciência. Durante os tempos difíceis de grandes transformações que se seguiram, o Sonho da Torre sempre serviu como um marco para nos lembrar do caminho de parceria e crescimento que, por alguma razão, devemos trilhar juntos. O sonho também foi um importante lembrete de que

---

* *O Tarô Cabalístico*, publicado pela Editora Pensamento, São Paulo, 1994.

o crescimento muitas vezes é um processo sofrido, porém ordenado, que foi sintetizado em muitas fontes diferentes de sabedoria antiga, como o Tarô. Jeremy Taylor explica que:

> O baralho do Tarô é um exemplo claro, concreto, dessa tradição arquetípica do "Livro de Todo o Conhecimento". Diz-se que o baralho do Tarô foi criado pela imaginação dos últimos bibliotecários da grande biblioteca de Alexandria, ao ver a sabedoria do mundo ali reunida desaparecer nas chamas durante a invasão maometana de 646 d.C. Vendo a biblioteca arder em chamas diz-se que eles conversaram e concordaram que nunca mais deveriam deixar que a sabedoria reunida através dos séculos se perdesse outra vez tão facilmente. E decidiram criar um conjunto de imagens que representasse a sabedoria perdida no incêndio — os padrões arquetípicos de conhecimento do inconsciente coletivo. Por isso, elaboraram essas imagens e inventaram diversões e jogos populares de habilidade e sorte para que as pessoas comuns, não-iniciadas, gostassem do baralho e o levassem consigo para toda parte, difundindo-o pela face da Terra, para que essa sabedoria jamais se perdesse outra vez de forma parecida.
>
> — *Dreamwork* (p. 133)

Os sonhos são outro meio que o Espírito nos proporciona para desenvolver nossa intuição e, literalmente, reencontrar o centro, para nos alinharmos com o fluxo em vez de nos opormos a ele, imagem que me ocorreu com muita nitidez num sonho. A certa altura da minha vida, ao refletir sobre a eterna questão do livre-arbítrio e do destino, tive o seguinte sonho. Estamos cavando um poço no quintal. O buraco está com cerca de três metros de profundidade quando a água começa a brotar. Há um grande rio no fundo da casa (na realidade não existe esse rio) e, enquanto o poço se enche, a água começa a dividir-se em vários charcos e canais que desembocam no rio. De repente, o rio muda de curso e um afluente surge na calçada do meu vizinho, inundando o celeiro dele. Sinto-me muito culpada. Em seguida, pego o jornal e leio que os geólogos haviam predito que o rio estava prestes a mudar de curso. Com grande alívio, percebo que eu não havia mudado o curso do rio; eu simplesmente fora uma agente do Universo. Ao pensar sobre esse sonho, vi que um de seus muitos níveis de significado estava relacionado com a pergunta que eu tinha feito ao meu Eu Superior antes de dormir — a questão do livre-arbítrio. O sonho respondeu com uma adorável metáfora, assegurando-me de que eu não era a Diretora Divina do fluxo, mas simplesmente a sua agente, e que o meu ato individual se encaixava num plano maior. Acabei concluindo que o livre-arbítrio é a escolha entre tornar-se consciente e usar o intelecto e a intuição para seguir o fluxo e fazer a jornada do herói ou continuar inconsciente e, por conseguinte, em oposição ao fluxo, perdendo-se nas armadilhas que tornam a jornada mais longa e mais difícil.

Poetas como Kabir, Rabindranath Tagore, William Blake, Rainer Maria Rilke, Alfred Lord Tennyson, Walt Whitman, Kahlil Gibran e o poeta do Velho Testamento que escreveu o penetrante e belo *Cântico de Salomão* ou *Cântico dos Cânticos*, tiveram o dom de traduzir o sonho, o mito e a metáfora em palavras capazes de despertar o leitor e realinhá-lo com o fluxo. Faça algumas respirações de relaxamento e recolha-se na tranqüilidade do seu coração antes de ler o poema abaixo.

> *Fique imóvel*
> *Ouça as pedras da parede*
> *Fique em silêncio, elas tentam*
> *Dizer o seu*
> *Nome.*
> *Ouça*
> *As paredes vivas.*
> *Quem é você?*
> *Quem*
> *É você? De quem*
> *Você é o silêncio?*
> Thomas Merton

SUGESTÕES PARA O LEITOR

1. Você consegue lembrar-se de ocasiões em que ficou espontaneamente concentrado e em contato com o Eu? Essas ocasiões são bons marcos ou lembretes para quando você se sentir disperso, fora do centro e identificado com o ego. Experimente fazer algumas respirações de relaxamento e lembrar uma dessas experiências de pico, um desses momentos sagrados.

2. Pratique a observação algumas vezes todos os dias. Sempre que tentar, você estará construindo novos caminhos mentais para lidar com os seus pensamentos de culpa. *Lembre-se de que a posição do observador é o*

seu centro — é como o olho do furacão. Aconteça o que acontecer, o observador sempre se sente seguro e ligado à Fonte do amor. Observar é uma prática que vale a pena.

3. Deixe desenvolver-se, natural e espontaneamente, uma prática de meditação, *se isso lhe parecer bom.* Caso contrário, reserve 15 a 20 minutos todos os dias para caminhar na natureza, escrever um poema, ouvir música ou fazer qualquer atividade que seja uma experiência de meditação natural. A chave da meditação é fazer com que ela seja um prazer. Se ela se tornar uma atividade do tipo "deve", você vai experimentar o ego, e não o Eu, coisa que os culposos não precisam praticar!

4. Tente lembrar-se dos sonhos que tem toda noite. Algo que ajuda é escrever no diário, antes de se recolher, a data e o dia da semana do dia seguinte. Taylor também sugere que se escreva uma frase concisa sobre a razão de você querer lembrar os sonhos. Qual é a sua finalidade? Contar o sonho para uma pessoa ou pessoas que tenham respeito e interesse pelo crescimento psicoespiritual compartilhado, dá grande profundidade ao trabalho com os sonhos. Se for esta a sua escolha, leve em consideração estas regras básicas, adaptadas do livro *Dreamwork*, de Taylor:

a. Todo sonho vem a serviço da totalidade e da cura.

b. Todo sonho tem múltiplos níveis de significação.

c. Provavelmente, você não esgotará todos os significados do sonho em uma sessão — aliás, provavelmente nunca o fará.

d. Sempre que comentar o sonho de outra pessoa, fale e pense em termos de "se esse sonho fosse meu", antes de fazer a interpretação. O hidrante que, para você, pode representar a sexualidade masculina, pode ou não ter esse significado para outra pessoa. O próprio Freud disse que às vezes um charuto é apenas um charuto! Embora os sonhos, num nível, contenham arquétipos universais, em outro, eles são projeções psicológicas. Qualquer interpretação do sonho de outra pessoa é apenas isso — uma projeção, que pode ou não acertar o alvo. Taylor ressalta que o único marco confiável de uma interpretação é a leve sensação de reconhecimento, o arrepio que nos faz saber que a intuição está funcionando. Cabe ao sonhador informar aos outros se uma determinada interpretação está certa.

e. A exposição dos sonhos deve ser segura e baseada em regras básicas como o anonimato, ou seja, é permitido discutir os sonhos fora do grupo, mas apenas de forma que os sonhadores não possam ser identificados. Às vezes, um determinado membro pode pedir o mais estrito sigilo, proibindo qualquer tipo de divulgação do sonho.

CAPÍTULO SEIS

ReVisão Espiritual: Uma Nação de Místicos Não-assumidos

Ainda me lembro de quando tinha sete anos e voltava do primeiro dia na escola dominical do templo conservador que minha família freqüentava. No ônibus, rodeada de colegas, durante todo o caminho de volta estive excepcionalmente quieta e perdida em fantasias. As exóticas e bonitas curvas do alfabeto hebraico me enchiam de mistério e assombro, com a promessa de segredos mágicos e conhecimento antigo. Os suaves ritmos de antigas preces de milhares de anos reverberavam em meus ouvidos e ligavam-me a uma tradição cujas origens remontavam à própria aurora da civilização. Eu podia sentir as profundas raízes do passado, mesmo que ainda não fosse capaz de compreendê-las, e elas me enchiam de excitação.

Subi aos pulos pela escada de tijolos do nosso apartamento e toquei a campainha, ansiosa por contar minha nova aventura. Meu pai, neste ínterim, estava à minha espera perto da porta, igualmente ansioso por saber o que estavam ensinando nas aulas de educação religiosa no começo dos anos 50. Seu sorriso largo e seus olhos azuis brilhantes me convidavam a falar sobre o que me excitava. "O que você aprendeu na escola dominical?", perguntou ele. Lembro-me de sua voz amorosa e profunda, 35 anos depois, como se fosse ontem.

Sentei-me em seu colo e mostrei-lhe o livro com o alfabeto hebraico e o livro de figuras sobre os profetas, que eu tinha acabado de comprar. Uma das ilustrações mostrava Moisés subindo o Monte Sinai para receber os Dez Mandamentos, e um Deus barbudo, de cabelos brancos, espiando atrás das nuvens. Papai começou a rir espalhafatosamente: "Você acha mesmo que isso é parecido com Deus, Joanie? Você acha que ele vive lá em cima, nas nuvens?"

Essa pergunta realmente me animou, porque essa era uma questão sobre a qual eu tinha pensado muito, sozinha à noite em meu quarto, com as grandes janelas onde o luar costumava me levar a pensar sobre os céus. Meu irmão Alan, dez anos mais velho, tinha me explicado que o universo era infinito. Eu ficava deitada e tentava imaginar qual seria o tamanho do infinito, e como as estrelas, cuja vastidão estava além de minha compreensão, poderiam ter surgido do nada. Eu perguntava como o próprio Deus tinha começado a existir e quais eram as matérias-primas da criação. Mas sempre ficava encalhada no mesmo ponto: como Deus pode ter surgido do nada? Assim, deduzi que Deus devia ter existido sempre, mas isso ia contra as minhas idéias sobre o tempo, e mais ou menos a essa altura eu costumava cair no sono. Portanto, a pergunta do meu pai sobre onde estava Deus e qual era a sua aparência ia além do meu interesse passageiro pela escola dominical.

Inclinei-me, à espera de suas palavras. "Joanie" — ele apelava para o meu intelecto de sete anos —, "se Deus fosse de fato um velhinho que mora nas nuvens, os aviões poderiam atravessar o umbigo dele, deste jeito, não é?" O dedo dele cortou o ar, numa demonstração convincente, ao mesmo tempo que produzia um som de avião incrivelmente ressonante ao fazer sair, pelo lado direito da boca, uma corrente de ar.

Essa demonstração me fez rir, divertida mas perplexa e decepcionada. Eu queria respostas. "Então, onde está Deus?", perguntei. Com um sorriso silencioso, ele colocou o indicador, ternamente, sobre o meu coração.

OLHAR PARA DENTRO

Meu pai me ensinou muitas coisas, das quais aprender a ganhar na brincadeira de esconde-esconde não foi a menos importante. Enquanto meus amigos sempre procuravam os esconderijos mais ocultos em armários, banheiras e caixas de brinquedos, eu me escondia nos lugares mais óbvios, porque era, em geral, onde ninguém ia olhar. Diz um velho adágio: "Assim em cima como embaixo." Em todos os níveis da criação existem as mesmas estratégias e padrões básicos, desde a órbita dos elétrons até o movimento das estrelas. De acordo com uma velha história sufi, a Deusa completou sua obra — tendo criado as "muitas mansões" de que fala a Bíblia —, os cenários em que são encenadas intermináveis variações da jornada do herói de volta à Fonte. Em seguida, Ela olhou ao redor em busca de um lugar onde se esconder enquanto esperava a volta das almas que havia criado, com as lições aprendidas e a sabedoria adquirida. A Deusa escolheu um lugar tão óbvio que ninguém pensaria em procurá-la ali, pois Ela se escondeu dentro de nossos corações.

A ligação entre o coração humano e o Espírito Divino é um antigo arquétipo que sempre reaparece, às vezes nos lugares mais inesperados. Certa vez, eu estava dando um seminário sobre habilidades da mente e do corpo a um grupo de psicoterapeutas e médicos no Maine. No fim do dia, uma psiquiatra, cerca de dez anos mais velha do que eu, perguntou-me se eu tinha tempo para conversar. Um brilho em seus olhos estabeleceu uma ligação instantânea entre nós. Resolvemos dar um passeio ao sol de fim de tarde do começo do outono, e logo estávamos desfrutando a visão de uma tranqüila estrada secundária que se elevava sobre o mar. O ar salgado estava fresco, e uma águia pairava sobre as ondas, prestes a arrancar impetuosamente para o seu ninho no penhasco escarpado. Inalei toda aquela magnificência e deixei-me fluir dentro dela. "Tempo sagrado", pensei, porque o mundo parecia imóvel, e a natureza uma testemunha silente da eternidade.

Bea era uma mulher quieta que usava roupas conservadoras e tinha um ar ligeiramente professoral. Depois de caminharmos em silêncio por alguns minutos, ela voltou-se para mim com uma tranqüila sinceridade no semblante. "Hoje você disse uma coisa que foi a peça final de um quebra-cabeça que vem se encaixando há três anos. Eu gostaria de contar-lhe a história."

Assim, sentamo-nos sobre um tronco caído, ainda aquecido pelo sol de setembro, e Bea arrancou um talo de grama, cheio de sementes. Alisando a penugem das sementes, ela começou a lançá-las ao vento, enquanto me falava sobre a profunda dor causada pela morte do marido. Bea passou por um período horrível quando seu companheiro morreu subitamente de um ataque cardíaco depois de 20 anos de convivência. Sentiu-se despedaçada, desolada e só, torturada com a injustiça da vida. No auge da aflição, arrastou-se a uma conferência psiquiátrica no Arizona. No final da viagem, resolveu fazer uma excursão até Sedona, uma cidadezinha no meio das colinas multicoloridas sagradas para os índios navajos. Ali, deparou com uma pequena capela construída no flanco de uma montanha.

"Era uma capela tão cheia de paz, Joan, tão simples. Parecia uma parte natural daquela paisagem vigorosa, como que esculpida. Prestando atenção, parecia que as nuvens estavam ao alcance das mãos, e a luz do sol dava vida ao céu, num azul vibrante. E o silêncio... Estava tão silencioso... Devo ter ficado sentada ali durante uma hora, mais ou menos, quase sem pensar. Parecia que, ali, tudo no mundo ia bem. Simplesmente era impossível se preocupar.

A tristeza e o pesar se dissolveram. Quanto alívio de tanto sofrimento depois da morte de Sid", suspirou ela.

"Depois que saí da capela, a sensação de paz me acompanhou em todo o caminho até o meu quarto no hotel. Voltei mais ou menos uma hora antes do jantar e me deitei para tirar um cochilo. Assim que fechei os olhos, tive uma surpreendente visão quase real. Era como uma figura bíblica, uma mulher em trajes mediterrâneos, de pé ao lado da cama, não mais que a meio metro de distância de mim." Bea fez uma pausa, notando meu olhar de espanto.

"Sei que parece loucura, Joan, mas eu realmente acredito que pode ter sido Maria, a mãe de Jesus." Bea deixou escapar um riso contido, pouco à vontade. "Um tanto fora do comum para uma moça judia, acho. Na verdade, logo em seguida pensei que todo aquele *stress* tinha me prostrado, e que eu estava tendo alucinações, tinha ficado psicótica. Sentei de repente e abri bem os olhos, mas a figura continuou ali. Estranhamente, não senti medo algum. Só curiosidade."

Eu estava fascinada. "Ela falou ou se comunicou com você de alguma forma?"

Bea assentiu. "Sim, mas sem palavras. Ela estava sorrindo para mim, com suavidade e amor. Tinha o braço direito estendido e apontava para o meu coração. Senti conforto e confusão ao mesmo tempo. Eu sabia, de algum modo, que era uma mensagem de que tudo ia ficar — já estava — bem. Mas também parecia que o gesto dela era uma espécie de ensinamento. E foi só hoje, durante o seminário, quando estávamos discutindo o Eu, que percebi qual era o ensinamento. Ela estava me dizendo para olhar para dentro; que a resposta — o significado — estava no meu próprio coração." Bea sorria e chorava ao mesmo tempo, e eu passei o braço em volta de seus ombros.

"A visão toda durou talvez cinco minutos, mas está comigo todos os dias, como inspiração e conforto. Mas você sabe, só falei sobre isso com mais uma pessoa. Acho que a maioria das pessoas iria pensar que estou louca; até eu, a princípio, pensei que estava louca. Como psiquiatra, fui educada para acreditar que as visões são manifestações de psicose ou epilepsia do lobo temporal. Não há um referencial para explicá-las de um modo positivo. Visões religiosas? Ora, deixe disso! Na melhor das hipóteses, um pensamento mágico." Bea suspirou e sorriu para mim. Senti-me identificada com a dificuldade que ela teve em falar de algo espiritual com uma acadêmica. Com qualquer pessoa! A experiência mística não é um tema comum de conversas.

Bea continuou dizendo que não ia a um templo desde o colegial, porque nunca sentiu uma ligação sincera com a sua religião. Aquilo lhe parecia mais uma litania de normas e regulamentos condizentes com uma cultura de vários milênios atrás. Entretanto, depois da visão, ela começou a visitar diferentes templos e igrejas, até finalmente encontrar um templo onde, para grande surpresa sua, o rabino falava na adoração como uma relação viva com Deus, uma experiência mística e não um exercício acadêmico. Bea descobriu a Cabala, a antiga tradição mística judaica, e ficou surpresa ao constatar que seus princípios básicos eram semelhantes aos do budismo e, naturalmente, aos do cristianismo, já que os ensinamentos de Jesus tinham suas raízes no judaísmo farisaico que ele pregou com tanta eloqüência.

Solidarizei-me com a busca de Bea pela forma da verdadeira adoração. Nossa família tinha esquadrinhado sinagogas, igrejas e *ashrams* na busca de uma forma onde o Espírito estivesse presente. Nunca vou esquecer do dia em que levei nossos filhos para uma igreja no bairro para onde tínhamos mudado. Andrei, então com dez anos, resumiu tudo com a inocência da Criança Natural: "O ministro era simpático e a comida, ótima. O único problema é que Deus não estava lá." Alguns de nós tiveram a sorte de encontrar o Espírito vivo em igrejas, *ashrams* e templos. Outros encontram-no na natureza ou nos olhos do ser amado. Mas a Deusa está sempre presente no coração. Ela nunca nos abandona. Nem por um instante. A mensagem de meu pai era igual à visão de Bea: olhe para dentro. Procure o local onde o Espírito se esconde, coberto pelo amor que é a sua substância e a sua ação.

UMA NAÇÃO DE MÍSTICOS NÃO-ASSUMIDOS

A experiência de Bea é mais comum do que se imagina. Enquanto muitos americanos se distanciaram da religião organizada por causa da freqüência com que ela deixa de suprir suas necessidades espirituais, houve um aumento notável nas experiências diretas do Divino — as chamadas experiências místicas. Com efeito, as pesquisas indicam que uma ampla variedade de eventos aparentemente milagrosos — coisas que poderíamos, antes, ter considerado sobrenaturais — estão se tornando tão comuns que parecem mais e mais naturais. Desde 1973, Andrew Greeley, padre, professor de sociologia e escritor popular, estuda as experiências espirituais dos americanos com seus colegas do Conselho de Pesquisa sobre Opiniões Nacionais da Universidade de Chicago.

Os estudos que Greeley e seus colegas realizaram em 1973, e depois repetiram em meados da década de 80, mostram que a incidência e a variedade de experiências "paranormais", desde o *déjà vu* ao contato com os mortos, aumentaram acentuadamente. Por exemplo, na década de 80 quase um terço das pessoas disse ter visões, 8% a mais do que em 1973. Metade dos adultos americanos acreditam atualmente que estiveram em contato com um ser amado morto, cerca de um quarto a mais do que em 1973. Dois terços dos adultos relataram experiências de PES, contra 58% da pesquisa anterior. Uma das perguntas feitas nessa amostragem aleatória de americanos foi: Você já teve uma experiência mística, sentindo-se "muito próximo de uma força espiritual poderosa que aparentemente o fez sair de si?" De forma surpreendente, 35% das pessoas disseram que sim, e um sétimo delas — 5% do total — tinham sido literalmente "banhadas de luz", como o apóstolo Paulo.

Quando os pesquisadores tornaram a procurar algumas dessas pessoas para obter mais detalhes, a maioria delas disse — como Bea sobre a visão bíblica — que raramente, ou nunca, tinham contado a experiência a outras pessoas. O medo da descrença ou do ridículo e, nos círculos fundamentalistas, o medo de ser acusado de canal do "diabo" conspiraram para que as pessoas se calassem sobre as experiências místicas. Para cientistas como eu, o problema de ser ridicularizado pelos colegas é bem verdadeiro. Não é de se admirar que tantas pessoas guardem essas experiências para si mesmas. Daniel Goleman fez parte de um comitê consultor do Instituto de Ciências Noéticas, fundado pelo ex-astronauta Edgar Mitchell, para investigar formas não-intelectuais de "conhecimentos". Goleman diz:

> Através de pesquisas de estados de meditação e de outros estados alterados, estamos começando a perceber que modos alternativos de conhecimento podem levar a verdades e compreensões que não estão ao alcance daqueles que ficam presos à realidade mundana da consciência de todos os dias. E as verdades entendidas pelos místicos podem ser, de sua perspectiva privilegiada, tão irresistíveis quanto as da ciência ocidental... Creio que esta é a prova: somos uma nação de místicos não-assumidos. E creio que chegou a hora de nos assumirmos.
>
> — *Noetic Sciences Review*, primavera de 1987 (p. 7)

É comum a tendência para acreditar que as pessoas que tiveram experiências místicas são ou fanáticos religiosos ou candidatos ao manicômio. Os dados de Greeley mostram exatamente o contrário. Aqueles que tiveram experiências místicas costumam ser pessoas bastante comuns, ligeiramente acima da média em educação e inteligência, e um pouco abaixo da média no envolvimento religioso. Em resumo, muito parecidos com Bea. Quando Greeley ministrou testes psicológicos a algumas dessas pessoas, como as que tinham sido banhadas em luz, elas obtiveram as classificações mais altas em termos de personalidades saudáveis.

Uma recente pesquisa do Instituto Gallup confirma os dados de Greeley de 1984, mostrando que as experiências "paranormais" nos Estados Unidos estão em alta. Surpreendentes 5% da população afirmaram em 1981 que tinham tido uma experiência de quase-morte, fenômeno que muitas vezes transforma a vida. Até mais assombroso, para mim pessoalmente, foi o fato de 95% dos americanos terem afirmado que acreditavam em Deus ou num Espírito Universal. Ao ver esses dados, eu disse brincando que todos os outros 5% devem viver em Boston! Mas quando criei mais coragem para perguntar às pessoas qual a sua perspectiva espiritual, constatei, na verdade, que a maioria delas de fato acredita, principalmente quando se substitui a palavra *Deus* por "Poder Superior" ou "Espírito Universal", expressões que deixam de fora experiências religiosas anteriores que podem ter sido incompletas ou, pior ainda, prejudiciais.

RELIGIÃO OU ESPIRITUALIDADE?

O aumento de experiências místicas na última década não foi acompanhado de um aumento correspondente no envolvimento religioso. Na verdade, a maioria de nós está evitando as religiões organizadas. Uma recente pesquisa do Gallup constatou que 78 milhões de americanos não pertencem a uma igreja ou templo, ou só comparecem em ocasiões especiais e esporádicas. Esse número é maior que os 61 milhões de 1978. Mesmo os freqüentadores habituais de igrejas tinham algumas críticas a fazer. A maioria achava que as igrejas gastavam tempo demais com questões administrativas, como arrecadação de fundos, e um terço considerava a religião organizada restritiva demais em seus ensinamentos morais. Quase um em cada quatro entrevistados afastou-se da religião organizada para procurar um "sentido espiritual mais profundo".

Walter Houston Clark, professor aposentado de religião no Seminário Teológico Andover-Newton, perto de Boston, gastou anos pesquisando e escrevendo sobre a psicologia da religião. Ele começou a ter profundas experiências místicas depois de muitos anos ensinando religião. Comparou as experiências das igrejas tradicionais à vacinação. "A pessoa vai à igreja e lhe dão alguma coisinha que a imuniza contra a coisa real." A experiência, muitas vezes insatisfatória, de ir à igreja aos domingos ou ao templo aos sábados, ouvir sermões e dizer preces maquinalmente, levou muitas pessoas a abandonar esse conceito de religião quando ele começou a se mostrar vazio de significado.

A distinção que Clark faz entre religião convencional e experiência espiritual é parte de um fio de sabedoria comum a todas as grandes religiões do mundo, independentemente de suas diferenças reais. O escritor e cientista Aldous Huxley chama esse fio, cuja trajetória pode ser acompanhada até 25 séculos atrás, de Filosofia Perene.

No Vedanta e na Profecia hebraica, no Tao Te King e nos diálogos de Platão, no Evangelho segundo São João e na teologia Mahayana, em Plotino e no Areopagita, entre os sufis persas e os místicos cristãos da Idade Média e da Renascença — a Filosofia Perene falou quase todas as línguas da Ásia e da Europa e fez uso da terminologia e das tradições de todas as religiões superiores... A segunda doutrina da Filosofia Perene — de que é possível conhecer a Base Divina por intuição direta, superior ao raciocínio discursivo — é encontrada em todas as grandes religiões do mundo. Um filósofo que se satisfaça simplesmente em conhecer a Realidade última — teoricamente e por ouvir falar — é comparado por Buda ao pastor do gado de outro homem... (e por Maomé) a um asno que carrega uma pilha de livros.

> — Aldous Huxley, na introdução a *The Song of God: Bhagavad-Gita*, tradução de Swami Prabhavananda e Christopher Isherwood (pp. 11-12, 15)

A criação religiosa baseada no aprendizado dos dogmas e não no incentivo às experiências místicas não é necessariamente prejudicial do ponto de vista psicoespiritual. É simplesmente incompleta, e pode deixar-nos com a sensação de que a nossa tradição religiosa é vazia. Por exemplo, passei oito verões num maravilhoso acampamento judeu depois de minha primeira terrível experiência no "acampamento de concentração" que citei no Capítulo Três. Toda sexta-feira à noite, o *Sabbath* era anunciado na forma de uma rainha rodeada por suas acompanhantes. Essas meninas, cada semana de um dormitório diferente, portavam velas ao cair da tarde, enquanto cantávamos uma bela canção que, até hoje, acho que tem o poder de centralizar e de religar:

> *Vem, ó Dia do Sábado, trazendo*
> *Paz e cura em tuas asas,*
> *E para cada coração inquieto*
> *diz teu comando Divino*
> *Descansarás,*
> *Descansarás.*

Enquanto cantávamos, tudo se encaixava na pacífica fragrância do pinheiral onde se realizava a nossa modesta cerimônia. As cerimônias de sábado de manhã, das quais também participavam todos os grupos, e o *Havdalah* do sábado à noite, quando o *Sabbath* terminava, imprimiam à semana um ritmo sagrado. Entretanto, fora do acampamento, essa doce experiência de ritual e participação não existia. O templo era para os "grandes" dias santos, que mais pareciam um desfile de modas do que uma ocasião de ligação com Deus. Os homens resmungavam longas preces hebraicas, que eram incompreensíveis, e as mulheres não participavam da cerimônia.

Saudosa da doçura do pinheiral e do ritual de participação que havia criado uma forte experiência do Eu, comecei a procurá-la em outra parte. Ela estava ausente de muitas igrejas e templos tradicionais, a menos que o companheirismo, as canções e o amor fossem uma parte importante da experiência. Eu costumava estar presente com mais freqüência sempre que eram celebrados os aspectos místicos das religiões do mundo. Encontrei-a no misticismo cristão, no budismo tibetano, nas danças e cânticos extáticos do sufismo, no vedanta hindu e, finalmente, fechando o círculo, na Cabala, o ramo místico do judaísmo.

Diferentemente da religião tradicional, que muitas vezes reage às outras religiões com medo ou condescendência, o misticismo transcende todas as espécies de fronteiras. É universal e compassivo, e relaciona-se com a unidade de todas as tradições religiosas, e não com as diferenças. Em todas as tradições místicas, Deus é encarado como uma Divindade Interior, e também como uma Força Transcendental. Em nossas tentativas de encontrar uma ligação viva com Deus nas igrejas, templos e *ashrams*, meu marido, Myrin, e eu conhecemos muita gente de diferentes formações religiosas, que têm em comum uma visão espiritual perene — a busca do Eu. Como sociedade, estamos numa época de mudança nas instituições religiosas. As velhas formas perderam parte de sua vida, mas novas formas ainda estão por aparecer. É hora da ReVisão espiritual, cujo desafio é encontrar o Eu dentro de nossos sistemas religiosos, participar dos majestosos rituais que sobrevivem há milênios, recuperar a vitalidade do sistema que, com tanta freqüência, o dogma sufocou.

CULPA RELIGIOSA

Quando se torna uma força divisora e não unificadora, quando isola em vez de curar, a religião separa as pessoas. O exemplo mais óbvio de divisão é o estranho conceito de "guerra santa", que viola a santidade da vida humana assassinando em nome de "Deus". Deus tomou partido na Irlanda, onde lutam protestantes contra católicos, "cristãos" contra "cristãos"? Muitas pessoas abandonaram a religião devido a esse tipo de flagrante hipocrisia. Outras a abandonaram por ser psicologicamente danosa e às vezes uma terrível fonte de culpa. Na minha prática, fiquei chocada com o número de pessoas que tiveram precoces experiências religiosas traumáticas que as condicionaram para toda uma vida de culpa religiosa, muitas vezes um fator inexplorado de doenças físicas e mentais.

Peter, um paciente de 45 anos que me procurou com lesões repetitivas de herpes nas nádegas, contou-me uma história muito triste sobre seus pais críticos e demasiado severos. Seus pais, ambos católicos, tinham imenso medo do castigo divino. Assustavam Peter falando em pecado mortal, bilhete garantido para o inferno. Os pecados veniais da semana eram enumerados à mesa do jantar, bem como no confessionário.

Peter cresceu aterrorizado pelo pai, que não "poupava uma surra" para assegurar a moralidade do filho. Quando este finalmente fez sua primeira confissão antes da Primeira Comunhão, teve um colapso nervoso. Ele sabia muito bem que tinha "cobiçado o carrinho de Johnny", desobedecido seus pais e, na verdade, tido o tipo de pensamentos raivosos e assassinos sobre o pai que as crianças que sofrem abusos normalmente têm. Durante semanas, Peter torturou-se pensando no que dizer ao padre. E, como qualquer criancinha, tinha dificuldade em distinguir uma figura de autoridade de outra. Pai, padre e Deus pareciam todos pais zangados que, com certeza, iriam descobri-lo e castigá-lo, talvez com a morte.

O padre revelou-se tão severo quanto o pai de Peter, determinando longas penitências para infrações mínimas, além de não ser uma pessoa que deixasse as criancinhas à vontade. Peter também sabia que teria de confessar todos os seus pecados aos pais, pois cada um dos membros da família contava sua penitência à mesa do jantar. O pai acrescentava outra dose à penitência prescrita pelo padre, muitas vezes surrando Peter nas nádegas com uma cinta, até aparecerem vergões vermelhos. Sentindo-se completamente impotente e apavorado, Peter logo começou a mentir. Ele calculava as probabilidades: era preciso confessar *alguma coisa* para não parecer bom demais; por outro lado, era preciso ter cuidado para não cometer pecados muito feios. Isso perdurou durante anos, com a amargura e o cinismo tomando aparentemente o lugar do medo, à medida que Peter crescia.

Aos 45 anos, não havia muito lugar na vida de Peter nem para o pai nem para a igreja, mas os sentimentos de medo originados na infância só tinham sido reprimidos, e não resolvidos. Quando Peter contraiu herpes numa relação extraconjugal, sua culpa saudável normal foi sobrepujada por uma culpa religiosa anormal. Apesar de Peter se considerar ateu desde há muito tempo, logo descobriu que não era. A imagem que tinha de um Deus zangado e punitivo fora dobrada e guardada, mas não eliminada; e, agora, ele estava certo de que herpes era o castigo pelos seus pecados. Seu corpo fez uma demonstração surpreendente — explodindo em lesões de herpes que imitavam o padrão das surras originais, uma recordação do trauma psicoespiritual original.

No caso de Peter, a terapia mente-corpo não teria sido suficiente para tratar da causa profunda da doença. Ele precisava tanto de psicoterapia como de orientação espiritual para investigar e eliminar a forte culpa religiosa reprimida durante tantos anos. Encaminhei Peter a um conselheiro pastoral que poderia atuar como guia psicoespiritual na correção de dois casos de identidade errada: a auto-identificação de Peter como pecador empedernido, e sua identificação de Deus como um destruidor severo e incapaz de perdoar.

A história de Peter não é tão rara. Em meus seminários, as pessoas muitas vezes contam histórias semelhantes sobre a culpa. Uma mulher do Colorado veio até mim com lágrimas nos olhos e me deu um abraço demorado, agradecendo-me por confirmar o que ela sempre soube em seu coração — que os seres humanos são intrinsecamente bons. Ela me disse que tinha sido castigada pelas freiras da escola paroquial quando, na adolescência, recusou-se a aceitar a noção da humanidade como pecadores corrompidos pela queda original da graça. Acreditando que a atitude dela era "perigosa" e conducente ao pecado, as freiras aparentemente sentiram-se autorizadas a surrá-la.

Em meados da década de 80, os jornais publicaram um relato particularmente chocante de uma menina que foi na verdade espancada até a morte pelos pais, membros de uma seita cristã fundamentalista. Certo dia, a criança aparentemente respondeu aos pais. Numa equivocada tentativa de salvar do pecado a alma da menina, eles a espancaram com tanta violência que as artérias das nádegas se romperam, e ela morreu de hemorragia interna.

O abuso físico em nome de "Deus" é a forma mais óbvia de fazer as crianças temerem um Deus que castiga, mas certamente não é a única. Ensinamentos rígidos sobre céu e inferno, sobre os "salvos" e "condenados", causam estragos semelhantes. Qualquer ensinamento religioso que se proclame o único caminho gera uma mentalidade do tipo "nós e eles" que dá origem ao pensamento temeroso e exclusivista. Nunca me esquecerei da surpresa que tive aos cinco anos de idade quando a nossa nova empregada, uma canadense criada no campo, numa grande família católica, lavou meu cabelo pela primeira vez. Esfregando meu couro cabeludo com certa descrença, ela arregalou os olhos. "Minha nossa", disse ela, "afinal de contas os judeus não têm chifres!" Quando lhe perguntei por que ela achava que tínhamos chifres, a resposta foi que era o que seus pais sempre diziam. Os judeus, no fim das contas, são demônios. Esse tipo de formação religiosa promove a separação entre os seres humanos, em lugar da compreensão, da união, do amor. Sem dúvida, não se baseia nas escrituras, pois Jesus sintetizou seus ensinamentos ao dizer "ama a Deus e ao próximo como a ti mesmo". A religião, com demasiada freqüência, é distorcida para justificar a opressão, em vez de ser um sistema de se aprender a amar.

A culpa religiosa é a forma mais extrema de culpa doentia, pois ameaça-nos com a separação eterna da nossa Fonte. A culpa religiosa também nos separa de outras pessoas que possam ter crenças diferentes. E, inevitavelmente, a culpa religiosa separa-nos de nós mesmos. A cura dessa separação vem por intermédio da reparação, o processo de repensar as crenças religiosas que possam ter sido espiritualmente danosas. Revisar as crenças religiosas para determinar se elas foram espiritualmente alimentadoras ou espiritualmente abusivas e, em seguida, dar início à busca de uma perspectiva religiosa ou filosófica espiritualmente otimista é o que eu chamo de reVisão espiritual.

REVISÃO ESPIRITUAL*

As histórias de reVisões espirituais das pessoas sempre são fascinantes, e as experiências de iniciação, pelo menos as que tive o privilégio de ouvir, dividem-se em três grandes grupos. Primeiro, como no caso de Bea, pode haver uma súbita visão ou revelação que desce como um ato de graça e transforma completamente a perspectiva espiritual da pessoa. Essas experiências de graça podem seguir-se a um período de intensa perturbação psicológica ou de grave trauma físico, culminando numa experiência de quase-morte. Segundo, um acidente ou doença física que nos lembre que somos mortais muitas vezes incita a uma busca espiritual, porque, como nossas prioridades subitamente se organizam, tendem a surgir também perguntas sobre o significado da vida. Terceiro, a percepção de que o vício deriva da identificação com um falso eu, ao qual faltam sabedoria ou força para superar os comportamentos

---

* Termo emprestado do periódico *ReVision: The Journal of Consciousness and Change*, Heldref Publications, Washington, D. C., EUA.

carregados de medo, leva muitas pessoas à reVisão espiritual como parte do processo de cura do vício.

Ao longo dos anos, tenho tido o privilégio de ouvir as experiências de transformação de muitas pessoas. O simples fato de ouvir essas histórias muitas vezes tem efeito profundo sobre os ouvintes. A mais informativa das palestras sobre o Eu carece do impacto de um único relato pessoal e, por isso, nos seminários, muitas vezes peço que as pessoas contem "momentos sagrados", sonhos, imagens, visões ou experiências de quase-morte.

Marcie, uma engenheira de informática de 35 anos, quase morreu no hospital por causa de uma grave reação alérgica à penicilina, no final da casa dos 20 anos. Antes da experiência, ela não sabia coisa alguma sobre as experiências fora do corpo, "comprovadas", tão bem descritas por pesquisadores da quase-morte, como os drs. Raymond Moody e Kenneth Ring (referências a seus livros constam do Capítulo Dez), que, desde então, foram amplamente divulgadas. Marcie contou ao nosso grupo como foi incrível ler relatos de experiências de quase-morte de outras pessoas, mais de um ano depois do acontecido com ela e ver que, embora cada uma fosse diferente como uma impressão digital, todas eram basicamente parecidas. Cada uma das experiências tinha semelhanças fundamentais — sair do corpo, caminhar por um túnel, sair numa luz de amor, repassar a própria vida e, finalmente, voltar ao corpo. Naturalmente, nem todas as pessoas passam por tudo o que Marcie sentiu. Espero poder fazer justiça à magnificência do relato dela na reprodução abaixo.

Marcie respirou fundo e acomodou-se na cadeira, com os olhos voltados para dentro, e começou a contar a sua experiência de quase-morte. Numa voz nítida e suave, ela nos contou que "Eu — isto é, a inteligência que identifico como eu — flutuava livre do corpo. Eu me vi deitada na cama, mais com curiosidade do que qualquer outra coisa — como as roupas que você despe antes de ir para a cama à noite. Você as usa, mas elas não são você. Depois, num átimo, eu me vi impelida por um túnel em direção a uma luz muito quente, e indescritivelmente brilhante. Era exatamente como as descrições que li depois, mas nenhuma descrição pode fazer-lhe justiça. Tudo o que posso dizer é que a luz era toda de amor e segurança. Quando está dentro dela, você quer derramar lágrimas de alegria. É de fato como uma volta para casa. Você sente muita gratidão por estar de volta a esse estado familiar. A luz está por toda parte à sua volta, e também parece vir de dentro de você. Você é a luz e ela é você, e ela está ligada ao mesmo tempo a todas as outras coisas do universo. A luz é consciente e inteligente, e você participa dessa inteligência. De repente, tudo o que aconteceu na sua vida faz sentido total." Marcie balançou a cabeça, ainda perplexa pela experiência.

"Todo o sentido e o propósito da vida ficam claros. Pude ver que todos os fatos da minha vida aconteceram por um motivo, e o motivo tem que ver com o desenvolvimento de uma fé suficiente para reconhecer que o amor é a força que une o universo. A única lição que estamos aqui para aprender é a lição do amor. De repente, a antiga expressão 'Deus é amor' ficou perfeitamente clara. É a verdade. É mesmo." Marcie ergueu os olhos, que passearam pela sala, pessoa por pessoa.

Todas as atenções se concentravam em Marcie e muitas pessoas choravam. Ela prosseguiu, com o rosto e a voz suavizados pelo amor de que falava. "Percebi algumas coisas muito pessoais sobre o que eu estava aprendendo através da vida. Fiquei sabendo, então, que precisava voltar ao corpo para levar esse aprendizado adiante. Desde essa época, perdi o medo da morte. Simplesmente, não acredito mais na morte."

Experiências místicas como as de Marcie ou de Bea fazem-nos colocar em dúvida crenças anteriores, substituindo *conceitos* de Deus por uma *experiência* real de Deus. Os místicos têm escrito sobre as experiências do Divino há séculos, em geral resumindo-as como algo "inefável" — além das palavras. Não obstante, as palavras que as pessoas de fato usam para explicar esses encontros com o Divino têm algo em comum. Muitas vezes elas dizem respeito à experiência de uma luz muito real e brilhante, a um sentimento de amor mais forte que tudo e a uma abertura de coração que é típica das experiências de quase-morte. Como ficou mostrado na pesquisa de Andrew Greeley, elas também são comuns nas experiências místicas de transcendências relatadas pelos outros 5% do público americano.

David era um homem de 60 e poucos anos quando veio à Clínica Mente-Corpo com uma forte artrite nos quadris e nos joelhos. Sentia dores horríveis a maior parte do tempo, apesar das aspirinas e dos tratamentos com ouro. Era dono de uma gráfica bem-sucedida e tinha acabado de se aposentar prematuramente. Sentindo-se descontrolado e deprimido, David decidiu tentar a meditação e a imaginação para voltar a assumir o comando. Quando já fazia o programa há cerca de oito semanas, ele me chamou em particular e pediu uma consulta individual. Estava muito excitado e queria explicar como e por que sua dor tinha desaparecido subitamente algumas semanas antes.

Quando finalmente chegou o dia da consulta, David me olhou muito acanhado. "Prometa que não vai pensar que enlouqueci", disse ele, aproximando-se de mim e falando quase num sussurro, como se receasse ser ouvido por mais alguém. "Foi há mais ou menos quatro semanas. Eu estava dormindo na minha cama, quando de repente tive a sensação mais estranha. Era como se o ar do quarto subitamente tivesse ficado carregado de eletricidade. Depois, senti uma presença na porta do quarto. Sei que isso parece o seriado 'Além da imaginação', Joan, mas continue ouvindo. Não é minha imaginação, e tenho a certeza de que não fiquei louco." Os olhos de David se arregalaram com a lembrança, enquanto ele prosseguia. "Voltei-me e vi um bola de luz incrivelmente brilhante, pairando na soleira da porta. Ela era feita de — não sei como dizer de outra forma", disse ele, tomando fôlego e abaixando ainda mais a voz — "mas, bem, da energia do amor."

"Energia do amor?", perguntei. "Explique-se melhor, David, o que você quer dizer?"

"Não há forma de explicar de verdade — você simplesmente sabe que está na presença de Deus — amparado e amado. A bola de luz passou por cima da cama e me envolveu; me encheu. Ela *era* eu. Isso foi o mais incrível: a luz fora de mim parecia despertar uma luz dentro de mim, e as duas eram uma só e a mesma coisa." David fez uma pausa, reverenciando a lembrança. "E no momento seguinte ela foi embora, junto com a dor. Pulei da cama e comecei a flexionar os joelhos. Eu conseguia — sem dor e sem rigidez! Além disso, Joan, meu medo também tinha desaparecido. Naquele momento, entendi que o que eles chamam de Deus é na verdade amor, e que isso é a própria eletricidade que faz o corpo funcionar. Você pode imaginar?!"

David interrompeu-se por um momento e depois continuou: "Depois de a dor ter sumido totalmente por uns três dias, ela começou a voltar, mas mais fraca do que antes. Agora, quando eu a sinto, entro depressa em estado de meditação, usando a respiração diafragmática, e em seguida simplesmente imagino a luz. Absorvo a luz pelo alto da cabeça e deixo que ela me preencha, parte por parte, até eu ficar zunindo com a mesma energia que encheu o quarto naquela noite. Então a dor vai embora, e eu fico com uma sensação de paz e contentamento."

A verdadeira transformação provocada por esses eventos místicos é uma reVisão espiritual — a conversão do medo e da dúvida em confiança em Deus e no funcionamento do universo. Esta é uma cura muito eficaz para a desesperança e para o pessimismo. Além disso, é contagiosa. Quando o sistema de crenças e o referencial mental de uma pessoa mudam, essa pessoa afeta positivamente os outros com sua simples presença, mesmo que os outros não participem da experiência em que se baseou essa transformação. Andrew Greeley comenta que:

> Uma pequena minoria, talvez menos de 20 milhões de pessoas, passou por profundos momentos religiosos de êxtase. Elas relatam viagens fora do corpo, banhos de luz ou outros encontros que transformam sua vida. Elas ficam profundamente confiantes, convencidas de que algo bom rege o mundo. Esse grande contingente de pessoas capazes de confiar, ou porque seu número esteja aumentando ou simplesmente porque agora elas se sentem preparadas para falar a respeito, pode ter um efeito duradouro sobre o país.

> — "O impossível: está acontecendo",
> *American Health*, janeiro/fevereiro de 1987

A ILUMINAÇÃO E A NOITE ESCURA DA ALMA

A iluminação é uma mudança de identidade. Em vez de se identificar com o falso eu coletivo e temporal que chamamos ego, mudamos nossa identidade para o Eu eterno. Muitas pessoas têm vislumbres de iluminação, mas poucas conservam a percepção do Eu como um estado permanente. Durante a experiência de quase-morte, Marcie estava em estado de iluminação. Ela sabia quem realmente era, qual era o sentido e o propósito de sua vida, e estava mergulhada numa união mística bem-aventurada com o místico esplendor da luz de amor e perdão total. O mesmo se aplica a David depois do seu encontro com a luz. Mas, de volta à vida cotidiana, ambos continuam achando que ainda sobrou muita identificação com o ego. Tendo passado pela graça de uma experiência de iluminação, eles conseguiram ver as falsas identificações com um pouco mais de facilidade, mas ainda precisam saber lidar com ela. A iluminação foi um relance de possibilidade, uma dádiva de graça, que levou à re-Visão espiritual e não a um estado permanente.

O processo de lidar com as falsas identificações foi comparado ao processo de descascar uma cebola. Você passa por uma camada e sente-se muito melhor, porque a luz interior e a vitalidade do Eu podem brilhar com mais clareza. Você se acostuma a funcionar com esse nível aumentado de energia e percepção e então, com toda a certeza, depara com outro pedaço da sombra. Sente-se temporariamente pior outra vez, ao passar pelo processo de reconhecer e integrar mais uma falsa identidade. Quanto mais fundo você penetra na cebola, maiores os dragões da sombra que encontra, porque você tem energia e percepção para vê-los, integrá-los e prosseguir de novo. Durante o processo de descascar a cebola as pessoas muitas vezes passam por uma fase de terrível dificuldade, em que desvendam alguns dos mais negros segredos da sombra. Durante esse período, é comum perder-se a fé no Eu e na jornada, e sentir-se desesperadamente amedrontado e solitário.

Esse período difícil foi chamado de a noite escura da alma. É a morte de um grande dragão da sombra. Sua conclusão bem-sucedida resulta no renascimento, que faz com que a pessoa viva uma vida muito mais próxima do Eu ou, em alguns casos, num estado permanente de iluminação. Foi esse o caso do rabino Isaac Eizik de Komarno, um mestre hassídico que viveu de 1806 a 1874. Seu diário secreto, *Megillat Setarim*, publicado na década de 1940, aborda em parte a experiência de morte e renascimento de sua iluminação. Ele trabalhou consigo mesmo durante muitos anos e dedicou-se esforçadamente aos estudos e às preces. Em seguida, falou da passagem por uma época de grande "aridez" espiritual, quando seu entusiasmo anterior desapareceu. Durante meses, ficou quase impossibilitado de rezar ou de estudar, e por fim teve uma depressão bastante séria. Sua alma passou por uma *noite escura* e

... muita amargura passou pela minha cabeça em conseqüência dessas tentações, na verdade mil vezes mais amargas do que a morte. Mas, depois de superá-las, subitamente, no meio do dia, enquanto eu estudava ... uma grande luz caiu sobre mim. A casa toda ficou cheia de luz, uma luz maravilhosa, e lá estava Shekhinah. Foi a primeira vez na minha vida que senti um pouco do gosto da Sua luz, que Ele seja abençoado. Era autêntica, sem erro nem confusão, um deleite extraordinário, uma iluminação agradabilíssima, além da compreensão.

— *Jewish Mystical Testimonies*,
organizado por
Louis Jacobs (pp. 240-241)

Shekhinah é a presença divina de Deus na forma feminina, que os hindus chamam Shakti. Está mais próximo, no pensamento cristão, do Espírito Santo, o Confortador. Ele muitas vezes vem quando o coração está partido — quebrado — pela dor psíquica, quando as defesas psicológicas que nos mantêm apartados da sombra são enfraquecidas ou inutilizadas. Quando a sombra é vista com tal clareza, a ilusão do falso eu "perfeito" subitamente desmorona e a máscara, com a qual erradamente nos identificamos, é estilhaçada. A essa altura, não surpreende que sintamos aquilo a que o rabino se referiu como uma amargura "mil vezes maior que a morte", pois trata-se na verdade da morte de nosso ego. Se conseguirmos suportar a amargura, a luz do Eu começará a brilhar com mais intensidade, e a presença do Confortador tornar-se-á mais forte. Aqueles poucos que permanecem centrados no Eu, como fez o rabino Eizik, sem reconstruir nenhum novo filtro do ego, ficam permanentemente iluminados, ou autoconscientes.

GRAÇA

As pessoas que tiveram reVisões espirituais significativas, seja através da experiência mística, da "ferida sagrada" de intensa dor psicológica ou doença, ou da cura de drogas, todos dizem a mesma coisa. A mudança no coração foi uma experiência da graça. Em *Minding the Body, Mending the Mind*, conto a história de um jovem médico chamado Sam, que tinha AIDS. A história é tão significativa para mim que ela ocupa todo o capítulo final do livro. Vou contar aqui somente uma parte.

Sam e eu nos conhecemos quando fui chamada ao quarto onde ele estava no hospital para ensiná-lo a meditar. O que começou como um encontro profissional evoluiu para uma extraordinária amizade, na qual nós dois encontramos uma renovação de fé e reVisão espiritual. A graça do pouco tempo que passamos juntos foi captada acidentalmente numa experiência que compartilhamos, relativa à velha canção *spiritual Amazing Grace*. Num domingo de manhã, no início da primavera, saí para o longo percurso até o hospital onde Sam jazia moribundo. A promessa de vida nova tinha começado a explodir nos robustos brotos verdes de açafrão. Meu estado de espírito era ambíguo. Eu estava triste devido ao sofrimento que Sam vinha suportando e porque ia sentir falta dele, mas me sentia reconfortada pelo que tínhamos aprendido juntos. Também sentia alegria porque a alma dele em breve estaria livre, renascida no Espírito. A paz tomou conta de mim e me vi cantando *Amazing Grace*, vezes sem conta, durante a maior parte do percurso de uma hora até o hospital.

Quando cheguei ao quarto de Sam, ele estava rodeado de pessoas que o amavam. Eu o abracei e pendurei em seu pescoço um medalhão que simbolizava a alma e o Espírito, a intersecção dos reinos material e noético. Em seguida, nos demos as mãos e nos olhamos nos olhos, com todo o amor que tínhamos compartilhado no ano em que passamos juntos. Sam sorriu e fez um pedido surpreendente. Pediu que eu cantasse *Amazing Grace*. Só mais tarde nesse dia, quando um de seus amigos tocava uma bonita versão de Leontyne Price, descobri que essa era uma das canções prediletas de Sam. Foi a última vez que o vi antes de morrer.

Vários dias depois, Myrin e eu estávamos em New Orleans a negócios. Estávamos tristes porque a cerimônia fúnebre de Sam tinha sido mais cedo naquele mesmo dia, e não tínhamos podido comparecer. Ao caminhar pelo bairro francês, falando de Sam e desejando que estivesse bem, um saxofonista saiu por uma porta e chamou a nossa atenção. Com um aceno de cabeça, ele apontou o saxofone para o céu e tocou *Amazing Grace*. Você pode falar em coincidência, se quiser, mas eu concordo com o cirurgião e agente de cura dr. Bernie Siegel, M.D., que diz: "Coincidência é a maneira de Deus permanecer anônimo."

A graça é um antigo conceito teológico que o dicionário Webster define de quatro formas: a) amor e favor de Deus, gratuito e não-merecido; b) influência divina que age sobre o homem para impedi-lo de pecar; c) estado de reconciliação com Deus; e d) instrução, edificação e aprimoramento espiritual. Mas a graça é mais que um conceito. É um ato vivo e uma expressão das leis naturais pelas quais o amor se espalha. O ímpeto de fazer a jornada do herói, de buscar o Eu, de reconciliar-se com Deus, é um ato de graça. É isso que o velho *spiritual* nos diz tão bem na linguagem musical do coração: "*Amazing Grace*, como é doce o som que salvou uma alma como eu. Eu estava perdido, mas agora me encontrei; estava cego, mas agora vejo." A graça restaura a nossa visão espiritual, para podermos ver aonde estamos indo.

A graça vem sem merecimento nem busca. O sábio indiano Ramakrishna ensinou que os ventos da graça sopram perpetuamente; só precisamos levantar as velas. Jesus explicou a graça usando uma metáfora do tipo "assim em cima como embaixo" sobre o amor-bondade. Deus dá a Seus filhos o que eles precisam, assim como os pais terrenos fazem. Mas, além da graça como dádiva gratuita, não-solicitada, nossas ações também atraem uma dose adicional. Ampliando a metáfora de Jesus, quando nossos filhos demonstram interesse no que lhes ensinamos, naturalmente reagimos colocando um pouco mais de energia nas lições. Esse segundo tipo de graça é como um subsídio universal que nos ajuda ao longo do caminho. É uma força poderosa — uma realidade — que funciona de uma maneira reproduzível.

Há vários anos, minha querida amiga Rachel Naomi Remen, talentosa médica e agente de cura, explicou-me esse segundo tipo de graça. Estávamos num restaurante mexicano no norte da Califórnia, e eu estava abrindo meu coração sobre um dos meus mais antigos e mais resistentes falsos eus: a vítima. Vesti a máscara da vítima em parte conseqüência da humilhação sofrida quando fugi do acampamento aos sete anos de idade, e em parte devido ao relacionamento com minha mãe. A coragem e a força ficaram guardadas na sombra como resultado da vergonha pública no acampamento, e de vergonhas muito mais sutis em casa. Assim nasceu a vítima.

Incapaz de lidar com situações difíceis expressando honesta e diretamente suas necessidades e sentimentos, a vítima espera ser salva despertando a pena do opressor. As vítimas *precisam* de agressores que as oprimam. Depois de termos sido maltratados, podemos sentir raiva, que é a forma de compensarmos a impotência e o medo, sentindo um aumento temporário de poder na descarga de adrenalina. Como Branca de Neve, eu reconhecia esse velho padrão do ego, mas não conseguia fugir dele, e passei por um período de raiva. Eu não acreditava na minha capacidade de mudar. "Afinal", lamentei-me com Rachel, "o condicionamento é muito profundo. Como é possível abandonar padrões que se viveu a vida toda?" Eu estava aborrecida e desanimada.

Rachel inclinou-se para mim na mesa à luz de velas, os olhos e a voz cheios de amor e confiança. Tomando a faca de manteiga do seu prato, colocou-a sobre o dedo, mostrando-me uma nova perspectiva. "Joanie", disse, "imagine uma gangorra apoiada num suporte. Você trabalha para mover a prancha até que na marca de 50% ela oscila no ponto de equilíbrio."

Paralisada, eu *observava* a faca. "Nos 51%", continuou Rachel, "o equilíbrio muda de repente." A faca balançou imediatamente à menor pressão. Rachel sorriu. "Está vendo? Você precisa trabalhar com afinco, tudo bem, mas os outros 49% são um dádiva de Deus. É a graça."

Nesse momento, algo de fato mudou. Tive uma nova visão, uma reVisão espiritual que me deu esperança, e desde esse dia vi a sabedoria das palavras de Rachel ser demonstrada em muitas vidas, muitas e muitas vezes. No dia da nossa conversa, calculo que eu havia percorrido mais ou menos 35% do caminho para a compreensão, afastando-me do eu-vítima da minha infância. Durante mais ou menos um ano, quando falávamos ao telefone, eu relatava o meu progresso — 40%, 45%. Rachel me advertiu que as últimas etapas eram sempre as mais difíceis, pois o ego — a falsa personalidade — não gosta de ser expulso e luta por sua vida. Ela tinha razão. Mas um dia, no meio de um velho padrão conhecido, decidi que era o bastante, e rompi um relacionamento profissional no qual tinha permanecido tempo demais como a vítima raivosa. Não foi fácil, e não agi com muita sutileza, mas agi. Esse era o ponto dos 51%, o ponto de mutação. Desde então, foi muito mais fácil identificar e evitar o velho padrão. Mas a cura de velhos padrões não é uma questão de tudo ou nada. Temos muitas oportunidades de praticar a percepção de nossas reações

156

condicionadas e de fazer novas opções. Às vezes temos êxito e às vezes não, a despeito do empenho em mudar, mas a graça sem dúvida joga a nosso favor. *A forma mais fácil de atrair a graça é pedir.* Esta é a sabedoria psicoespiritual perene do "batei e abrir-se-vos-á". Nas ocasiões em que volto ao papel de vítima e me sinto quase que irresistivelmente atraída por esse padrão conhecido e repugnante do meu passado, eu rezo. Deixo Deus saber que *estou ciente* da minha dificuldade e que *preciso de ajuda.* Essa admissão da impotência pessoal gera uma guinada crítica de atitude. Em vez de me sentir como uma criança desamparada, prisioneira do passado, eu realmente me sinto como uma filha amada de Deus. Nesse último papel, posso confiar que o Espírito Santo atuará em mim com sabedoria, poder e amor muito maiores do que meu ego limitado é capaz de fornecer, livrando-me da necessidade de me sentir vítima. Quando conseguimos usar a adversidade e a contínua atração dos velhos padrões para desencadear o ímpeto de rezar e assumir a condição de filhos de Deus, começam a acontecer milagres em todas as áreas da nossa vida, porque abrimos as velas aos ventos da graça. E, como diz o velho *spiritual,* essa graça nos levará para casa.

GRAÇA, AMOR E PERCEPÇÃO

Há duas emoções básicas — medo e amor. No medo, o ego se fecha em autoproteção, e a percepção da vida limita-se à preocupação ou à dificuldade imediata que ocupa a nossa mente. Não conseguimos ver nenhuma possibilidade nova. Em vez disso, a mente já decidiu qual será a experiência. Tanto a mente como o coração estão fechados como alçapões de aço, e ficamos presos no nosso próprio medo. No amor, tanto o coração como a mente estão abertos às milhares de possibilidades da vida. As experiências são novas e inéditas. Muitas vezes, nos deliciamos e nos surpreendemos. Literalmente, enxergamos mais de perto a riqueza da vida. Conseguimos apreciar matizes e padrões sutis, sentir o aroma de fragrâncias complexas, e temos uma profundidade de sentimento que nos coloca na plenitude da vida. A isso Luigi Galvani chamou o encantamento do coração.

Dirigindo por uma estrada, pode ser que as árvores e as colinas adquiram vida de repente, enchendo de esplendor esse momento. Ou uma árvore que foi vista muitas vezes antes, subitamente parece ficar totalmente diferente com uma leve camada de neve ou gelo, e apreciamos sua beleza como uma novidade. Ou olhamos o rosto de um amigo ou do ser amado, e por algum motivo deixamos de vê-lo como um conjunto de nossas próprias memórias e projeções, e vemos o Eu deles. Esses são momentos sagrados, quando entramos num estado de graça que está permanentemente ao nosso alcance.

Embora a graça esteja sempre presente como um transbordamento do amor Divino, às vezes nossas velas estão cuidadosamente recolhidas e não conseguimos nos abrir à dádiva da vida. Quando estamos ocupados demais, pensando em incumbências e em outros compromissos, e por isso ficamos ausentes da relação sexual, nosso coração se fecha e nos perdemos. Quando a preocupação toma a mente, não conseguimos desfrutar o alimento. Você já comeu uma refeição inteira sem quase sentir o gosto, porque estava pensando em outra coisa? Podemos estar fisicamente presentes no mais glorioso pôr-do-sol, mas quando a mente vagueia, não captamos sua beleza. Quando nosso cálice está cheio de medo, preocupação ou conceitos, sobra pouco espaço para a graça. O dramaturgo Eugene Ionesco expressou esse fato da seguinte forma, em *Present Past, Past Present*:

> Antigamente, há muito tempo, eu às vezes era possuído por uma espécie de graça, uma euforia. Era como se, em primeiro lugar, todas as noções, todas as realidades fossem esvaziadas de seu conteúdo. Depois desse esvaziamento ..., era como se eu me encontrasse de súbito no centro da pura existência inefável; era como se as coisas se livrassem de todos os rótulos arbitrários, de um referencial no qual não se enquadravam, que as limitava; as restrições sociais e lógicas, ou a necessidade de defini-las, de organizá-las, desapareciam.

Thich Nhat Hanh, professor e poeta vietnamita budista, expõe um método prático para esvaziar o nosso cálice de conceitos e abrir-se à graça usando a prática budista da observação, ou percepção centrada no presente. Em seu belo livrinho *Being Peace*, ele diz: "A vida está cheia de sofrimento, mas também está cheia de muitas maravilhas, como o céu azul, a luz do sol, os olhos de um bebê. Sofrer não é o bastante. Precisamos também estar em contato com as maravilhas da vida. Elas estão dentro de nós e à nossa volta, em toda parte, a toda hora" (p.1). Ele ensina a abrir o coração:

> Gostaria de apresentar um pequeno poema que você pode recitar de vez em quando, respirando e sorrindo.

> *Inspirando, acalmo o corpo e a mente.*
> *Expirando, sorrio.*
> *Vivendo no momento presente,*
> *Sei que este é o único momento.*

"Inspirando, acalmo o corpo e a mente." Este verso é como beber um copo de água gelada — você sente o frio, a frescura, permear o seu corpo. Quando inspiro e recito este verso, realmente sinto que a respiração acalma o meu corpo, acalma a minha mente.

"Expirando, sorrio." Você sabe o efeito de um sorriso. O sorriso pode descontrair centenas de músculos do rosto, e descontrai o sistema nervoso. É por isso que os Budas e Bodhisattvas estão sempre sorrindo. Ao sorrir, você percebe a maravilha do sorriso.

"Vivendo no momento presente." Sentado aqui, não penso em mais nada, nem no futuro nem no passado. Sento aqui, e sei onde estou. Isto é muito importante ... Tendemos a antecipar nossa vida no futuro, o futuro distante, não sabemos quando ... Portanto a técnica — e temos de falar de uma técnica —, é estar no momento presente, estar ciente do aqui e agora ...

"Sei que este é o único momento." Este é o único momento real. Estar aqui e agora, desfrutar o momento presente é a nossa mais importante tarefa. "Calma, Sorriso, Momento presente, Único momento." Espero que você tente.

Pare por alguns minutos e tente as técnicas mostradas no belo poema de atenção de Thich Nhat Hanh. Esteja presente em cada respiração, em cada verso. É uma técnica poderosa, cuja extrema simplicidade é enganosa, e pode ser de grande ajuda para estar presente à dádiva da graça. Como a observação, trata-se de uma técnica de centralização. Ao cortar as cordas que o prendem ao passado e ao futuro, essas duas respirações conscientes e intencionais podem recolocá-lo no Eu, no Agora. Com o tempo, esse poema é como um mestre budista portátil. Ele ensina a estar atento, a estar presente e ciente da vida sem fazer julgamentos. Vivo outra vez.

A atenção abre a porta da alegria — e, portanto, da gratidão. O grande místico cristão Meister Eckhart comentou que "se 'obrigado' fosse a única prece que sempre disséssemos, seria o bastante." "Obrigado" completa o circuito entre criador e criatura. Significa que recebemos a dádiva que a criação tenta nos conceder, que permitimos que o amor e a graça de Deus se manifestem. Esta é uma compreensão profunda da criação, que foi explicada de muitas formas diferentes. O filósofo Martin Heidegger disse com muita simplicidade: "Este é o chamado essencial do homem — fazer o mundo existir." Fazemos isso recebendo com o coração aberto. Na gratidão, percebemos que a vida, Deus e o Eu são um, como tão bem disse o padre ortodoxo russo São João de Kronstadt, que viveu no final do século XIX e começo do século XX:

A prece é um estado de contínua gratidão.
Se eu não sentir alegria
na criação de Deus, se eu me esquecer
de oferecer o mundo de volta a Deus
com gratidão,
terei avançado muito pouco
no Caminho.
Ainda não terei aprendido
a ser verdadeiramente humano.
Pois é só na ação de graças
que posso me tornar eu mesmo.

SUGESTÕES PARA O LEITOR

1. O que lhe ensinaram na infância sobre Deus? Isso ajudou você a estabelecer uma ligação espiritual, ou foi uma limitação? Se quiser, anote lembranças, pensamentos e sentimentos num diário.

2. Pratique o poema da atenção de Thich Nhat Hanh, se gostar dele, ou simplesmente lembre de fazer algumas respirações com freqüência durante o dia, e voltar ao observador, ao Agora. Permita-se sentir a gratidão e o contentamento que naturalmente acompanham a abertura da sua percepção em relação à graça.

CAPÍTULO SETE

Da Culpa Religiosa ao Otimismo Espiritual

Dois jovens com AIDS, John e Mark, eram pacientes meus. Ambos estavam fusiosos com a reviravolta do destino que acabaria tirando-lhes a vida. Ambos tinham períodos de intensa ansiedade e depressão. Mas aí terminavam as semelhanças. John considerava a AIDS o *gran finale* de uma vida que não valia a pena viver, e o castigo de Deus pela sua homossexualidade. Mark encarava a AIDS como uma passagem difícil mas usava a proximidade da morte como forma de intensificar seu apreço pela vida e sua união com o Divino.

Estar com Mark era como estar com uma criança. No meio de uma discussão séria, muitas vezes seu rosto se iluminava de alegria ao ver o mundo pela janela. As cabriolas de um pássaro, o jogo de luz e sombra nas folhas, eram fontes sempre novas de maravilhamento. "Chronicle", um programa de TV de Boston, acompanhou Mark com uma câmera durante os dois últimos anos de sua vida. Eles documentaram toda a gama das suas emoções vitais, sua alegria e prazer, bem como as emoções que muitas vezes tentamos rechaçar como "negativas". A tristeza de Mark, seu medo e sua raiva instável contra o tratamento dispensado pela sociedade aos *gays* e a outras minorias consideradas "diferentes" ou "inferiores" davam profundidade e autenticidade ao seu intenso envolvimento com a vida. Mark não tinha medo da morte; ao contrário, relutava em entregar-se a ela, pois considerava a vida algo sagrado. Mark estava medicamente classificado como sobrevivente de longo prazo, antes de morrer no outono de 1988.

John, por outro lado, recebeu a notícia de sua doença com um resignado "Bom, eu imaginava que ia pegar AIDS mais cedo ou mais tarde." Nunca perdoou seus pais, uma mãe sufocante e um pai distante, por terem tornado sua vida "neuroticamente miserável". Não vendo mais sentido na vida, e atormentado pela idéia de que AIDS era o castigo de Deus pelos seus pecados, John imediatamente deixou a firma de advocacia onde trabalhava e entrou em depressão profunda. Não via sentido na vida, temporal ou eterna. Apenas dois meses depois do diagnóstico, John morreu de uma grave crise de pneumonia *pneumocystis*.

Viktor Frankl, o famoso psiquiatra que sobreviveu a quatro campos de concentração nazistas, escreveu um eloqüente resumo de suas experiências, no livro *Man's Search for Meaning*. O jovem Frankl não tardou muito em perceber que as pessoas que perdiam a vontade de viver — que perdiam a fé em qualquer sentido de sua vida — logo morriam das epidemias que se alastravam nos campos. Uma judia chamada Etty Hillesum, que acabou morrendo em Auschwitz, percebeu a mesma coisa, que ela lembrou nos seus diários inspiradores, milagrosamente recuperados e publicados como *An Interrupted Life: The Diaries of Etty Hillesum, 1941-1943*. Falando sobre sentido e sobrevivência, ela diz:

> Há um limite para o sofrimento, talvez nenhum ser humano receba mais do que pode suportar — além de um certo ponto, simplesmente morremos. As pessoas estão morrendo aqui até agora de desânimo, porque já não conseguem encontrar sentido nenhum na vida, pessoas jovens. Os velhos estão enraizados em solo mais firme e aceitam seu destino com dignidade e serenidade. Aqui se vêem muitas espécies diferentes de pessoas, e muitas atitudes em relação às questões finais, as questões mais difíceis (p. 247).

Etty fala dos muitos campos onde viveu até finalmente morrer na câmara de gás em Auschwitz, dando a única coisa que lhe restava — e, em última análise, o que mais importa: compaixão. Etty fez a jornada do herói numa "terra distanciada da realidade cotidiana" em circunstâncias desesperadoras, mas encarou sua situação de forma muito semelhante a Mark em relação à AIDS. Em vez de rejeitar sua situação ou a si mesma como má ou perversa, como fez John, Etty viveu a vida plenamente nos campos. O seguinte trecho de seu diário ficou gravado na minha mente:

> As pessoas às vezes dizem: "Você precisa tentar extrair o máximo das coisas." Acho que é uma fraqueza dizer isso. Em toda parte as coisas são muito boas e muito más ao mesmo tempo. As duas ficam em equilíbrio, em toda parte e sempre. Nunca tive a sensação de que preciso tirar o melhor das coisas; tudo *está* ótimo

simplesmente como está. Toda situação, por mais miserável que seja, é completa em si mesma e contém o bem e também o mal (p. 254).

Ao ler essa declaração de Etty, a sabedoria perene do "caminho do meio" entre o par de opostos — bom e mau, luz e escuridão, máscara e sombra — adquiriu vida para mim. A capacidade de Etty de viver a vida com paixão e compaixão, apesar de estar rodeada pelos horrores de um campo de concentração, é uma demonstração real do encontro do Graal mitológico. O caminho do meio é a trilha da sabedoria que fundamenta a decisão de lutar pela mudança ou aceitar a situação. O caminho do meio trilhado por heróis contemporâneos como Etty é o mesmo caminho de que falaram Buda e Jesus. Os antigos nos disseram que ele é "estreito como o fio da navalha".

POR QUE ACONTECEM COISAS RUINS?

Quando algo ruim acontece, nosso instinto básico de sobrevivência é acionado, e tentamos voltar ao controle imaginando *por que* o fato aconteceu, para podermos impedir a sua repetição. Caso contrário, permanecemos no estado vulnerável do desânimo quando a nossa visão do mundo é subitamente abalada.

O estado de desânimo foi objeto de ampla pesquisa psicológica e fisiológica, como mostrei em pormenores em *Minding the Body, Mending the Mind*. Psicologicamente, o desânimo abre caminho para a ansiedade, a depressão, o pessimismo e o pensamento culposo. Fisiologicamente, o desânimo pode provocar morte cardíaca súbita, como afirma o psicólogo Martin Seligman, da Universidade da Pensilvânia, em seu ótimo livro *Helplessness: On Depression, Development and Death*, ou pode levar à supressão imunológica crônica, como Seligman e seus colegas demonstraram mais recentemente. Eles também demonstraram que roedores tornados experimentalmente impotentes pela incapacidade de controlar "fatos maus" como choques intermitentes, são significativamente menos capazes de rejeitar células cancerosas do que ratos que receberam a mesma quantidade de choques mas tiveram oportunidade de interrompê-los.

Entender o que pensamos sobre os maus acontecimentos da vida nos fornece informações valiosas sobre onde estamos, psicologicamente, no *continuum* entre a impotência diante dos fatos e o controle que Etty demonstrou, um controle embasado na compaixão e no autoconhecimento. Nossas idéias sobre a razão de acontecerem coisas ruins refletem nossas crenças religiosas e o nosso enfoque espiritual, como vimos nos casos de Mark e John. A psicologia e a religião são dois lados da mesma moeda. Elas se encontram nas nossas idéias sobre o que gera os fatos da nossa vida. Há três formas básicas de pensarmos sobre a gênese dos maus acontecimentos. Podemos atribuir os problemas a nós mesmos, a alguma pessoa ou força fora de nós, e ao acaso.

Se nos virmos como causa de nossos problemas, ou assumimos a responsabilidade pelos nossos atos, de uma forma que leve ao conhecimento e ao crescimento, ou começamos a nos culpar. Seligman constatou que as pessoas que vivem se culpando cronicamente são pessimistas que explicam as dificuldades da vida com uma trinca de atribuições internas, globais e estáveis. Tomemos como exemplo um jovem estudante que fracassa no exame de álgebra. As explicações internas apontam o dedo da culpa para si mesmo (por exemplo, "sou burro ou preguiçoso") em vez de apontar para algo externo, como o mau ensino. Global significa que sou burro em geral, e não somente em álgebra ("vou tomar bomba em inglês e espanhol também, porque sou um mau aluno"). Estável significa que o problema vai durar para sempre. Nosso estudante pessimista pode comentar que "nunca vou ser bom na escola", em vez de invocar uma explicação temporária, como "as matérias deste semestre foram particularmente difíceis" ou "meu problema de leitura pode ser superado". O pessimismo reflete o desânimo subjacente e leva à depressão e não à ação responsável.

Se atribuirmos nossos problemas a outros, podemos fazê-lo basicamente de quatro formas. Podemos culpar outras pessoas ou a sociedade em geral, negando a nossa responsabilidade e privando-nos das percepções intuitivas que poderíamos ter obtido com o acontecimento. Também podemos atribuir nossos problemas a uma força poderosa, como o destino, o que também resulta em negar a responsabilidade. A terceira atribuição possível envolve Deus. A intervenção de Deus pode ser vista como benevolente (um ato de Sua vontade que podemos não entender, mas acreditamos que é para o nosso bem) ou maléfica (Deus está castigando nossos pecados). A quarta atribuição externa pode ser feita a Satã: "O diabo me fez agir assim", ou o diabo fez com que isso acontecesse. Projetar a nossa sombra ou a sombra coletiva da sociedade num bicho-papão psíquico também bloqueia a responsabilidade e o crescimento.

Se atribuirmos nossos problemas ao acaso, furtamo-nos às questões de culpa e responsabilidade, e a eterna questão de por que um Deus amoroso permitiria que a humanidade sofresse. Quando o amado filho do rabino Harold Kushner morreu de uma doença rara de envelhecimento precoce, chamada progéria, o rabino não se culpou pela doença do filho, nem culpou Deus. Em seu livro *When Bad Things Happen to Good People*, ele invocou o acaso, argumentando que o universo ainda não está totalmente formado e que, na parte onde ainda reina o caos, fatos maus podem acontecer, mesmo que Deus seja amoroso. Embora essa atribuição nos poupe de sentimentos de culpa, ela não nos faz sentir menos desamparados. De fato, ela nos faz sentir um desamparo ainda maior, porque não há forma de controlar, manipular, negociar, evitar ou rezar para o acaso. O dra. Elaine Pagels, professora de religião da Universidade Princeton, afirma que os seres humanos tradicionalmente preferem invocar a culpa e a punição Divina para explicar por que acontecem coisas ruins, precisamente com a finalidade de evitar o sentimento de desamparo.

Quanto mais culpados e desamparados nos sentimos, mais desejamos uma resposta decisiva para explicar por que acontecem coisas ruins. Pela minha experiência, a insistência em saber *por que* pode, às vezes, impedir-nos de manter a mente e o coração abertos para resolver a situação, seja qual for a sua causa. Entretanto, assumir a responsabilidade de enfrentar as dificuldades da vida com consciência e coragem envolve, isto sim, investigar por que acontecem coisas ruins. Considerem este cenário. George está com 56 anos de idade e tem um câncer no pulmão. Fumou muito a vida toda. Aqui existe uma razão física: o cigarro. Entretanto, os dados mostram que homens solteiros, viúvos e divorciados são mais propensos a morrer de causas relacionadas com o cigarro do que os casados. George está divorciado há sete anos; portanto, talvez exista também uma razão psicológica. O nível seguinte de questionamento seria se houve uma razão espiritual. Para algumas pessoas, essa investigação pode tomar a seguinte forma: "Deus está castigando George?" ou, para outras, "O câncer de George é cármico, o resultado de ações passadas?" Como veremos, esses dois pontos de vista podem tornar-se limitadores e induzir à culpa.

Os únicos "dados espirituais" que posso usar, como cientista, são os relatos de pessoas que tiveram experiências de quase-morte, e o banco de dados, muito pequeno, sobre reencarnação. Nenhuma dessas fontes implica que fatos maus, como o câncer no pulmão de George, sejam punições. O que elas implicam, isto sim, é que a nossa limitada percepção de diferentes níveis de consciência é estreita demais para que a maioria de nós possa entender as "razões" espirituais. Considerem a experiência do psiquiatra Brian Weiss, conforme relatada em seu livro *Many Lives, Many Masters*. Quando hipnotizava sua paciente Catherine, esta começava a reviver uma série do que Weiss aceita como vidas passadas. No intervalo entre as vidas, ela servia de canal para o que Weiss chamava os Mestres, bem como de canal de comunicação com o pai e o filho de Weiss, ambos falecidos. Weiss diz:

> A maior tragédia de minha vida foi a inesperada morte do meu primogênito, Adam, que tinha apenas 23 dias ao morrer, no começo de 1971. Cerca de dez dias depois que o tínhamos trazido do hospital para casa, ele desenvolveu problemas respiratórios e vômito intenso. Foi extremamente difícil chegar a um diagnóstico. "Drenagem venosa pulmonar totalmente anômala com defeito do septo atrial", nos disseram. "Acontece uma vez em aproximadamente dez milhões de nascimentos." As veias do pulmão, que devem levar sangue oxigenado de volta ao coração, estavam incorretamente direcionadas, e entravam no coração pelo lado errado. Era como se o seu coração estivesse virado ao contrário, *de trás para a frente*. Extremamente, extremamente raro (p. 55).

Weiss foi pego totalmente de surpresa quando Catherine, que não sabia absolutamente nada sobre a família dele, disse-lhe o seguinte, ao se encontrar no estado em que entrava nos intervalos das lembranças de suas vidas:

> Seu pai está aqui, e seu filho, uma criança pequena. Seu pai diz que você o conhecerá porque o nome dele é Avrom, e sua filha recebeu esse nome. Ele também morreu por causa do coração. O coração do seu filho também foi importante, pois estava de trás para a frente, como o de uma galinha. Ele fez um grande sacrifício por você, por amor. A alma dele é muito evoluída.

Catherine prosseguiu explicando que Adam tinha aceitado nascer pelo bem de seus pais. Os budistas chamam a esse tipo de alma de *bodhisattva* — alguém que assume um corpo em benefício de outros, e não pelo crescimento de sua própria alma, que já ultrapassou a necessidade da encarnação física. A experiência de Weiss dá um âmbito totalmente diferente à antiqüíssima pergunta: "Como Deus permite que os bebezinhos morram?"

CULPA: ÁREA DE CONTATO ENTRE PSICOLOGIA E RELIGIÃO

> Mas a serpente, mais sagaz que todos os animais selvagens que o Senhor Deus tinha feito, disse à mulher: Então Deus disse: Não comereis de toda árvore do jardim? Respondeu-lhe a mulher: Do fruto das árvores do jardim podemos comer, mas do fruto da árvore que está no meio do jardim, disse Deus: Dele não comereis, nele não tocareis, para que não morrais. Então a serpente disse à mulher. É certo

que não morrereis. Porque Deus sabe que no dia em que dele comerdes se vos abrirão os olhos e, como Deus, sereis conhecedores do bem e do mal. Vendo a mulher que a árvore era boa para se comer, agradável aos olhos, e desejável para dar entendimento, tomou-lhe do fruto e comeu, e deu também ao marido, e ele comeu. Abriram-se, então, os olhos de ambos; e, percebendo que estavam nus, coseram folhas de figueira, e fizeram cintas para si.

— Livro do Gênese 3:1-8

O terceiro capítulo do Gênese continua quando Adão e Eva, com seu novo poder de discriminação, sentiram vergonha de sua nudez e se esconderam de Deus, que estava passeando pelo jardim. Quando Deus viu sua vergonha, soube que eles o haviam desobedecido e comido da árvore do conhecimento do bem e do mal. Ele castiga a serpente, condenando-a a rastejar para o resto de seus dias, e criando inimizade entre seus descendentes e os de Eva. Condena Eva, e todas as mulheres, a parirem com dor e ficarem subjugadas aos homens. Castiga Adão, e todos os homens, a ganhar o sustento com o suor do rosto até a morte. Em seguida, Deus expulsa o casal do Éden e coloca um querubim, com uma espada flamejante, guardando o caminho da árvore da vida, para que Adão, que "se tornou como um de nós, conhecendo o bem e o mal", não comesse da árvore e se tornasse imortal como os deuses.

Em seu livro erudito, mas agradável de ler, *Adam, Eve and the Serpent*, Elaine Pagels traça a adaptação dessa história na cultura ocidental. Enquanto os primeiros cristãos acreditavam que a humanidade tinha sido abençoada por Deus com as dádivas da natureza e a liberdade moral que permitiu a Eva exercer seu livre-arbítrio no jardim, no final do século IV e início do século V Santo Agostinho reinterpretou a história e introduziu o que Pagels chama de:

... doutrina que negava categoricamente a bondade da criação e o livre-arbítrio ... Agostinho enfatiza a escravidão da humanidade ao pecado. A humanidade é doente, sofredora, impotente, irremediavelmente corrompida pela queda, pois aquele "pecado original", insiste Agostinho, representou nada mais que a arrogante tentativa de Adão de estabelecer seu próprio autogoverno autônomo (p. 99).

Como Agostinho chegou a acreditar que toda a humanidade estava maculada pelo pecado em conseqüência da desobediência de Adão e Eva no jardim, e sua subseqüente "queda" em relação à graça? Tanto Pagels como o padre católico dominicano Matthew Fox, que não tem papas na língua, mencionam a batalha de Agostinho com seus impulsos sexuais, que ele discute nas *Confissões*. Agostinho relata seus impulsos sexuais naturais e adolescentes e a humilhação de descobrir que o órgão sexual tem vontade própria e não obedece necessariamente aos comandos do dono. Disso, Agostinho concluiu apressadamente que todo o conceito do livre-arbítrio não passava de ilusão. Pagels cita a conclusão de Agostinho sobre a razão de ele sofrer com a escravização aos impulsos que estavam além da sua vontade. "Não fui, portanto, a causa disso, e sim o pecado que habita em mim: da punição por esse pecado mais voluntário, porque sou filho de Adão" (p. 107).

Agostinho, como se pode perceber pelo exposto acima, conseguiu furtar-se aos sentimentos de desamparo culpando outra pessoa pela sexualidade que ele queria suprimir — nesse caso, Adão, que foi tentado por Eva, que por sua vez foi tentada pela serpente. Agostinho escolheu a culpa impessoal do pecado original em vez de admitir a impotência pessoal diante dos impulsos naturais que assumiram enormes proporções, como acontece com os impulsos quando lhes damos o rótulo de maus e os colocamos na grande sacola da sombra.

Embora a identificação pessoal de Agostinho com a doutrina do pecado original seja compreensível, Pagels pondera por que os cristãos em geral teriam aderido à noção dele, tão contrária às crenças predominantes na bondade do homem. Ela volta nossa atenção mais uma vez para as questões instintivas que decorrem do sofrimento humano: "Por que isso aconteceu, e por que aconteceu comigo?" E conclui que:

> A resposta de Agostinho reconhece e nega simultaneamente a impotência humana; nesse paradoxo, suspeito que resida a sua força. Para o sofredor, Agostinho diz, na verdade: "Você não tem culpa *pessoalmente* pelo que lhe acontece; a culpa recai no nosso pai, Adão, e na nossa mãe, Eva." Agostinho assegura ao sofredor que a dor é antinatural, que a morte é uma inimiga, invasores estranhos na nossa existência humana normal, e assim ele aborda o profundo anseio humano por libertar-se da dor. Mas ele também nos assegura que o sofrimento não é desprovido de sentido nem de causa específica. Tanto a causa como o sentido do sofrimento, na visão dele, residem na esfera da *escolha moral*, não da *natureza*. Se a culpa é o preço a ser pago pela ilusão do controle sobre a natureza ... muitas pessoas parecem ter estado dispostas a pagá-lo (p. 147).

CULPA RELIGIOSA E PESSIMISMO ESPIRITUAL

Certa vez indagaram de Albert Einstein qual a pergunta mais importante que os seres humanos precisavam responder. Ele respondeu: "O universo é ou não um lugar amigável?" Se acreditamos no pecado original ou adotarmos uma interpretação literal da punição imposta por Deus a Adão e Eva, não importa quão minuciosamente possamos ter examinado a nossa consciência, sempre há lugar para a dúvida sobre a segurança de nossa alma e a "amistosidade" final do universo em relação aos "pecadores". O estado de impotência gerado por essa dúvida dá origem ao que chamo de pessimismo espiritual, uma posição existencial de desamparo semelhante ao pessimismo psicológico, mas muito mais profunda.

O princípio central do pessimismo espiritual é: "Essa coisa má aconteceu porque Deus está me castigando pelos meus pecados." Desse ponto de vista, a doença ou qualquer crise são a prova definitiva da nossa falta de valor (pessoal ou de toda uma raça, devido ao primeiro pecado de Adão). Se o pessimismo psicológico diz "Essa coisa má é totalmente culpa minha; eu estrago tudo o que faço, e esta é a história da minha vida", o pessimismo espiritual é pior ainda. A lógica do pessimismo espiritual diz assim: "Essa coisa má é totalmente minha culpa, é a prova de que não posso ser perdoado, e estou destinado a sofrer por toda a eternidade." O pessimismo espiritual é a afirmação última do medo, porque a nossa alma corre perigo mortal.

Eu participava de um programa de entrevistas em Denver, certa vez, quando o apresentador solicitou que os ouvintes telefonassem dizendo qual o seu maior medo. Um homem, quase em prantos, disse-nos que tinha total pavor da eternidade no inferno. Perguntei-lhe com delicadeza, entendendo que ele poderia não querer discutir o assunto em público, que coisa terrível ele havia feito para temer o inferno. A resposta foi uma verdadeira definição de pessimismo espiritual. "Nada em que eu possa pensar. Mas somos todos pecadores, e vamos todos para a fogueira. Você precisa ser uma espécie de grande santo — pelo menos tão bom quanto Madre Teresa — para ser salvo. Portanto, como posso aproveitar a vida quando sei que isso vai acontecer comigo? Eu me preocupo com isso todo dia."

O pessimismo espiritual está intimamente ligado à baixa auto-estima que fundamenta o desamparo psicológico crônico. Independentemente do que nos ensinaram na escola dominical, formamos a nossa própria idéia de Deus como perdão ou punição, dependendo de nos sentirmos psicologicamente seguros ou inseguros durante o crescimento, pois tanto Deus como os pais são figuras de autoridade supremas, com poder de vida ou de morte sobre nós, os filhos. Quanto mais amedrontados somos enquanto crianças, maior a probabilidade de sentirmos culpa religiosa como adultos. E, apesar de podermos adotar intelectualmente a visão otimista de que os maus acontecimentos são convites ao exame interior e ao crescimento pessoal, se não tivermos feito o trabalho psicológico de curar a criança interior amedrontada, provavelmente continuaremos emocionalmente convencidos de que merecemos a ira de Deus.

Os psicólogos Peter Benson e Bernard Spilka estudaram descrições e definições de Deus dadas por católicos, relacionando-as com a auto-estima. Embora as 128 pessoas estudadas tivessem tido educação religiosa idêntica, havia notórias diferenças nos seus conceitos sobre Deus. Os pesquisadores constataram que as pessoas com auto-estima alta — aquelas que gostavam de si e confiavam em si — tinham imagens de um Deus amoroso e receptivo. As pessoas com baixa auto-estima — culpadas, pessimistas — tinham uma imagem de um Deus punidor e rejeitador. A tendência humana para ver Deus como uma projeção de nós mesmos — literalmente feito à nossa imagem — é uma perigosa armadilha para os culposos, cujo afastamento do amor ocorre em todos os níveis, incluindo a separação em relação ao Eu, a separação em relação aos outros e a separação em relação a Deus.

A SOMBRA DO PESSIMISMO ESPIRITUAL

Muitas pessoas se agarram à máscara da segurança espiritual, pensando conscientemente que são parte de um universo seguro desde que obedeçam a determinados preceitos morais, enquanto inconscientemente escondem, na sombra, o medo da punição divina. Mas, assim como projetamos a sombra psicológica nos outros, vendo neles o que é muito assustador ou desagradável em nós mesmos, também projetamos a sombra espiritual.

Muitos anos atrás, quando meu marido Myrin e eu éramos *hippies*, tivemos uma desavença com o nosso senhorio e sua esposa, que pareciam desconfiar de nós porque usávamos cabelo comprido. Começamos a entender que tínhamos nos transformado numa tela para a projeção do material da sombra deles quando nos processaram no juizado de pequenas causas. Embora a audiência fosse para decidir a questão de quem deveria pagar o tanque de gasolina entregue depois que tínhamos sido despejados, as raízes da preocupação deles iam muito mais fundo. Nossos locadores disseram ao juiz que a nossa cobaia de estimação, "Squeaky", fazia parte de uma suposta colônia de coelhos mantida no sótão por "dois cientistas médicos loucos" para fins experimentais!

O juiz achou muita graça e encerrou o caso fazendo-nos ratear o custo da gasolina e determinando que eles devolvessem uma escada, um aspirador de pó e alguns outros objetos que nos tinham confiscado quando saímos da casa.

Ao cortar a grama de nossa nova casa pela primeira vez, Myrin quebrou a perna quando as lâminas do cortador bateram num pedaço de metal escondido no gramado. Quando o senhorio apareceu em nossa casa para devolver os objetos, alguns dias depois, sua mulher notou o gesso de Myrin. "Ahá", gritou ela, projetando em Myrin sua culpa religiosa e seu pessimismo espiritual: "Deus está castigando os seus pecados!" O velho grito de guerra de Bea Arthur como Maude: "Deus vai te pegar por causa disso!" Não é tão engraçado quando as pessoas acreditam nele de verdade.

FILOSOFIA DA NOVA ERA
E PESSIMISMO ESPIRITUAL

O generalizado pessimismo espiritual e a catequização religiosa que muitas vezes bloqueiam o autêntico crescimento psicológico e espiritual resultaram num afastamento da religião organizada. A pergunta é: para onde as pessoas estão indo? Em que *podemos* acreditar? Desde meados da década de 50, quando Aldous Huxley escreveu sobre as propriedades da mescalina na expansão da consciência, em sua obra clássica *The Doors of Perception*, cresceu o interesse cultural pela experiência espiritual, em oposição à doutrina religiosa. Huxley cita o poeta William Blake: "Se as portas da percepção fossem abertas, todas as coisas apareceriam para o homem como são, infinitas."

O anseio por essa experiência infinita, ainda no nível corporal, levou à propagação das experiências com drogas psicodélicas nos anos 60 e início dos anos 70. Essas drogas foram usadas durante milênios nos ritos religiosos de diferentes culturas para abrir as portas da percepção. Entretanto, quando usadas indiscriminadamente de forma não-sacramental, por pessoas que desconhecem seus efeitos e sem um referencial sagrado para apreciação da experiência, os resultados eram perigosos. Algumas pessoas tinham experiências clássicas místicas de luz e esplendor, voltando das "viagens" ao reino celestial com a determinação de viver mais plena e amorosamente a vida. Outras tinham breves relances da consciência cósmica e voltavam com a arrogante idéia de que estavam "por dentro", enquanto o resto da humanidade continuava mergulhada na ignorância. Outras ainda caíram nas perigosas águas paradas da consciência, onde seus dragões pessoais assumiram enormes proporções; sem defesa, elas vivenciaram um verdadeiro terror psicótico.

Mesmo as pessoas que tiveram experiências místicas com essas drogas perceberam que se tratava apenas de vislumbres temporários de um reino que devia ser alcançado de alguma outra forma — por um caminho longo. Não há atalhos no intenso trabalho interior de autodescoberta que leva à cura psicológica duradoura e ao crescimento espiritual que a acompanha. O legado da era psicodélica foi o renovado interesse pela filosofia perene e as antiqüíssimas técnicas para alcançar a sabedoria, entre a meditação e a contemplação. Essa renovação de interesse resultou num influxo de filosofia e metafísica oriental em nossa cultura ocidental. Esse influxo, acompanhado de uma miscelânea de outras filosofias e técnicas de expansão da consciência, que vão de sistemas tecnológicos computadorizados para induzir mudanças nas ondas cerebrais até a canalização, estão reunidas sob a rubrica "Nova Era".

Carl Jung, ele próprio um sério estudioso do misticismo oriental, advertiu sobre as dificuldades de tentar exportar as crenças de uma cultura para outra, de psicologia e metáforas tão diferentes. Ele acreditava que inevitavelmente haveria equívocos na compreensão e no emprego da filosofia e de suas técnicas. Num artigo publicado no *American Journal of Psychiatry* em 1985, em co-autoria com Herbert Benson e eu, depois de fundarmos juntos a Clínica Mente-Corpo, o psiquiatra Ilan Kutz ressalta a ambivalência de Jung:

> Até Jung, que estava mais familiarizado com a filosofia mística e em particular com o pensamento oriental, era ambivalente em relação ao seu uso. Por um lado, ele acreditava que os "métodos e doutrinas filosóficas do Oriente (que) foram desenvolvidos simplesmente ofuscavam todas as tentativas ocidentais nesse sentido". Por outro lado, ele foi categórico sobre a irrelevância e o mau uso dos ensinamentos orientais pelos ocidentais: "As pessoas farão qualquer coisa, por mais absurda que seja, para evitar encarar a própria alma. Elas praticam ioga e todos os seus exercícios, seguem um regime ou dieta rigorosa, decoram a teosofia, ou repetem mecanicamente textos místicos da literatura de todo o mundo — tudo porque não conseguem entender-se consigo mesmas e não têm a menor fé que qualquer coisa de útil possa jamais sair de suas próprias almas."

Se Jung estivesse vivo hoje para testemunhar o assim chamado Movimento da Nova Era e sua tentativa de integrar o misticismo e a metafísica do Oriente na cultura ocidental, ele veria que a integração de Oriente e Ocidente produziu, de fato, resultados mistos. Não há como "empacotar" o pensamento oriental para simples consumo, na forma como os ocidentais estão acostumados a aprender. Treinada sobretudo para memorizar teoremas e resolver problemas, a mente ocidental está mal-aparelhada para esvaziar-se de conceitos e esperar em silêncio pela experiência. Se a experiência acontece, queremos anunciá-la, rotulá-la, classificá-la e arquivá-la para referência futura. Queremos saber o que ela *significa*. Os orientais estão menos preocupados com o significado. Ser é o bastante.

A tentativa de traduzir o pensamento oriental é, ademais, dificultada pela pobreza do idioma inglês. A escritura hindu, por exemplo, está redigida em sânscrito, uma língua rica em diferenças de significado; suas palavras transmitem um imediatismo de experiência desconhecido no inglês. O sânscrito contém centenas de palavras que indicam diferentes estados de consciência, para os quais não há correspondentes em inglês. Os estudiosos sérios da metafísica compreenderam o antigo princípio "quanto mais você sabe, mais percebe o quanto não sabe". Saber um pouco pode ser perigoso se pensarmos que se trata de toda a verdade. A mentalidade ocidental praticamente garante esse desejo prematuro de conhecer toda a "verdade".

Como se esperava, enormes equívocos e esquematizações surgiram no pensamento da Nova Era. O equívoco clássico é a noção um tanto megalômana de que "você cria a sua própria realidade". Embora possamos, sem dúvida, participar da criação da nossa realidade, em lugar algum do pensamento oriental existe um traço de evidência para respaldar a noção de que somos os únicos autores do nosso destino.

A ironia desse equívoco, como veremos, é que, embora a filosofia da Nova Era tenha surgido da necessidade de se abandonarem as correntes da culpa e do desamparo, "você cria a sua própria realidade" é, de fato, uma versão requentada do pessimismo espiritual ocidental. Projetamos a sombra do pessimismo espiritual no pensamento oriental e, portanto, enxergamos o que nunca se pretendeu dizer. O perigo da doutrina "você cria a sua própria realidade" é que, embora aparentemente ela pareça oferecer uma nova liberdade para explorar uma sabedoria mais profunda com base na riqueza espiritual de milênios, trata-se de uma coisa bastante diferente. Com efeito, ela substituiu as correntes de ferro do pecado original por um par de correntes douradas que parecem atraentes, mas não prendem menos.

A CULPA DA NOVA ERA

Desde que Shirley MacLaine resolveu ir contra a correnteza e descreveu seus recém-descobertos poderes espirituais, o mote "nós criamos a nossa própria realidade" tornou-se uma espécie de panacéia da auto-ajuda. É evidente que uma forte sensação de fortalecimento pessoal oferece uma alternativa saudável ao fatalismo passivo acerca da vida, um ponto convincentemente defendido pelo cirurgião de Yale, Bernie Siegel, no seu *best-seller Love, Medicine and Miracles*.

No entanto, uma interpretação mais extremista formou-se recentemente no campo da saúde alternativa: a crença de que somos pessoalmente responsáveis — consciente ou inconscientemente — por tudo o que nos acontece.

— Editorial, *New Age Journal*,
setembro/outubro de 1988 (p. 50)

Os editores do *New Age Journal* prosseguem dizendo que essas idéias são vendidas numa superabundância de livros de auto-ajuda, incluindo *You Can Heal Your Life*, o inesperado *best-seller* de Louise Hay.

Hay, que diz ter usado essa filosofia para curar-se de um câncer, sustenta que "cada um de nós é 100% responsável por todas as suas experiências". Essa avaliação irrestrita do potencial humano de cura, aparentemente baseada em interpretações de idéias metafísicas como o carma e a reencarnação, seria um compreensível conforto para aqueles que enfrentam doenças graves — a menos, é claro, que eles deixem de ter uma boa imagem de si mesmos.

Deixar de ter uma boa imagem de si mesmo, e a filosofia errônea por trás dessa noção, gera o que o erudito psicólogo/metafísico Ken Wilber denomina a culpa da Nova Era, conceito no qual ele e a esposa, a falecida Treya Killam Wilber, tiveram um interesse mais do que teórico. Antes de falecer no começo de 1989, Treya viveu com um câncer no seio desde a lua-de-mel, em 1984. Uma entrevista com Ken em 1988 e um artigo escrito por Treya no *New Age Journal*, intitulado "Criamos as nossas doenças?", ensejaram os comentários do editorial mencionado acima.

Ken Wilber dedica sua vida ao estudo sério da filosofia oriental e da psicologia ocidental, tendo escrito 11 livros e centenas de artigos sobre consciência e psicologia, incluindo o aclamado *Spectrum of Consciousness*,* que lhe valeu uma comparação com William James pelo alcance e profundidade de seu conhecimento. Wilber é também um iconoclasta sem rodeios, de ferina perspicácia. Na entrevista, Wilber ataca a noção que afirma que "você cria a sua própria realidade" por ser "narcisista e megalômana". Ele lamenta que:

O que os adeptos da Nova Era conseguiram fazer, com relação às doenças de origem física, foi não apenas interpretá-las erroneamente, como sendo de origem psicológica ... mas também dar um passo além, interpretando essas doenças como

---

* *O Espectro da Consciência*, publicado pela Editora Cultrix, São Paulo, 1990.

sendo de origem espiritual, como "lições" que você dá a si mesmo ... [Eles] dizem coisas desse tipo: "Então, o que você está tentando ensinar a si mesmo com essa doença?" Suponha que você tenha câncer na vista, e eles vão dizer: "O que você está tentando ver?" Ou talvez você tenha quebrado a perna e eles vão dizer: "Por que você está evitando ficar de pé e defender seus direitos?"

A psicologia por trás da aceitação indiscriminada da doutrina do tipo "você cria a sua própria realidade" e do seu corolário "doença como metáfora" não é diferente da que levou os cristãos do século V a aceitar a doutrina agostiniana do pecado original. Ela parece oferecer-nos uma cura permanente da impotência. O que criamos, podemos destruir. Temos poder. Se fracassarmos, pelo menos é um fracasso nosso. A culpa, como nos lembra Pagels, é preferível à impotência.

As pessoas pessimistas, graças ao seu desânimo subjacente, correm um grande risco. Elas são propensas a confundir *responsabilidade* por aprender a viver bem com uma doença, com *culpa* por terem causado a doença. A doença é vista como um fracasso, e a ilusão de poder é comprada pela postura do tipo "podemos curar o que causamos". Às vezes podemos curar o corpo, mas às vezes não podemos. A idéia de que o nosso estado físico é um mero reflexo do estado psicológico ou espiritual é um equívoco perigoso e muito difundido. Mesmo os grandes santos e seres iluminados ficam doentes e morrem. Alguns morrem jovens e outros morrem muito idosos. A duração de sua vida tem alguma correlação com a "quantidade" de bondade deles? Eles morrem de ataques cardíacos e morrem de câncer — as duas principais causas de morte na nossa sociedade. E eles morrem não porque Deus os esteja punindo, ou porque deixaram de aprender alguma lição, ou porque não meditaram direito.

Certa vez cheguei a um grupo Mente-Corpo com um resfriado, e alguns membros reagiram como se tivessem surpreendido o Papa num bordel. Como poderia eu, que medito, pegar um resfriado? Fizeram-me várias perguntas do tipo, "Você esteve muito estressada ultimamente?" e "O que você fez para provocar esse resfriado?" E ouvi comentários como "Esse resfriado é a maneira de Deus lhe dizer para você ir com calma".

Bom, sem dúvida ajuda ouvir as mensagens do corpo. Às vezes realmente ficamos doentes por causa do *stress* ou fadiga, e a doença pode ser uma clara mensagem para fazer algo de modo diferente. Como vocês sabem, a doença foi uma professora importante para mim. Mas também sei que resfriados ocasionais são um risco ocupacional de pais com crianças em idade escolar, e que é perfeitamente possível apanhar um resfriado mesmo sem estar estressado, deprimido ou precisando de descanso! O mesmo se aplica ao câncer e a todas as outras doenças. A genética e o ambiente são poderosos fatores que não devem ser ignorados. Se você respirar muito cloreto de vinil, vai ficar com câncer no fígado, por mais otimista que você seja. Mas como o câncer é uma doença assustadora que simboliza a perda do controle para muitos de nós, não é surpresa que tentemos buscar conforto em teorias sobre a forma como contraímos essas doenças. Ao identificar as razões, pensamos que podemos colocar-nos a salvo.

Outra faceta da culpa da Nova Era é a idéia de que a doença é manifestação de um carma passado, uma idéia que toma o tema crime e castigo do pessimismo espiritual judeu-cristão e dá-lhe uma equivocada embalagem oriental. O carma refere-se simplesmente à lei da natureza que diz que, para cada ação, há uma reação igual, já que a energia não é criada nem destruída; ela simplesmente altera sua forma. A força vital — a energia da criação — está sempre em movimento e assume configurações diferentes. Em outras palavras, se você jogar uma bola de borracha no chão, usando energia muscular, ela pula e libera uma quantidade equivalente de energia como som e calor. Se você liberar energia como raiva, dependendo das características do sistema ao qual ela é acrescentada, você pode obter raiva como retorno, ou ela pode transformar-se em risada, sabedoria, mau humor, amor, violência, pressão alta ou azia. Isso é causa e efeito. Não é um juízo de valor; é apenas uma lei natural, como a gravidade.

Se ignorarmos a sombra e continuarmos cometendo o mesmo erro uma vez atrás da outra, naturalmente vamos experimentar o nosso carma, os frutos de nossos atos, como algum tipo de sofrimento. Isto não significa, porém, que tudo o que acontece conosco seja "cármico" e que o nosso carma explique completamente nossas alegrias e tristezas. Um câncer no pulmão que resulta de 30 anos consumindo três maços de cigarros por dia é fruto de nossos atos físicos, talvez com uma certa ajuda de fatores sociológicos e comportamentais. Mesmo se um determinado câncer for cármico, no sentido de ter que ver com a concretização de energias que acompanham nossa alma através de diferentes encarnações, não temos condições de entender que forças são essas. Como na notável história do filho de Brian Weiss, talvez a doença de uma pessoa seja realmente um serviço prestado a outra pessoa. Não podemos realmente dizer por que as coisas acontecem, simplesmente porque não sabemos. A tentativa de fazê-lo pode diminuir a nossa sensação de impotência, mas provavelmente gera ou culpa ou uma perigosa fantasia de onipotência.

Embora contribuamos para criar a realidade, a filosofia oriental na verdade afirma que o desejo humano de acreditar que criamos a nossa própria realidade é um dos três *malas* — idéias errôneas que mantêm a pessoa presa ao ego e incapaz de reconhecer o Eu. O *Shiva Sutras*, um livro de sabedoria do século IX, descreve carma *mala* como a atitude que nos mantém na ignorância, impedindo-nos de entender e de assumir responsabilidade pelos frutos de nossos atos, reprimindo assim os atos novos. Diz-se que sua origem está na "falta de percepção de que Shiva (uma das formas da Consciência Divina) é o único agente ou fazedor real".

O desafio da era atual é erradicar os equívocos pessoais e culturais que nos mantêm presos à repetição interminável dos mesmos padrões errôneos. Para tanto, precisamos trabalhar por um novo modelo de saúde psicológica e espiritual que gere dividendos através da melhora da saúde física. Um ponto de partida é lembrar as tradições que falam de otimismo espiritual numa voz que já conhecemos, que pode ajudar-nos a maximizar o uso da nossa própria tradição religiosa como canal para o espiritual, ou encontrar uma expressão individual de espiritualidade na qual possamos crescer.

PECADO ORIGINAL OU BÊNÇÃO ORIGINAL? TRADIÇÕES DE OTIMISMO ESPIRITUAL

O padre dominicano Matthew Fox tem feito críticas muito diretas à Igreja Católica Romana e à doutrina do pecado original, que envenenou o legado otimista de Cristo e criou a falácia do pessimismo espiritual. Em *Original Blessing*, ele revê esses aspectos tradicionalmente otimistas da doutrina religiosa a que Agostinho preferiu dar as costas. Fox historia a espiritualidade de afirmação de vida, centrada na criação, que faz parte da tradição religiosa ocidental desde o século IX a.C., quando foram escritos os Salmos, e que era parte da tradição oriental muitos séculos antes. Ele explica a filosofia perene conforme ela aparece na cristandade, apresentando os pontos de vista verdadeiramente universais dos grandes místicos cristãos, incluindo Julian de Norwich, Hildegard de Bingen, Francisco de Assis, *Meister* Eckhart e muitos outros.

Fox faz um contraste entre a teologia original de celebração, que vê a vida como uma bênção, e a teologia agostiniana de queda/redenção, muito mais recente, que escala o homem para o papel de pecador caído da graça e necessitado de redenção pelo batismo, desde o momento em que nasce. Ele diz, com ardor, que a religião está "desligada de suas fontes de sabedoria", e conclama a igreja a abandonar o paradigma ultrapassado e dualista de pecado original e redenção condicional que separa Criador e criatura. De acordo com Fox, Erich Fromm, no seu leito de morte, fez a pergunta central que temos considerado neste livro: "Por que a raça humana prefere a necrofilia à biofilia?" Em outras palavras, por que preferimos dizer não à vida, em vez de dizer sim? Fox responde:

> A civilização ocidental preferiu o amor da morte ao amor da vida, na medida exata em que suas tradições religiosas dão prioridade à redenção sobre a criação, ao pecado sobre o êxtase, à introspecção individual sobre a percepção e apreciação cósmica. A religião falha aos ocidentais com a mesma freqüência com que silencia sobre o prazer ou sobre a criação cósmica, sobre o permanente poder da energia que flui do Criador, sobre a bênção original ... O que mais tem faltado na sociedade e na religião do Ocidente durante os últimos seis séculos é a Via Positiva, um caminho ou via de afirmação, ação de graças, êxtase.
>
> — *Original Blessing* (p. 33)

O conceito teológico da Via Positiva de Fox é uma afirmação de otimismo espiritual, a idéia de que a vida deve ser celebrada e não temida, porque Deus criou o universo por amor e ternura, com a finalidade de ensinar amor e ternura. É uma teologia de amor e não de medo, de totalidade e não de fragmentação, de sabedoria, amor e crescimento eternos e não de pecado, punição e morte.

Embora Fox tenha abordado a cura na qualidade de teólogo, pode-se chegar a conclusões semelhantes através da psicologia. Por exemplo, a maioria dos alunos de primeiro ano de psicologia é capaz de citar as constatações de B. F. Skinner sobre a punição como forma eficaz de mudar o comportamento, mas geralmente não na direção desejada. Muitos pais descobriram o mesmo. Castigar uma criança que não fez o dever de casa raramente cria nela o desejo de aprender. Em vez disso, incentiva a raiva, o ódio, a desconfiança, a mentira e a rebeldia — em suma, o medo. Por outro lado, recompensa e elogio são formas muito eficazes de mudar o comportamento. Num estudo bastante divulgado, alguns professores foram informados de que tinha sido testado o potencial acadêmico de suas novas turmas de alunos. Foi fornecida a eles uma lista de alunos, na verdade elaborada ao acaso, como sendo os prováveis alunos de aproveitamento superior. No final do ano, essas crianças tinham de fato preenchido as expectativas do professor, pois foram privilegiadas no reconhecimento e recompensa por seus esforços.

Incentivo, reconhecimento e amor levam ao crescimento. Medo e castigo levam ao desânimo, à ansiedade, à depressão, à baixa auto-estima, à perda de vontade, à má saúde e ao desenvolvimento de um falso eu. Levam à síndrome da culpa doentia que surge nas assim chamadas famílias desestruturadas, cujos pais têm baixa auto-estima e não conseguem estabelecer pontes interpessoais autênticas e alimentadoras com seus filhos. Em 1988, a Igreja Católica reagiu às opiniões francas de Fox exigindo que ele cumprisse um ano de silêncio. Fox concordou com o ano de silêncio depois de rejeitar publicamente a Igreja, comparando-a a uma família desestruturada. Psicologicamente, Fox acertou na mosca. Com o risco de parecermos sacrílegos, por que presumiríamos que Deus foi menos inteligente do que B. F. Skinner quando traçou o plano para o nosso reencontro com o Divino? Por que Ele usaria o medo para ensinar o amor, prometendo castigo e danação pelos valiosos erros que cometemos ao longo da jornada do herói para encontrar o Graal da compaixão?

O FILHO PRÓDIGO —
UMA PARÁBOLA DE OTIMISMO ESPIRITUAL

Assim como a história de Branca de Neve serve como uma matriz para curar a culpa doentia e o pessimismo psicológico, a história do Filho Pródigo, do Novo Testamento, fornece uma matriz semelhante para curar o pessimismo espiritual. Essa parábola de tolerância fala sobre a nossa relação adequada com um Deus protetor e responde à pergunta central de como Ele trata os nossos erros.

Jesus contou a história do Filho Pródigo num contexto especial. Em Lucas 15, lê-se que os fariseus tentavam impugnar a integridade de Jesus, acusando-o de gastar tempo demais com prostitutas e coletores de impostos, os grandes pecadores dos tempos bíblicos. Jesus respondeu com compaixão, explicando que o prazer de Deus está no retorno dessas "ovelhas desgarradas". Afinal, por que pregar para aqueles que já estão ligados ao Divino? Em seguida, ele contou a história do Filho Pródigo como uma afirmação arquetípica e a promessa do amor e do perdão de Deus, estendidos ao pecador na forma de graça.

A história é muito simples. Um homem tinha dois filhos. O mais jovem pediu sua parte da herança e partiu para um país estrangeiro, onde a esbanjou com vinho, mulheres e vida libertina. O mais velho, nesse meio-tempo, permaneceu fielmente ao lado do pai, cultivando a terra. No fim, o mais novo ficou sem dinheiro e, para piorar as coisas, a terra para onde tinha ido foi assolada pela fome. Ele conseguiu um emprego para cuidar de porcos, mas estava tão faminto que comeria de bom grado a lavagem desses animais. Finalmente, recobrando o bom senso, percebeu que até os servos de seu pai levavam uma vida melhor do que a sua. Percebeu o erro de sua conduta e decidiu ir para casa, pedir desculpas pelo mau comportamento e esperar que o pai o acolhesse pelo menos como empregado.

Quando ainda estava a certa distância, o pai o viu de longe e correu para encontrá-lo, saudando-o com calorosos abraços e beijos. O filho desculpou-se, admitindo seus erros, e foi imediatamente perdoado. O pai ordenou que os servos trouxessem para seu filho as melhores roupas e matassem um bezerro gordo para fazer um banquete em sua homenagem.

O filho fiel estava no campo quando o outro chegou. Ao voltar para casa, ouviu música e o som de dança. Perguntando a um dos servos o que estava acontecendo, descobriu que a festa era para seu irmão, que tinha voltado para casa "são e salvo". A princípio, ficou zangado e recusou-se a participar da celebração, perguntando ao pai por que, em todos os seus anos de lealdade, nunca tinham matado um bezerro para ele, para que pudesse fazer uma festa com os amigos. Por que isso foi feito, ao contrário, para o irmão imprestável, que "tinha consumido o seu sustento com prostitutas"? O pai, amorosamente, explicou que o filho fiel sempre tinha estado com ele, e que tudo o que possuía era dele. Mas "teu irmão estava morto e vive outra vez; estava perdido e foi encontrado".

Essa história é um grande ensinamento psicoespiritual sobre o amor, o perdão e a graça. Por falta de sabedoria, nos afastamos da Fonte do Amor e logo começamos a sofrer, porque nosso sustento foi cortado — estamos literalmente morrendo de inanição. Subitamente, recuperamos o bom senso e vemos que pecamos (nos afastamos do amor através de nossos atos). Admitindo o que fizemos (assumindo a sombra), nos arrependemos (lamentamos sinceramente o erro) e pedimos perdão (a volta para casa). Como este é o maior prazer de Deus — dar-nos o Reino —, Ele está à espera do nosso desejo de voltar e se apressa em nos encontrar, tão deliciado que nos concede sua graça e nos dá todas as boas coisas do seu reino. Morremos para o velho eu ignorante e renascemos para um Eu mais sábio, em conseqüência dessa aventura. Uma graça, que é trabalhar pela nossa integração psicológica, atrai outra graça, que leva à integração espiritual.

A UNIÃO DA SABEDORIA PSICOLÓGICA E ESPIRITUAL

O falso eu surgiu para nos proteger do desamparo e do medo da infância, mas, na idade adulta, ele nos impede de atingir a plenitude psicológica e espiritual. Enquanto vivemos na errônea presunção de que podemos existir colocando o bom de um lado do muro e a "maldade" trancafiada na sombra, sacrificamos qualquer possibilidade de viver uma vida inteira, autêntica. A criatividade não pode florescer quando houver facções contrárias no nosso reino interior. A vida se torna árida e estéril. Este é o cenário psicológico da lenda do Graal de Wolfram, conforme Joseph Campbell explica a Bill Moyers em *The Power of Myth*, livro que foi produzido com base nas entrevistas apresentadas na série de televisão de igual nome.

> *Campbell*: O tema do romance do Graal é que a terra, o país, todo o território em questão estava estéril. Era uma terra estéril. E qual a natureza de uma terra estéril? É uma terra onde todos estão vivendo uma vida não-autêntica, fazendo o que os outros fazem, fazendo como lhes dizem para fazer, sem coragem para viver a sua própria vida. É isso a terra estéril ...
>
> *Moyers*: E o Graal se torna o quê?
>
> *Campbell*: O Graal se torna — como podemos chamá-lo? — aquilo que é alcançado e percebido pelas pessoas que viveram a própria vida. O Graal representa a realização das mais elevadas potencialidades espirituais da consciência humana.

Campbell prossegue explicando como o rei cristão do Graal foi ferido num torneio com um guerreiro pagão, e por que o seu reino se tornou estéril.

> Um aponta a lança contra o outro, e ambos arremetem. A lança do rei Graal mata o pagão, mas a lança do pagão castra o rei Graal. Isso significa que a separação cristã entre matéria e espírito, entre dinamismo da vida e reino do espírito, entre graça natural e graça sobrenatural, na realidade castrou a natureza. E a mente européia, a vida européia foi, por assim dizer, emasculada com essa separação. E, então, o que representa o pagão? Ele é alguém dos subúrbios do Éden. Ele foi considerado um homem da natureza, e na ponta de sua lança estava escrita a palavra "Graal". Ou seja, a natureza significa o Graal. A vida espiritual é o aroma, o perfume, o florescimento e o preenchimento de uma vida humana, não uma virtude sobrenatural a ela imposta.
>
> — *The Power of Myth* (pp. 196-97)

Campbell está dizendo, na verdade, que a natureza significa a Via Positiva, que o material e o espiritual encontram-se nessa alegria. Ao viver uma vida plena, autoconsciente, quando estamos em contato com todos os nossos instintos, em vez de negá-los por não serem sagrados, a vida espiritual brota da nossa totalidade psicológica como uma flor. Elas são uma só e a mesma coisa.

A cristandade nem sempre esteve sem contato com a natureza e a sabedoria decorrente do conhecimento de nossos instintos naturais. Uma forma primitiva de cristianismo, chamada gnosticismo, deriva do termo grego *gnosis*, que Elaine Pagels define como visão interior, ou o processo intuitivo de conhecer a si mesmo. Em seu livro premiado *The Gnostic Gospels*,* Pagels fala da intersecção da sabedoria psicológica e espiritual, afirmando que "conhecer a si mesmo, no nível mais profundo, é simultaneamente conhecer a Deus".

O livro *Os Evangelhos Gnósticos* descreve a história do gnosticismo e parte do conteúdo dos manuscritos Nag Hammadi, uma notável coleção de 13 papiros encadernados em couro e algumas folhas soltas encontrados no deserto do alto Egito em 1945, quando um agricultor acidentalmente descobriu uma grande jarra de barro que estava enterrada há mais de 1.600 anos. Os papiros continham mais de 50 manuscritos redigidos na época dos evangelhos do Novo Testamento, e depois traduzidos do grego para o copta, a linguagem comum do Egito naquela época. Parte dos manuscritos eram evangelhos de outros discípulos de Jesus. Há até um evangelho de Maria Madalena. Vários dos documentos afirmam que contêm os ensinamentos secretos de Jesus a seus discípulos — sabedoria não destinada às massas.

Pagels descreve o processo pelo qual a igreja primitiva consolidou sua doutrina, aceitando a inclusão de alguns escritos no que veio a ser o Novo Testamento, e declarando que outros eram heréticos, inclusive os que agora conhecemos como evangelhos gnósticos. Os gnósticos, no entanto, consideravam-se cristãos ortodoxos, não hereges. Eles diferiam da Igreja na medida em que acreditavam que a espiritualidade era uma experiência interior, e não uma doutrina intelectual. Essa visão, naturalmente, não se prestava à estrutura hierárquica da Igreja, na qual a doutrina precisa ser tomada como questão de fé.

Muitos dos ensinamentos de Jesus e as parábolas preservadas nos manuscritos gnósticos são notavelmente semelhantes aos do Novo Testamento. Alguns são claramente diferentes. Fiquei de modo especial interessada nos ensinamentos que ressaltam a importância do autoconhecimento, tão fundamental para o gnosticismo. No evangelho gnóstico de Tomás, Jesus diz a seus discípulos que o reino de Deus não é um lugar, e sim uma consciência, que existe tanto dentro como além de nós. Ele prossegue explicando que, sem o autoco-

---

* *Os Evangelhos Gnósticos*, publicado pela Editora Cultrix, São Paulo, 1990.

nhecimento, não podemos perceber o Reino: "Ao contrário, o reino está em vocês, e está fora de vocês. Quando vocês finalmente se conhecerem, serão o conhecimento, e perceberão que são os filhos do pai vivo. Mas se não se conhecerem, viverão na pobreza e serão a pobreza."

Os discípulos, então, perguntam a Jesus como devem chegar ao Reino: "O senhor quer que jejuemos? Como devemos rezar? Devemos dar esmolas? Que alimentos devemos ingerir?"

Jesus responde: *"Não mintam, e não façam o que detestam*, pois todas as coisas são simples aos olhos do céu" (o grifo é nosso).

Essas instruções espirituais simples, no sentido de ser verdadeiro consigo mesmo e respeitar os instintos e desejos, agradaram-me plenamente. Representam uma boa orientação psicológica para desmontar o falso eu e começar a viver uma vida autêntica. Quando os discípulos perguntaram a Jesus como ele se revelaria — uma pergunta que, na verdade, significa como encontraremos o Cristo Interior, o Eu Interior — sua resposta também foi profundamente curadora do ponto de vista psicológico:

Quando vocês se despirem sem vergonha, tomarem suas vestes e as colocarem sob os pés, como criancinhas, e nelas pisarem, então (vocês verão) o filho daquele que vive, e não temerão.

— *O Evangelho de Mateus*, The Nag Hammadi Library

Que melhor descrição poderíamos ter da retirada das máscaras, esmagadas com os pés com a exuberância da Criança Natural que sente orgulho por ser o que é?

TRANSFORMAÇÕES ESPIRITUALMENTE OTIMISTAS

Ao recuperar as tradições de sabedoria do otimismo espiritual, como as dos gnósticos, precisamos estar preparados para deixar que a sabedoria nos transforme, e não simplesmente nos informe. A sabedoria que permanece na mente como uma idéia, em vez de incorporar-se à trama de que somos constituídos, não pode nos mudar. Ela simplesmente permanece lá, no arquivo de conceitos. Esses conceitos religiosos, nas palavras do teólogo Huston Smith, podem "imunizar-nos contra" a experiência espiritual. Ficamos iguais ao professor universitário que foi visitar um monge budista. Segurando sua xícara de chá, para que fosse enchida, o professor ficou chocado quando o monge continuou a servir o chá até a xícara transbordar. "Por que fez isso?", explodiu o professor. O monge zen sorriu amavelmente: "A sua mente é como essa xícara. Está tão cheia de conceitos que não sobra lugar para nenhuma sabedoria."

Quando a sabedoria nos transforma, ela adquire vida, unindo-se à nossa história pessoal e mostrando-nos algo a nosso respeito, algo que nos leva a ter maior liberdade e alegria de ser. Qualquer boa história ou parábola que seja arquetípica fará isso, se nos desembaraçarmos dos conceitos sobre o que a história deve significar, e pensarmos no que ela significa para *nós*. Como somos literalmente novos a cada dia, a cada momento, como o conteúdo da nossa experiência combina-se de infindáveis formas, essas histórias podem revelar-se de modo novo e inédito a cada leitura. Nossa compreensão delas amplia-se à medida que se aprofunda a autoconsciência psicológica. E a autoconsciência psicológica aprofunda-se cada vez que as lemos de novo.

Vamos considerar de novo a história de Adão e Eva, tendo Joseph Campbell como guia. Campbell ressalta que a história de Adão e Eva não é exclusiva do Velho Testamento, aparecendo como história arquetípica em muitas culturas diferentes. Em *The Power of Myth*, ele conta a história da criação do povo Bassari, da África ocidental. A versão deles do Gênese começa quando o Deus, Unumbotte, faz um ser humano e chama-o de Homem. Em seguida, faz um antílope e depois uma cobra. Coloca os dois animais a arar a terra e dá-lhes sementes para plantar. Um dia, os animais, famintos, perguntam-se por que eles não poderiam comer o fruto. Então o Homem e sua esposa tomam o fruto e o comem. A essa altura, Unumbotte desce das alturas e pergunta quem comeu o fruto. O casal responde que foram eles, induzidos, porém, pela cobra.

Campbell explica que a cobra é o símbolo da vida regenerada, lançando fora o velho e tornando-se nova, exatamente como a cobra faz ao trocar de pele.

Em *The Power of Myth*, Campbell diz:

> Às vezes a serpente é representada como um círculo que come a própria cauda. É uma imagem da vida. A vida abriga uma geração após outra, para nascer de novo. A serpente representa a energia e a consciência imortal inseridas no campo do tempo, constantemente livrando-se da morte e nascendo de novo. A vida tem algo de tremendamente assustador, encarada por esse prisma. E, assim, a serpente traz em si as duas coisas — o sentimento de fascinação e de terror com a vida (p. 45).

Dessa perspectiva, Adão, Eva e a Serpente estavam participando da evolução da consciência, e não desencadeando a queda do homem. De acordo com Elaine Pagels, alguns dos cristãos gnósticos igualmente sugeriam que:

A história não se destinou a ser tomada literalmente, devendo ser entendida como uma alegoria espiritual — não tanto como uma *história com moral*, e sim como um *mito com significado*. Esses gnósticos tomavam todas as linhas das escrituras como um enigma, um mistério que apontava para um significado maior. Lido dessa forma, o texto transformava-se numa superfície tremeluzente de símbolos, convidando os espiritualmente aventureiros a investigar suas profundezas ocultas, a usar a própria experiência interior — o que os artistas chamam de imaginação criativa — para interpretar a história.

— Adam, Eve and the Serpent (p. 64)

Quando a história de Adão e Eva é tratada como um mito vivo com significado, ela revela as profundezas ocultas do conhecimento em muitos conceitos que foram preservados como sustentáculos do pessimismo espiritual — conceitos sobre o bem e o mal, o pecado, o arrependimento, o julgamento e o demônio. Uma forma maravilhosa de meditar consiste em ler uma história arquetípica, como a de Adão e Eva, e ficar em meditação silenciosa, apenas com a respiração. Em seguida, começa-se a contemplar a história, a deixar que ela se desdobre no Silêncio para além dos conceitos, para que comece a revelar-se como uma verdade viva, manifestando-se nas metáforas e experiências da nossa própria vida. Vamos examinar algumas velhas crenças religiosas pessimistas sob essa nova luz.

O bem e o mal

De acordo com a interpretação agostiniana da história de Adão e Eva, esta foi o canal por meio do qual o mal entrou no mundo, e não uma heroína que confirmou a dádiva do livre-arbítrio e foi a provedora da sabedoria e da nova vida. O mal estava personificado pela cobra, o demônio, uma criação de Deus que, de alguma forma, voltou-se permanentemente contra o seu criador. Outras culturas, no entanto, reverenciam a cobra como símbolo da sabedoria.

Uma interpretação completamente diferente da história se abre quando as metáforas universais são exploradas, em vez de tomadas pelo significado aparente. Arquetipicamente, o jardim do Éden é o cenário da história da criação que explica como a energia não-manifesta de Deus — o Silêncio informe, antes de ser pronunciada a Palavra criadora — dá origem ao mundo visível. Todas as culturas e todas as religiões têm sua versão dessa lenda. Entretanto, a formação dos pares de opostos, envolvidos na criação material, ocupa lugar central em todas as histórias de criação. De acordo com o primeiro capítulo do Gênese:

> No princípio Deus criou os céus e a terra. A terra, porém, era sem forma e vazia; havia trevas sobre a face do abismo, e o Espírito de Deus pairava por sobre as águas. Disse Deus: Haja luz; e houve luz. E viu Deus que a luz era boa; e separou a luz das trevas. Chamou Deus à luz Dia, e às trevas, Noite. Houve tarde e manhã, o primeiro dia.

— Livro do Gênese, 1:1-3

O primeiro ato da criação é a separação de opostos: céus e terra, luz e trevas, dia e noite. Com o tempo, criamos uma infinidade de opostos — homem e mulher, eu e você, jovem e velho, doente e saudável, bonito e feio, bom e mau. Dessa forma, o mundo temporal nasce da consciência eterna. Quando Adão e Eva comeram a maçã, saíram do estado uterino de unidade com o não-manifesto e entraram no mundo temporal dos fenômenos, onde o bom e o mau são mais um par de opostos necessários.

Quando o mal é visto como uma relatividade, com o humilde conhecimento de que temos uma visão espiritual muito limitada, ele se torna parte da ordem natural das coisas. Judas foi necessariamente mau por ter delatado Jesus aos romanos? Afinal, Jesus sabia de antemão quem seria o seu delator, fato que anunciou publicamente na última ceia. Judas tinha sido escolhido para desempenhar um determinado papel no drama — ele foi mau por ter desempenhado o papel que lhe coube, ou teria sido mau se recusasse o seu quinhão? Pois, no fim das contas, sem as trevas que Judas trouxe temporariamente ao mundo, não teria havido a morte e a ressurreição do Cristo cósmico.

O grande problema que enfrentamos ao examinar os conceitos absolutos de bem e de mal é que ficamos com uma visão muito limitada do quadro todo. Vemos "através de um vidro, no escuro". Em Isaías está escrito: "Eu formo a luz e crio as trevas; eu faço a paz e crio o mal; eu sou o Senhor que faz todas essas coisas." Onde, afinal, na criação, Deus está ausente, se a energia vital é a própria circunstância de tudo o que existe? Ele está presente na luz, mas ausente das trevas? Presente na alegria, mas ausente do sofrimento?

As filosofias orientais, bem como os ramos místicos do cristianismo, do judaísmo e do islamismo, dizem que o Reino interior, onde nos tornamos unos com o Eu, é um plano de consciência que transcende os pares de opostos. As pessoas que tiveram experiências de quase-morte dizem coisas semelhantes.

Aparentemente, os acontecimentos maus são engrenagens necessárias na roda de um drama muito maior, que só pode ser apreciado quando saímos do mundo dos fenômenos e entramos numa consciência mais ampla. Esse mistério está totalmente além da capacidade humana de compreensão. Da nossa perspectiva, não podemos nem mesmo imaginar o que isso significa.

Num nível mais terreno, é fácil o bom e o mau. As coisas boas são aquelas que aumentam a quantidade de amor no mundo. As coisas más são aquelas que negam o amor e perpetuam o medo — o que comumente chamamos pecado. Entretanto, precisamos nos lembrar como o poeta Wolfram começou a contar a lenda do Graal: "Toda ação tem resultados bons e maus." Como nos lembra Campbell, o melhor que temos a fazer é pender para a luz. Mas, como veremos no próximo capítulo, é exatamente nos atos em que o mal sai vitorioso que podemos aprender mais depressa a compaixão e atingir a nossa verdadeira identidade.

O demônio

A ênfase dada por muitos às entidades do mal, os Lucíferes e Darth Vaders da criação, desempenha uma função semelhante à da culpa religiosa. Parece que é uma resposta para o nosso desamparo, uma tentativa de impedir que aconteçam coisas aparentemente más. Por que há uma epidemia de AIDS? É culpa de Satã, e nós assim deixamos acontecer porque somos pecadores. Por que os seres humanos pecam? O demônio nos faz pecar. O demônio, na realidade, é o repositório da sombra coletiva da consciência humana. Graças a ele, podemos ter menos preocupação com o mal na nossa própria sombra, e projetá-lo no exterior. Mas quanto mais nos preocupamos com o mal "lá fora", menos o vemos e confrontamos dentro de nós. É dessa forma, na verdade, que o "demônio" nos leva ao pecado.

A história de Lúcifer, o anjo cujo nome significa "luz", que se voltou contra Deus e se tornou mau, é contada em muitas culturas e se presta a diferentes interpretações. Uma das mais encantadoras é a lenda islâmica contada por Bill Moyers durante suas entrevistas com Joseph Campbell. Os anjos foram criados para servir a Deus, mas quando Deus criou o homem e deu-lhe no céu uma posição um pouco superior à dos anjos, estes receberam a nova missão de servir ao homem. Lúcifer "pecou" contra Deus ao se recusar a servir ao homem, porque amava tanto a Deus que não pôde suportar a separação. Lançado ao inferno pela desobediência, Lúcifer amparou-se na alegria da lembrança da voz de seu amado Deus dizendo-lhe para ir para o inferno! Os hindus, igualmente, dizem que os "infernos" da vida são as ocasiões em que nos sentimos separados do amor Divino. Podemos transformar essas situações em céu se, como o Lúcifer da história islâmica, nos lembrarmos de Deus.

Se preferimos encarar o mal como uma força absoluta, o poder tenebroso que cria mais trevas, como um buraco negro cósmico, logo nos deparamos com uma série de curiosos problemas. Concluímos que Deus não era forte o bastante para conter o que os antigos hebreus chamavam de "impulso do mal"? Nesse caso, o demônio passa a ser uma espécie de câncer cósmico, um pedaço do corpo Divino que se voltou contra si próprio e ameaça destruir o universo. Por analogia, esse ponto de vista sugere que qualquer bem que façamos — qualquer luz que possamos trazer ao mundo — também pode transformar-se espontaneamente em trevas. Isso elimina o "livre" do livre-arbítrio e exclui qualquer opção. Também podemos supor que o demônio foi criado intencionalmente. Nesse caso, temos duas escolhas: ou Deus o criou para um bom propósito ou o próprio Deus é mau.

Pecado

Essa palavra em si soa assustadoramente, como o silvo da serpente deslizando em algum lugar do jardim. E é difícil, para a maioria das pessoas, pensar em pecado sem pensar em punição. Na culpa religiosa, os dois andam juntos como pão e manteiga. Mas, de um ponto de vista prático, otimista, quando o amor é o objetivo final da vida, o pecado é qualquer pensamento ou ato que reforça o sentimento de falta de valor e isolamento. Como o Filho Pródigo, nossos pecados são convites à autopercepção e uma oportunidade de experimentar o perdão e o reencontro. Os pecados não são atos pelos quais podemos ser condenados a passar a eternidade no inferno, ou sofrer alguma espécie de "segunda morte", quando nossa alma deixa de existir.

O medo, e os pensamentos, atos e julgamentos por ele criados, separam-nos do nosso próprio Eu, dos outros e de Deus. O pecado é qualquer coisa que nos separa da alegria e do entusiasmo, do amor pelo próximo como a si mesmo, do sentimento de ligação com tudo o mais no universo. Isso se aplica a assassinato, estupro, roubo e a todos os tipos de violência, que só podem ocorrer quando pensamos que somos separados da pessoa ou coisa que estamos agredindo, quando não temos compaixão ou simpatia alguma por outro ser humano. Também se aplica à inação — os pecados por omissão — como continuar num casamento ou emprego onde somos vitimados, diminuídos ou sufocados de alguma outra forma. Nesses casos, não temos simpatia por nós mesmos.

Arrependimento

O Filho Pródigo recuperou o bom senso e percebeu que seus pecados o tinham separado do pai. Não querendo sofrer mais, ele admitiu que estava errado e disposto a assumir a responsabilidade pelas conseqüências de seus atos. Isto é arrependimento. *Arrependimento é percepção*, reconhecimento de um ponto cego, aceitação da sombra a fim de nos tornarmos livres para fazer escolhas de vida mais afirmativas no futuro. Esse processo pode ser muito doloroso, pois a perda de nossa auto-imagem idealizada, da nossa máscara, muitas vezes é assustadora e depressiva. Mas sem arrependimento não há perdão. Não podemos perdoar a nós mesmos, e tampouco podemos receber o perdão dos outros ou de Deus, enquanto não estivermos cientes de nossos erros e dispostos a admiti-los.

Julgamento

Uma das coisas mais interessantes na parábola do Filho Pródigo é que ela não contém nenhum elemento de julgamento por parte de Deus. O filho julga a si mesmo considerando as conseqüências do comportamento que escolheu, e deduz que fez uma escolha errada. Em seguida, ele exerce o livre-arbítrio e se arrepende, colocando em movimento a engrenagem do perdão. Se pudermos realmente acreditar que essa história é verdadeira para todos nós, estaremos livres do medo opressivo do castigo divino, que alimenta a culpa religiosa.

Certa vez tive um paciente, um jovem professor amável e inteligente chamado Jeff, que era um homem muito racional. Estava morrendo de leucemia e começou a questionar se havia um Deus, um julgamento, uma vida depois da morte, mas depois descartou tudo isso e voltou ao ateísmo de toda a sua vida, à convicção de que a vida e todas as suas formas são um acidente biológico. De acordo com Susan, sua esposa, Jeff teve muito medo enquanto seu corpo morria, e ficou agitado durante horas antes de finalmente partir. Seu falecimento foi extremamente difícil para ambos. E, então, aconteceu algo sumamente notável e magnífico — o que eu costumava chamar de milagre. Várias horas depois da morte de Jeff, Susan estava sentada sozinha na sala quando o ar ficou repentinamente eletrizado e Jeff materializou-se como uma visão inteira, quase viva. Como as outras pessoas que tiveram visões assim, Susan insistia: "Não era uma alucinação. Ele realmente estava ali."

A visão durou vários minutos, nos quais Jeff explicou à esposa que não podia deixá-la com a idéia errônea de que a morte era terrível e de que a vida era um acidente biológico. Ele descreveu uma experiência completa de "vida depois da vida", com todos os componentes habituais de uma experiência de quase-morte, exceto que, se quisermos acreditar em Susan, no caso dele era algo real. Jeff descreveu a seqüência habitual, a passagem por um túnel em direção a uma luz acolhedora, indescritível, inefável, totalmente receptiva, semelhante a um retorno ao lar. A luz é inteligente, sabe tudo e *perdoa tudo*. As pessoas que tiveram essas experiências e viveram para contá-las relatam que não querem deixar a luz e voltar à vida como a conhecemos. Mas, em algum ponto, percebem que precisam regressar, e que sua vida terrena é como a estada numa sala de aula, cujas lições levarão a um reencontro mais permanente com a energia vital.

Na presença dessa luz, muitas pessoas fazem uma recapitulação instantânea da vida, não para que algum juiz e júri cósmicos possam designar-lhes residência eterna no céu ou no inferno, mas para permitir que elas avaliem o que aprenderam e o que resta aprender do ponto de vista mais importante. *Seus atos semearam amor ou feriram alguém? Você aprendeu a compaixão?* Em vez de ser uma rememoração intelectual de fatos, as pessoas relatam que a recapitulação da vida gira em torno de emoções, de sentimentos. As conseqüências dos atos, de acordo com seu efeito sobre outras pessoas — gerando amor ou medo — são reveladas da perspectiva das pessoas com quem houve a interação, mais ou menos como a cena em que o impacto do comportamento de Scrooge é mostrado a ele pelo Espírito do Natal Passado. Enquanto isso acontece, as pessoas dizem que são rodeadas pela luz do perdão e sabem que foram perdoadas por Deus. A pergunta é se elas podem perdoar a si mesmas.

Em *Heading Toward Omega*, o livro do dr. Kenneth Ring sobre o significado da experiência de quase-morte, uma jovem mulher fala sobre a recapitulação da vida e sobre o julgamento:

> Sua vida é mostrada a você — e você faz o julgamento ... São as pequenas coisas — talvez uma criança ferida que você ajudou, ou simplesmente uma parada para dizer alô a um doente preso à cama. Essas são as coisas mais importantes ... Você foi perdoado de todos os pecados, mas é capaz de perdoar a si mesmo por não

ter feito o que deveria, e pelas pequenas trapaças que talvez tenha feito na vida? Você pode perdoar a si mesmo? Este é o julgamento.

Céu e inferno

Numa antiga história, um homem morre e um anjo o introduz numa sala magnificamente mobiliada. Há travessas de iguarias fumegantes sobre a mesa, as pessoas são coradas e bem alimentadas. Há judeus e cristãos, budistas e maometanos, ateus e agnósticos, pessoas de todas as raças e religiões, pretos e brancos, vermelhos e amarelos, jovens e velhos. Eles cantam, se abraçam, riem, divertem-se muito. Mas, estranhamente, as colheres são muito compridas, compridas demais para alguém poder alimentar-se com elas. Entretanto, isto só faz aumentar a alegria, porque as pessoas se divertem alimentando-se umas às outras, dispensando cuidados umas às outras.

Quando o anjo abre a porta da sala contígua, há as mesmas cortinas de veludo, música celestial, doces aromas e travessas de iguarias fumegantes, a mesma mescla de tamanhos e formas, religiões e raças. Mas não há alegria alguma e canção alguma, apenas gritos e lamentos. As pessoas são pálidas e doentias, definhando por inanição, e consumidas de raiva e frustração, cada uma tentando inutilmente colocar a colher na própria boca. Esta, explica o anjo, é a diferença entre céu e inferno: a compaixão. Se não aprendemos a sofrer juntos, vamos sofrer sozinhos.

Céu e inferno não são lugares, e sim estados mentais. Como escreveu John Milton no *Paraíso perdido*: "A mente é o seu lugar, e em si mesma pode fazer o céu do inferno e o inferno do céu."

O poeta Kabir escreve:

> *Amigo, espera pelo Hóspede enquanto estás vivo.*
> *Abraça a experiência enquanto estás vivo!*
> *Pensa ... e pensa ... enquanto estás vivo.*
> *O que chamas "salvação" pertence ao tempo da morte.*
> *Se não romperes as cordas enquanto estás vivo,*
> *crês que fantasmas o farão depois?*
>
> *A idéia de que a alma alcançará o êxtase,*
> *simplesmente porque o corpo está em decomposição,*
> *não passa de fantasia.*
> *O que encontramos agora encontramos depois.*
> *Se não encontrares nada agora,*

acabarás apenas com uma morada na Cidade da Morte.
Se amares o divino agora, na próxima vida
terás no rosto a expressão do desejo satisfeito.

SUGESTÕES PARA O LEITOR

1. Você é um otimista espiritual ou um pessimista espiritual? Por quê? Quais são os conceitos que geram o seu otimismo ou pessimismo? Você acredita de fato nesses conceitos por ter sentido o efeito deles sobre a sua vida, ou eles não passam de idéias emprestadas de alguém ou da sua criação religiosa?

2. Escolha uma parábola de sabedoria como Adão e Eva, a lenda do Graal de Wolfram, o Filho Pródigo, ou qualquer mito que desperte a sua curiosidade. Use-a para contemplação meditativa.

PARTE TRÊS

Compaixão: A Flor do Crescimento Psicoespiritual

Escute, amigo, escute o seu coração
Ouça a compaixão no murmúrio do amor
Eu sou quem sou
Você é quem é

Somos a luz do mundo
santos e pecadores
mestres e aprendizes
o amado e o ultrajado

revelados finalmente em magnífico esplendor
naquele momento mágico
em que vendo Deus em nós mesmos
Também O vemos um no outro.

— J.B.

CAPÍTULO OITO

Perdão

Escrevendo para *Parabola Magazine*, P. L. Travers conta uma encantadora história de perdão, passada na floresta escura e encantada do nosso próprio inconsciente. A heroína dessa história sempre está vagamente ciente de uma mulher, no limiar de sua percepção, vestida com um longo véu azul, sempre procurando algo — nunca totalmente no seu campo de visão, mas também nunca inteiramente fora. Num súbito momento de decisão, a mulher de azul bloqueia seu caminho e pede o reconhecimento que ela sempre quis e de que precisou:

> Assim, ficamos de pé frente a frente, vibrando num silêncio expectante, com o canto dos pássaros da floresta subitamente emudecido. Ela, então, introduziu a mão sob o véu e descobriu-se da cabeça aos ombros, e seu rosto surgiu como a lua deslizando por trás do canto de uma nuvem ... Era o meu rosto ... E eu soube o que sempre soubera ... "Perdoe-me", disse ela. "Eu sou quem sou." Ao falar, o véu deslizou para o chão, pondo à mostra a roupa de baixo, amassada, enrugada, manchada pela vida. Olhando para baixo, vi que o meu roupão estava igualmente amassado, enrugado, manchado ... O mesmo rosto, as mesmas roupas, o outro aspecto de mim mesma — e eu o tinha rejeitado, acreditando, na minha ignorância, que poderia prosseguir minha peregrinação sozinha e sem sombra.

> — De *The Meeting*, P. L. Travers,
> *Parabola Magazine*, agosto de 1987

Travers nos lembra que precisamos da nossa sombra, e ela de nós. "Como pode alguém partir pela estrada do Céu sem observar a terra em que pisa ... Como pode o Eu realizar sua tarefa heróica sem lutar com o Ego?" A cena final desse encontro arquetípico no bosque capta a essência da cura psicoespiritual no ato cheio de graça do perdão divino a si mesmo:

Abrimos os braços e nos abraçamos. Um anjo que passava parou por um momento, imponderavelmente imóvel no ar, para observar o nosso abraço. "Onde há dois, há três!" Ele sorriu para nós bondosamente: "Que o Terceiro, aquele que reconcilia, o indizível, o que não pode ser visto nem conhecido, em sua misericórdia perdoe vocês duas."

— De *The Meeting*, P. L. Travers,
Parabola Magazine, agosto de 1987

COMPAIXÃO

As imagens poéticas dessa história encantadora retratam o processo de integração psicoespiritual que é a jornada do herói. Quando a separação entre máscara e sombra é curada, e a Unidade do Eu se revela, a jornada está completa e reivindicamos o Graal que Campbell definiu como a flor da vida espiritual, a conquista da compaixão. Na compaixão, estado de *afinidade com*, ou empatia, voluntariamente compartilhamos a experiência — o sofrimento, a paixão — de outra pessoa. Em algum nível, compreendemos que não somos dois, e sim um.

Como discutimos no último capítulo, os seres humanos sempre procuraram formas de entender o sofrimento e, se possível, evitá-lo. Mas não conseguimos. A doença, o envelhecimento e a morte são parte da natureza da vida. Há 2.500 anos, o pai do jovem príncipe Gautama queria proteger seu filho do sofrimento. Mantido nos confins das terras do palácio, todos os desejos do príncipe eram imediatamente satisfeitos. Mas um dia a curiosidade tomou conta de Gautama e ele ordenou ao cocheiro que o levasse à cidade. Pela primeira vez, ele viu doença, pobreza, velhice e morte. Nesse momento, foi tomado pela compaixão. O sofrimento dos outros era o seu próprio sofrimento. O jovem príncipe imediatamente fugiu do palácio e adotou uma vida solitária de contemplação, buscando as razões e a forma de libertar a vida humana do sofrimento. Ele se tornou Buda.

Buda falou de quatro Verdades Nobres, a primeira das quais é que o sofrimento é um fato universal da vida humana. As outras três Verdades Nobres dizem respeito à origem do sofrimento, à cessação do sofrimento, e ao caminho espiritual de oito etapas de vida intencional e consciente que supera o sofrimento. A prática da compaixão ocupa o centro dos ensinamentos de Buda, como no cristianismo. Quando pediram que Jesus sintetizasse a vida espiritual, sua resposta foi bastante budista. Devemos amar a Deus em primeiro lugar — entender a base do nosso ser — e depois amar ao próximo como a nós mesmos. Este é o ideal cristão do *ágape*, o amor compassivo. Ao compartilhar o sofrimento do outro, participamos de um mistério no qual o sofrimento é transformado em amor.

Os budistas acreditam que em todas as eras surge na Terra uma alma iluminada, para trazer o conhecimento de Deus e, conseqüentemente, aliviar o sofrimento. Esses seres compassivos, que reingressam voluntariamente no campo do espaço e do tempo para dar sua vida pelos outros, são chamados *bodhisattvas*. Jesus, por exemplo, era um bodhisattva. Como diz Joseph Campbell em *The Power of Myth*:

> O Bodhisattva representa o princípio da compaixão, que é o princípio curador que torna possível a vida. A vida é dor, mas a compaixão é o que lhe dá possibilidade de continuar. O bodhisattva é alguém que atingiu a percepção da imortalidade, mas participa voluntariamente das dores do mundo. Participar voluntariamente do mundo é muito diferente do simples fato de nascer nele. É este exatamente o tema da afirmação de Paulo sobre Cristo em sua Epístola aos Filipenses: que Jesus "... subsistindo em forma de Deus, não julgou como usurpação o ser igual a Deus; antes a si mesmo se esvaziou, assumindo a forma de servo... tornando-se obediente até a morte, e morte na cruz." Isto é participação voluntária na fragmentação da vida. (p. 112).

Nos últimos anos, os americanos começaram a valorizar o ideal do serviço altruísta cujo epítome é o símbolo de um bodhisattva. Charles Kuralt certa vez fez um programa especial de televisão chamado "A cidadezinha América", focalizando vários atos de compaixão muito comoventes realizados por pessoas comuns. Uma mulher do Meio Oeste foi quem mais me marcou. Durante a Segunda Guerra Mundial, milhares de jovens soldados passaram por sua cidade, de trem, antes de embarcarem para o exterior. Ela organizou as mulheres da cidade para assegurar que todos os rapazes fizessem pelo menos uma refeição caseira antes de irem para a guerra. Isto é serviço altruísta nascido da compaixão, que os budistas chamam *seva* e os cristãos chamam caridade.

O *best-seller* internacional *City of Joy*, de Dominique LaPierre, é a mais comovente história real de compaixão que jamais li. O título do livro parece improvável a princípio, porque Cidade da Alegria é o nome de uma das piores favelas de Calcutá. Mora lá um jovem padre polonês, Stephen Kovalski, que renunciou à sua vida confortável de classe média para compartilhar as choças infestadas de pragas e o parco alimento dos mais pobres e desgraçados habitantes da cidade. Os moradores involuntários da favela não eram menos notáveis que o padre, transformando a miséria em alegria, pela compaixão recíproca que sentiam. Num trecho, um leproso chamado Anouar, sofrendo fortes dores por causa de uma gangrena, arrasta-se na lama numa pequena prancha com rodinhas, pois suas pernas estavam reduzidas a cotos. Notando o olhar preocupado no rosto de Anouar, Kovalski abaixa-se para segurar a mão do homem e perguntar o que estava errado. Anouar responde, "Ah, nada, Stephan Daddah, eu estou bem. Mas o meu vizinho, Said, não está muito bom. Você deveria ir vê-lo. Ele está tão doente que não consegue comer nem dormir." Dominique LaPierre, que viveu na favela durante um ano e escreveu o livro com base nessa experiência, continua: "O aleijado arrastando-se pela sujeira nada pediu para si. Preocupado unicamente com o vizinho, ele era a imagem viva do provérbio indiano 'para o diabo com a miséria, desde que sejamos miseráveis juntos'."

PERDÃO

O perdão como exercício de compaixão é tanto um processo como uma atitude. No perdão como processo, convertemos o sofrimento criado pelos nossos próprios erros, ou pelas mágoas causadas por outros, em crescimento psicológico e espiritual. No perdão como atitude, atingimos a felicidade e a serenidade, abandonando a contínua necessidade do ego de julgar a si mesmo e aos outros. Consideraremos o perdão primeiro como um processo, e mais adiante, neste capítulo, vamos discuti-lo como atitude. Mas primeiro eu gostaria de lembrar uma história que contei em *Minding the Body, Mending the Mind*, porque ela demonstra a minha crença sobre o perdão. O episódio envolveu um jovem de cor que, debruçado sobre a janela traseira do velho carro da família, fez um gesto vulgar para mim, sem motivo aparente. Era fácil ver que seu comportamento nada tinha que ver comigo, mas devia ser conseqüência da dor gerada por problemas sociais ou familiares. Em vez de aumentar a dor do rapaz, reuni todo o amor que pude e enviei-o num grande sorriso. Ele, de repente, começou a sorrir também, e acenamos um para o outro até o carro sair do meu campo de visão. O perdão não é uma atitude intolerante nem o oferecimento da outra face, à moda de Polyanna, pelo qual fechamos os olhos para o comportamento condenado. Mas se pudermos entender a profunda dor que originou as ações lesivas do outro, teremos sofrido com ele; teremos sido compassivos. No ato de compaixão, saímos do papel de vítima e enxergamos, além dos atos, a pessoa que os executa. O perdão não exige que nos tornemos amigos, por exemplo, de um pai intolerante, que cuidemos dele na velhice ou que façamos qualquer coisa em particular. O perdão é um estado mental que pode dar origem a ações específicas, mas não se define por essas ações.

Perdoar a si mesmo é um ato descrito de maneira muito bela na história de P. L. Travers, da qual incluímos alguns trechos no início do capítulo. É enxergar, além dos nossos próprios atos, a pessoa que age. É a aceitação da nossa sombra, para podermos ficar inteiros. Isso requer o trabalho duro e prolongado da integração psicoespiritual, que analisamos nas primeiras duas partes do livro. O perdão exige percepção — o empenho em se conhecer a si mesmo. Velhas mágoas não podem ser anuladas e desfeitas, mas essas emoções podem transformar-se nas sementes da transcendência que permite a cura, quer sejamos a vítima ou o agressor.

Tive o prazer de trabalhar com muitos membros dos programas de doze passos, que geram considerável poder devido à ênfase no perdão. Muitos participantes de programas como o dos Alcoólicos Anônimos começam o processo de recuperação com uma pesada carga de culpa doentia, devido ao sofrimento causado a si e aos outros. Fiquei surpresa e encantada em saber como eles se ajudam mutuamente a enfrentar a culpa doentia e a atingir novos níveis de percepção psicoespiritual por meio do perdão. Notavelmente, os passos de 4 a 10 — 7 dos 12 passos da recuperação do vício — lidam diretamente com o processo de enfrentar a culpa doentia e crescer a partir dela. Os outros 5 passos montam o cenário, apóiam o esforço e incentivam a função heróica final de compartilhar compassivamente o aprendizado com outras pessoas em situação semelhante.

Milton, um homem de sessenta e poucos anos, era um membro novo dos Alcoólicos Anônimos que passava, com dificuldade, pelos primeiros estágios do perdão, quando veio pedir minha ajuda por causa de uma angina. Enquanto me contava a história de sua doença, pude perceber que ele estava muito sintonizado com seus pensamentos e sentimentos e com o efeito destes sobre o corpo. A premente dor no peito que tinha feito com que Milton viesse se tratar tinha duas causas; exercício, para o qual o músculo do coração exigia mais sangue do que suas artérias coronárias obstruídas podiam fornecer; e remorso, que apertava com igual força o seu coração.

Quando lhe perguntei sobre a culpa, Milton respondeu com honestidade e percepção. "Tenho muitos motivos para me sentir culpado, Joan. Trinta e tantos anos de bebida mexem com muitas vidas. Quando penso como a minha mulher passou por tudo — meu gênio raivoso e imprevisível, a época em que perdi o emprego por causa da bebedeira, criar os filhos em grande parte sozinha

—, eu nunca estive presente de fato. E há os nossos dois garotos, meninos espertos, e um deles nem terminou a faculdade. Você faz alguma idéia de como é ter um pai que quase nunca está por perto, exceto para criticar?" Milton balançou a cabeça e enxugou uma lágrima. "E isso é só o começo. Eu cometi mais erros do que poderia contar a você em dez sessões."

Milton estava no princípio do processo de perdão — enfrentando a dor que motiva o autoconhecimento. O Novo Testamento foi um grande consolo para ele, principalmente as histórias sobre Maria Madalena, cujo grande anseio por perdão despertou seu legendário amor por Cristo.

No Novo Testamento, há uma linda história sobre Maria Madalena, no sétimo capítulo do Evangelho segundo Lucas. Simão, um dos fariseus, convida Jesus para a ceia. Maria Madalena também vai, e Simão pensa consigo mesmo que Jesus não deveria ser um homem de Deus, caso contrário saberia que tipo de mulher desprezível ela era. Lendo seus pensamentos, Jesus responde a Simão com uma parábola, fazendo-lhe uma pergunta. "Certo credor tinha dois devedores; um lhe devia 500 dinheiros e outro 50. Não tendo nenhum dos dois como lhe pagar, perdoou-lhes a ambos. Qual deles, portanto, o amará mais?" Simão, naturalmente, respondeu que o que tinha a dívida maior seria o mais grato. Jesus respondeu que os pecados de Maria Madalena, que eram muitos, haviam sido perdoados porque, "ela amou muito; mas aqueles a quem pouco se perdoa, amam pouco."

OS DOIS LADOS DO PERDÃO

Na equação do erro, não somos nem devedores nem credores, nem "erradores" nem "errados", nem agressores nem vítimas. Como qualquer par de opostos, há dois lados da moeda. Eles precisam um do outro para existir e para permitir que o perdão se manifeste. Há uma idéia budista, na verdade, de que o sofrimento existe especificamente para ensinar-nos a compaixão. Essa idéia ajudou-me a encarar meus atos para poder continuar me perdoando pelos danos que causei a outras pessoas, e perdoá-los pelos danos que me causaram. Somos todos professores uns dos outros. Sem erro da parte de alguém, nenhum de nós aprenderia a lição da compaixão, que é o perdão.

Enquanto continuamos a identificar-nos exclusivamente com um lado da moeda — devedor ou credor — permanecemos psicologicamente um grau acima ou um grau abaixo da outra pessoa. O perdão exige que renunciemos às noções de melhor e de pior e que, finalmente, nos enxerguemos como iguais e colegas. Essa é uma lição difícil quando formos feridos, e nosso devedor parece não estar arrependido, mas, a despeito do que este aprender ou não nesse processo, e da rapidez ou lentidão com que o fizer, o perdão cabe a nós. *O perdão não está condicionado ao comportamento do outro.* Se insistimos nisso, não conseguimos sair da posição de vítima. Agarrar-se ao papel de vítima é a forma mais segura de ficar estagnado e bloquear a cura.

Os passos para o perdão de si e dos outros são semelhantes aos programas de seis passos, que podem levar um bom tempo para ser concluído. Na realidade, se conseguirmos realizá-lo no período de uma vida, e atingirmos o estado de iluminação, que é o resultado final do processo, será uma grande bênção. O objetivo não é apressar-se, mas deixar que as coisas se desenrolem, como o farão, a partir da nossa intenção de perdoar.

OS PASSOS PARA PERDOAR A SI MESMO

Os passos são:

1. Assumir a responsabilidade pelo que você fez.
2. Confessar a natureza de seus erros a Deus, a si mesmo e a outro ser humano.
3. Procurar seus pontos positivos.
4. Estar disposto a reparar o que for possível, desde que possa fazê-lo sem se prejudicar ou aos outros.
5. Pedir a ajuda de Deus.
6. Refletir sobre o que você aprendeu.

Primeiro passo: Assumir a responsabilidade

O primeiro passo do processo de perdão — assumir a responsabilidade — pode ser ilustrado por uma história que aconteceu quando eu tinha 16 anos de idade e dirigia o carro da família pela terceira vez. A gasolina acabou e eu empurrei o carro até um posto. Eles deviam estar acostumados com motoristas imprudentes, porque tinham protegido as bombas de gasolina com uma grade de tubos vermelhos, que eu logo esmaguei com o pára-lama esquerdo. Minha boca ficou seca como um deserto, as palmas de minhas mãos encharcadas de suor, e eu tinha a certeza de que as batidas do meu coração poderiam ser ouvidas a vários quarteirões de distância. O que fazer? Eu tinha medo de contar a verdade e nunca mais pegar o carro; por outro lado, não queria mentir. Acabei me decidindo, preocupada, pela coluna do meio. Fazer-me de boba. Talvez ninguém notasse, pelo menos durante algum tempo.

Fui para o meu quarto, pensando obsessiva e interminavelmente em tudo de ruim que com certeza me aconteceria quando meus pais descobrissem o acontecido. Nessa noite, quase não dormi. De manhã cedinho, minha mãe descobriu o amassado e me perguntou o que eu sabia a respeito. Eu não podia suportar admitir a verdade, e menti. "Talvez alguém tenha batido no carro no estacionamento." Isso pareceu acabar com o meu problema externamente, mas por dentro me senti pior do que nunca. Agora eu tinha que agüentar duas culpas — a culpa do acidente e a culpa por omiti-lo.

Foi somente anos mais tarde, quando já não parecia ter importância, que finalmente confessei o caso a meu pai. A ironia é que ele sabia o tempo todo. Afinal, ele comprava gasolina exatamente naquele posto! Como ele já tinha me perdoado, entendendo os problemas dos motoristas novos e o medo que eu tinha de confessar, deixou o episódio passar. Eu é que o mantive, por medo de admitir o erro. Muitas vezes o medo do castigo, ou de parecermos maus, deixa-nos presos à culpa, como eu fiquei. Sabemos o que fizemos, mas não sabemos admiti-lo.

Em *Minding the Body, Mending the Mind*, falei de outras possíveis formas de deixar de assumir a responsabilidade pelos nossos atos e sentimentos. A negativa é uma forma comum. O que, eu? Ansioso, zangado, invejoso, viciado em alguma coisa? Nunca. Estou acima de críticas (pelo menos aos meus olhos). Escondendo-nos de nós mesmos, empurrando a sombra para longe e mantendo-a reprimida no inconsciente, ficamos fragmentados e medrosos, com medo daquela parte nossa que não conhecemos. Mas enquanto não reconhecermos as nossas partes ocultas, como podemos recuperá-las e ficar novamente inteiros? A racionalização é outro meio comum de negar a responsabilidade. Por que eu deveria pagar minha parte justa do imposto de renda? Afinal, eles só vão usá-lo para fabricar bombas. Ou por que eu deveria fazer todo esse esforço quando os outros folgam?

Assumir a responsabilidade pelos nossos atos e erros é um passo necessário para o autoconhecimento, porque leva ao inevitável "por quê?" Por que fiz o que fiz? Se levarmos suficientemente longe o "porquê" dos atos intencionais, quase sempre encontraremos o medo — o "demônio" que nos fez agir dessa forma! Percebendo o nosso medo, ficamos mais livres para fazer escolhas mais amorosas no futuro.

Segundo passo: Confessar

Confissão e perdão são um terreno comum onde se cruzam mente, corpo e espírito. Agarrar-se aos segredos culposos, sombrios, é como reprimir um trauma — requer esforço fisiológico, que leva ao aumento do *stress* e à doença. Certa vez assisti a uma conferência onde o dr. James Pennebaker apresentou estudos sobre os benefícios da confissão para a saúde. O interesse dele sobre o assunto foi despertado quando os técnicos de detector de mentiras lhe falaram de todos os cartões de aniversário e Natal que recebiam de prisioneiros agradecidos, que ainda se lembravam do enorme alívio proporcionado pela confissão de seus crimes!

Pennebaker contou a história de um homem que tinha desviado dinheiro do banco onde trabalhava. Esse homem sentiu-se péssimo, atormentado pela culpa durante seis meses, período em que teve uma ininterrupta seqüência de resfriados, gripes e outras doenças. Quando finalmente foi convocado para um teste no detector de mentiras, estava, é claro, completamente estressado e apreensivo. Mas, assim que confessou, seu corpo relaxou profundamente, mesmo que ele tivesse começado o teste como um homem livre e, no final, tendo confessado a fraude, fosse para cadeia.

Jung acreditava que a confissão faz parte de um profundo anseio religioso de todas as pessoas para reencontrar-se com a Fonte, e que ela é um importante fator da eficácia da psicoterapia. A não ser que pertençamos a uma igreja onde seja praticado o sacramento da confissão, ou a um programa de doze passos, onde possamos contar com o amor e o apoio de outras pessoas quando confessamos o vício e os males decorrentes, o terapeuta muitas vezes é o primeiro a ouvir os segredos sombrios do nosso coração. Jung escreveu:

> Guardar segredos e esconder emoção é uma transgressão psíquica pela qual a natureza acaba nos punindo com a doença — isto é, quando agimos assim privadamente. Mas quando essas coisas são feitas em comunhão com os outros, elas satisfazem a natureza e podem até ser consideradas virtudes úteis ... Parece que existe na humanidade uma consciência que pune severamente qualquer um que, de alguma forma, em algum momento, por mais que lhe custe ao forte orgulho, pare de se defender e de se afirmar, confessando-se, ao contrário, falível e humano. Até ser capaz de agir assim, uma parede impenetrável aparta-o do sentimento vital de ser um homem entre outros homens. Isso explica a extraordinária importância da confissão sincera e franca — uma verdade que provavelmente era conhecida de todos os ritos de iniciação e cultos de mistério do mundo antigo. Diz um adágio dos mistérios gregos: "Renuncia ao que tens e então receberás."
>
> — *Problems to Modern Psychotherapy*, volume 16 (p. 58)

Terceiro passo: *Vencer a depressão procurando o bem*

Confessar para si mesmo, para outro ser humano e para Deus, numa prece sincera, é um passo importante para o perdão. Mas a confissão tem uma desvantagem. Uma séria depressão pode resultar da admissão da profundidade dos problemas provocados pela nossa própria negação, pela nossa cobiça, ódio, intolerância ou raiva. Podemos ter um vislumbre da sombra e ficar aterrorizados por ela, imobilizados pelo medo de que somos, de fato, grandes pecadores, esquecendo temporariamente todos os nossos pontos bons. Mas se cairmos no poço da depressão, não seremos capazes de seguir em frente. O rabino Nachman, um judeu *tzaddik*, ou sábio iluminado, que viveu no final do séc. XVII e começo do séc. XVIII, escreveu a esse respeito no maravilhoso tratado sobre o perdão, recentemente publicado com o título *Restore My Soul*:

> O fundamental é eliminar de si qualquer traço do amargo negrume da depressão. A razão principal por que as pessoas estão distantes de Deus é a depressão. Elas perdem o ânimo e passam a sentir desprezo por si mesmas porque vêem suas máculas e o grande dano que causam. No fundo, cada um conhece as chagas do próprio coração e sua dor íntima (p. 26).

Mas como eliminar a depressão causada por um erro que nos fez sentir culpa, principalmente se já estivermos deprimidos por uma atitude cronicamente pessimista? Na depressão, só vemos o nosso lado mau. A cura, tanto segundo os modernos terapeutas cognitivos como segundo o rabino Nachman, é *procurar com tenacidade as facetas boas*, mesmo se as vozes internas da escuridão insistirem na nossa maldade. Nachman diz:

> É dever de todos procurar e procurar até encontrar dentro de si alguma faceta de bondade. Como é possível que em todos os seus dias ele nunca tivesse satisfeito pelo menos um preceito ou realizado um ato bom? Mas, assim que começar a examinar esse bem que fez, começará a perceber que até esse bem estava "cheio de aflições, sem firmeza alguma" (Isaías 1:6). O bem foi maculado e atrelado a motivações falsas. Mesmo assim, em algum lugar nesse pequeno pedaço de bem deve existir pelo menos alguns "pontos bons". Agora a procura deve começar de novo ... É dessa forma que se deve encontrar a bondade e o mérito em si mesmo. A pessoa sai do prato da balança da culpa e passa para o prato do mérito (pp. 25-26).

Quarto passo: Fazer reparações

Alguns erros são relativamente fáceis de reparar. O ladrão de lojas que é tomado pelo remorso pode devolver à loja o dinheiro pelas mercadorias. Mas quando o prejudicado por nossos atos é uma pessoa, não uma instituição, muitas vezes a reparação requer que nos comuniquemos com ela. Isto significa pedir desculpas. Uma pessoa que fica apreensiva quando um amigo está com câncer e se sente incapaz de entrar em contato com ele e dar apoio, pode escrever-lhe um bilhete, telefonar ou fazer uma visita, e desculpar-se pela forma como o medo bloqueou a expressão do amor. Ao encarar a outra pessoa e deixá-la saber que entendemos o que fizemos, que lamentamos o que fizemos e esperamos que ela possa nos perdoar, estamos nos arrependendo.

Existem, no entanto, casos em que a reparação cria novos danos. Se um antigo namorado que abandonou você sem mais nem menos reaparece de repente na porta da sua casa nos primeiros anos do seu casamento, as tentativas de ele se livrar da velha dor podem criar novos problemas para você. Portanto, antes de fazer reparações, pense em todas as possíveis repercussões. Se não houver possibilidade de se comunicar diretamente com a pessoa que você magoou, faça-o durante a meditação. Tranqüilamente, imagine que você está num lugar conhecido e seguro. Imagine que está convidando a pessoa que magoou para ir a esse lugar e conversar. Diga a ela que você lamenta, e explique o que aconteceu. Ouça a resposta. Depois peça que ela o perdoe. Termine perdoando a si próprio.

Quinto passo: Pedir ajuda a Deus

> Aquele que se aproxima de Mim um palmo, Eu me aproximarei dele um cúbito; aquele que se aproxima de Mim um cúbito, Eu me aproximarei dele uma braça, e quem quer que se aproxime de mim andando, Eu irei a ele correndo, e aquele que Me encontrar com pecados equivalentes ao mundo todo, Eu o saudarei com um perdão do mesmo tamanho.
>
> — De *Mishkat al-masabih*

A dor anseia por conforto. Quando reconhecemos o quanto estamos distantes de Deus, como o Filho Pródigo ansiamos pela volta ao lar. Quando estamos completamente infelizes, a prece já não é uma simples repetição mecânica. Torna-se um grito vivo e vibrante de socorro. Torna-se autêntica. Na dor, esquecemos os "tu" e "vós" que nos separam de Deus, e conquistamos um novo grau de intimidade ao falarmos com Deus do nosso jeito, dizendo o que está no nosso coração. Algumas das mais belas preces jamais escritas, de fato, têm origem na dor de encarar a culpa e na intimidade com o Divino que ela propicia. Foi essa a motivação do rei Davi para escrever os Salmos.

A história do nefando pecado de Davi e seu subseqüente arrependimento é o tema de capítulo 11 do Segundo Livro de Samuel, do Velho Testamento, e é uma história e tanto. Uma tarde, Davi levantou da cama e foi tomar ar no terraço do palácio. Ali viu por acaso e bela Betsabá no banho e foi tomado de desejo. Mandou um servo buscá-la e fizeram amor. Betsabá ficou grávida dele, e, quando lhe contou, Davi perdeu totalmente o juízo. Enviou o marido dela, um soldado leal chamado Urias, para uma batalha renhida, esperando que ele morresse na batalha, o que aconteceu. Passado o período de luto, Davi e Betsabá casaram-se. Deus, então, enviou a Davi o profeta Natã, que o ajudou a ver a barbaridade que tinha feito. Pouco tempo depois, quando o filho da ligação ilícita morreu, o coração atormentado de Davi já estava partido.

A culpa, a dor e o subseqüente anseio de Davi pelo reencontro com Deus levaram-no a escrever os Salmos, um comovente compêndio de preces de muitas espécies diferentes. Os Salmos abrangem todas as emoções que emergem no longo processo de perdão — extravazamento de dor, confissão e arrependimento. Preces por força e coragem, como o Salmo 23, "O Senhor é o meu pastor...", celebram o amor, a compaixão de Deus e a bondade da vida. A leitura dos Salmos constitui um ótimo guia para o perdão e um enorme conforto ao observarmos que Jesus, a própria personificação do ensinamento do perdão, era filho da Casa de Davi.

Mais tarde, Davi e Betsabá tiveram outro filho, o rei Salomão, considerado o homem mais sábio de todos os tempos. Diz-se que Salomão tinha um anel onde estava gravado o conselho mais importante de que os seres humanos devem se lembrar. Dizia: "Isto também passará." Essas são palavras boas para ter em mente quando a dor interior é muito grande.

Sexto passo: Reflexão: O que aprendi?

Cada vez que magoamos alguém, admitimos o fato e passamos pelos passos de autoperdão, aprendemos a nosso respeito algo que nos ajudará a funcionar com mais clareza e a fazer escolhas melhores no futuro. Afinal, não podemos exercer o livre-arbítrio quando a nossa visão está toldada por fantasmas do passado que nos impedem de ver o presente. A compreensão de que nossos erros derivam do medo, que são de certa forma os atos de uma criança amedrontada, ensina-nos a ser compassivos conosco e incita-nos a curar a criança interior ferida. E quando vemos que nossas próprias ações danosas nascem do medo, podemos entender melhor que todos os atos das pessoas que nos prejudicam também nascem do medo. O prisma da compaixão torna mais fácil nos livrarmos das correntes da raiva e do ressentimento que, de tão pesadas, impedem-nos de perdoar os outros.

OS PASSOS PARA PERDOAR AS OUTRAS PESSOAS

A psicoterapeuta Robin Casarjian lê o seguinte trecho de um artigo da revista *Time* nos seus seminários sobre o perdão:

> A resistência psicológica ao perdão é esmagadoramente persuasiva. Não perdoar é ficar prisioneiro do passado, de velhas mágoas que não permitem que novos empreendimentos dêem prosseguimento à vida. Não perdoar é ceder ao controle do outro. Se a pessoa não perdoa, ela é controlada pelas iniciativas do outro, e fica presa numa seqüência de atos, numa resposta de ultraje e vingança. O presente é sobrepujado e devorado pelo passado. Aqueles que não perdoam são os menos capazes de mudar as condições da própria vida. Nesse sentido, o perdão é uma estratégia arguta e prática para uma pessoa ou para uma nação adotar, pois o perdão liberta quem perdoa.

Como afirma esse artigo com tanta clareza, uma das maiores causas de sofrimento físico e emocional é agarrar-se à dor, recusar-se a esquecer devido à mágoa. Esse foi o triste caso de George, um homem que me procurou por causa de uma úlcera hemorrágica que não reagia à medicação. George era um homem alto, pálido e magro. Seu cabelo ondulado já estava grisalho, mas sobrancelhas escuras e espessas emolduravam seus olhos tristes, de um azul pálido. Ao se arrastar lentamente para sentar-se, parecia ter muito mais que seus 55 anos, como se estivesse carregando nas costas o peso do mundo.

Recostado na cadeira, parecendo desamparado e exausto, George começou a contar a história de suas úlceras, da perda de peso e da insônia. Quando lhe perguntei o que estava acontecendo na sua vida quando as úlceras começaram, um súbito fogo brilhou em seus olhos cansados, e ele se inclinou com os punhos cerrados. Sua bonita filha, Rachel, "a luz da sua vida", casou-se com um gentio, e não com um judeu. E ele não conseguiu perdoá-la. A esposa de George compareceu ao casamento, mas ele ficou em casa. Há dois anos não falava com a filha, tendo-a "excluído" da sua vida. Embora George conseguisse admitir que estava literalmente sendo comido por dentro pela raiva e pela mágoa, insistia que não podia e não iria esquecer.

Mas o que George ganhava continuando assim? Quando lhe perguntei, tudo que ele pôde dizer foi que a filha teria de viver a vida sabendo perfeitamente da dor causada pela sua traição. Eu lhe perguntei: "E como fica a dor que a *sua* atitude está causando, George?" "Eu tenho um direito", foi a resposta intransigente, "mas ela não tinha o direito. Ela decepcionou sua gente, decepcionou seus pais."

Buda comparou esse tipo de raiva intransigente a um carvão em brasa que pegamos para jogar em outra pessoa, e acaba nos queimando. No caso de George, a raiva dele também estava consumindo os outros membros da família, ansiosos pela volta de Rachel, mesmo não concordando com a escolha de parceiro que ela tinha feito. Durante sete semanas de programa Mente-Corpo, George meditou. Durante sete semanas, ele observou o fluxo dos pensamentos, o que ocupava a sua mente: Rachel, Rachel, Rachel. O que ele mais queria eliminar de sua vida lá estava, tenazmente preso. A mensagem de que "aquilo a que resistimos persiste" ficou cada vez mais clara. Quando chegamos à oitava semana, cujo tema era o perdão, George finalmente disse: "Estou pronto para perdoar porque cansei de ser prisioneiro da minha raiva."

Assim como o perdão a nós mesmos, o processo de perdoar aos outros começa com o reconhecimento de que estamos nos agarrando a uma coisa e que, independentemente da contribuição da outra pessoa para aquela situação, somos os únicos responsáveis pelo que fizermos com a nossa mágoa. Se a nossa paz de espírito depende do que as outras pessoas fazem ou deixam de fazer, nunca teremos paz alguma, principalmente quando, como acontece muitas vezes, a pessoa pela qual sentimos rancor já morreu. Assumir a responsabilidade pelo perdão tem muita força porque nos tira do papel de vítima indefesa que alimenta a nossa raiva constante.

Os passos para perdoar aos outros acompanham os do perdão a si mesmo:

1. Reconhecer que somos responsáveis por aquilo a que nos agarramos.
2. Confessar o episódio a nós mesmos, a outra pessoa e a Deus.
3. Procurar os nossos pontos bons e os do outro.

4. Considerar se é preciso tomar alguma atitude específica.

5. Pedir a ajuda de Deus.

6. Refletir sobre o que foi aprendido.

Primeiro passo: assumir a responsabilidade por aquilo a que nos agarramos

Enquanto George insistia em culpar Rachel pelo que esta tinha feito, não conseguiu assumir a responsabilidade pelo seu papel no drama. Se é tudo culpa do outro, fincamos pé no orgulho intransigente e não conseguimos passar para o perdão. Considerar-se um grau acima dos outros significa que o outro precisa estar um grau abaixo, e não há como perdoar os outros, a não ser como iguais. Podemos não ligar para o comportamento do outro, porém condená-lo como pessoa é a forma de nos agarrarmos à culpa e bloquear o caminho do perdão. A afirmação de Nathan — "Estou pronto para perdoar porque cansei de ser prisioneiro da minha raiva" — significava assumir a responsabilidade pelo seu papel na situação e nada tinha que ver com o que Rachel fez ou deixou de fazer. Era algo do próprio Nathan.

Segundo passo: confessar o episódio

Faz parte de qualquer cura ser ouvido por uma pessoa neutra que não julgue. No auge da raiva, da indignação e da mágoa, em geral a neutralidade não é o que estamos querendo. Estamos mais propensos a procurar apoio para continuar com a raiva. Naturalmente é muito fácil encontrar pessoas que se identifiquem com a nossa raiva por termos sido vitimados. Este é um grande desserviço. Precisamos de alguém que nos ouça sem concordar nem discordar, o que nos dá condições de ver as coisas como elas são. Alguns têm a sorte de ter amigos sábios, capazes de ser ouvintes neutros. Outros talvez conheçam sacerdotes sábios. Muitas vezes o ouvinte neutro é um psicoterapeuta que vamos consultar quando, como aconteceu com George, a dor fica grande demais para agüentar. Procurar terapia em situações assim, aliás, nunca é sinal de fraqueza. É sinal de força.

Terceiro passo: procurar os pontos bons

Às vezes, ao contar a nossa história para um observador neutro, enxergamos pontos a nosso respeito que antes estavam encobertos. No caso de George, ele viu a rigidez, a raiva e a intransigência que, conforme concluiu depois de um pouco de reflexão, provavelmente tinham contribuído para que Rachel, ao crescer, se distanciasse dele. Às vezes, em casos assim, ocorre uma estranha inversão. Em vez de culpar a outra pessoa, jogamos a culpa em nós mesmos, o que não melhora nada. A forma de sair dos dois tipos de culpa é procurar os pontos bons nas duas partes envolvidas. Com um pouco de ajuda, George conseguiu perceber seus bons aspectos como pai e lembrar do amor que sentia por Rachel. E, ao lembrar dos pontos bons de Rachel, começou a notar o quanto sentia falta dela.

Quarto passo: considerar se é preciso tomar alguma atitude

Às vezes o perdão se limita, em grande parte, à esfera mental e espiritual, mas em outras ocasiões exige atos específicos. No caso de George, ele precisava falar com a filha e fazer as pazes. Mesmo que houvesse a possibilidade de Rachel rejeitar a sua aproximação, por estar magoada, George só poderia ser responsabilizado pelos seus próprios atos. Se ela o repelisse, seria preciso começar a perdoar de novo a partir desse fato.

Sempre que o perdão exige comunicar ao outro os nossos sentimentos, que em geral incluem raiva e mágoa, é imperativo evitar agir motivado pela raiva. Expressar os sentimentos é importante, mas é bom primeiro "contar até dez" e se acalmar um pouco. Se você tiver passado pelos passos de número 1 a 3, provavelmente será capaz de falar com a outra pessoa sem tentar arrasá-la. As coisas ditas com raiva não podem ser retiradas depois, e muitas vezes magoam muito. São muito capazes de provocar uma escalada no ciclo da culpa, em vez de colocar-lhe um ponto final porque, se a nossa raiva ferir o outro, precisaremos reiniciar o processo de perdoar e de ser perdoado. E, não se engane, a raiva pode ser uma arma mortal que destrói a auto-estima e a paz de espírito do outro. As pessoas temem a raiva com muito bons motivos.

Quinto passo: voltar-se para Deus

O perdão é, em última análise, uma dádiva da graça. Não podemos nem perdoar os outros nem a nós mesmos exclusivamente por nossa própria vontade. Apesar de passar por todos os passos acima, pode ser que a mágoa e o ódio continuem vivos. Mas o que mais conta é o nosso desejo, a nossa intenção de esquecer. Se expusermos esse desejo numa prece sincera, atraímos a graça. Peça a ajuda de Deus para perdoar. Peça para ser libertado da raiva e da mágoa. Há uma prática de meditação budista chamada *metta*, ou amor-ternura. Depois de sentir amor-ternura por si mesmo, você visualiza os entes queridos e sente amor-ternura por eles. Depois, você estende a prática a qualquer pessoa que considere sua inimiga. Verifiquei que é útil imaginar essas pessoas rodeadas por uma luz de amor, e manter essa imagem até a minha raiva desaparecer. Cada vez que você faz essa meditação, fica um pouco mais fácil ver e confortar a criança ferida da outra pessoa, que foi a responsável pela falta de discernimento dela.

Sexto passo: o que aprendi?

O antropólogo e escritor Carlos Castañeda conta, numa história, como nossos perseguidores podem transformar-se em nossos professores. Don Juan era um homem de sabedoria, um *brujo* mexicano, o mestre de Castañeda. Quando jovem, o mestre espiritual de Don Juan mandou-o trabalhar para o capataz de um fazenda, um louco perigoso e agressivo. Don Juan acabou fugindo e voltando para o professor, sem acreditar que este pudesse colocá-lo numa situação tão terrível. Mas o professor foi firme e claro: ele sabia o que Don Juan precisava aprender, e tinha-o colocado exatamente no relacionamento certo para aprender! Don Juan foi mandado de volta para o "pequeno tirano", com instruções para permanecer calmo, a despeito do que o capataz fizesse para provocá-lo. Depois de alguns anos, Don Juan de fato aprendeu a habilidade da paciência do guerreiro e a capacidade de manter o equilíbrio diante de qualquer provocação.

Nem todos nós precisamos aprender a lição da paciência, como Don Juan. Para alguns, o pequeno tirano poderia ser um bom professor de positividade que nos forçasse a ter mais disposição para acabar com relacionamentos abusivos. Ou talvez descobríssemos um talento oculto para curar, que transformaria o nosso desgraçado opressor num colega prestativo. Aliás, perdoar não significa que temos de gostar de nossos pequenos tiranos, embora sem dúvida possamos aprender a apreciar os seus pontos bons. Perdoamos quando conseguimos deixar de ter rancor, aprendendo algo e praticando a compaixão. Então, já não precisaremos desse relacionamento, ou de outro semelhante, como nosso professor. Com essa perspectiva, podemos levar adiante o processo de perdão, certos de que Deus — não menos que o mentor de Don Juan — nos proporciona exatamente as oportunidades certas para crescermos.

AUTO-ACEITAÇÃO, ORGULHO E HUMILDADE

Aprender a perdoar a si mesmo e aos outros é um sinal de importantes mudanças que ocorreram na estrutura da nossa personalidade e nos padrões do nosso pensamento. Uma das mais importantes é o desenvolvimento da auto-estima. As pessoas às vezes confundem a auto-estima, tomando-a por orgulho e egoísmo. Da mesma forma, é fácil confundir humildade com o medo de "balançar o barco" da culpa doentia, quando dizemos a nós ou aos outros que eles estão perdoados, mas secretamente continuamos a culpá-los.

Myrin e eu tivemos certa vez um mestre espiritual cristão que nos ajudou a entender a humildade através de uma conversa com um membro ligeiramente retardado da nossa congregação, chamado Mike. Um dia, na classe, Mike se queixou de não ser muito inteligente, certamente não tão inteligente como o resto do grupo. O padre voltou-se para ele com surpreendente vigor e disse: "Sem dúvida você está cheio de si!" Ficamos todos um pouco chocados, pois parecia que o problema de Mike era exatamente o contrário.

Em seguida, olhando para Mike com muito amor, ele explicou que o corpo do universo é como o corpo humano, e que todos nós somos suas diferentes células e órgãos. "Se todos os órgãos quisessem ser olhos, Mike, seria um problema para o corpo. Afinal, os olhos não seriam capazes de ver sem a ajuda do coração. E como você ficaria sem braços e pernas, sem orelhas e nariz? Quem pode dizer que é melhor ser um olho do que um fígado? Portanto, quando você se queixa por não ser inteligente, está rejeitando o seu lugar único, concedido por Deus, no plano das coisas, e isso é completamente egoísta!" Mike nunca mais se queixou de sua pouca inteligência.

O filósofo Martin Buber lembra que "a singularidade é o bem essencial do homem, que cabe a ele desenvolver". Quando entendemos isso, atingimos a humildade. Quando não entendemos, estamos na situação de Mike. Buber certa vez escreveu que "Altivez significa contrastar-se com os outros. O homem altivo não é aquele que se conhece, mas aquele que se compara com os outros". O perdão — encontrar o bem singular em nós e nos outros e esquecer o julgamento e a comparação — é na realidade um componente da humildade. Buber diz, sobre o homem humilde:

> Como ninguém é, para ele, "o outro", ele sabe no seu íntimo que ninguém carece de algum valor oculto; sabe que "não há homem que não tenha a sua hora". Para ele, as cores do mundo não se fundem umas nas outras, mas cada alma permanece

diante dele na majestade da sua existência particular. Em cada homem há um tesouro inestimável que não existe em ninguém mais. Portanto, deve-se respeitar cada homem pelo valor oculto que só ele, e nenhum de seus camaradas, tem.

— *The Legend of the Baal-Shem* (p. 45)

O PERDÃO COMO ATITUDE DE NÃO-JULGAMENTO

Buber fala de humildade de forma muito semelhante à que Campbell fala sobre o Graal — um estado de consciência em que o julgamento é suspenso e a vida mais uma vez é vista como Unidade, em vez de ser definida pelos pares de opostos. Nesse estado de consciência, onde a ligação com a Fonte maior do ser é lembrada, a pessoa sabe que nenhum homem é "o outro". Como, então, é possível evitar a compaixão, o sofrimento junto com o outro? No nível espiritual, o um *é* o outro. Jesus falou disso no Novo Testamento, quando afirmou que tudo o que fizermos pelo menor de nossos irmãos estaremos fazendo por Ele. Ele estava falando da Unidade que existe além do mundo fenomenal do espaço e do tempo, onde as coisas parecem estar separadas, definidas por pares de opostos.

As pessoas que tiveram experiências de quase-morte, deixando temporariamente o mundo fenomenal do tempo e dos opostos, ficam assombradas com o estado de Unidade, que muitas vezes descrevem como uma sensação de ligação com todas as coisas. Em *The Light Beyond*, Raymond Moody, M.D., cita o relato de um empresário dinâmico e pragmático sobre o efeito dessa experiência depois de uma parada cardíaca:

> A primeira coisa que vi ao despertar no hospital foi uma flor, e chorei. Acreditem ou não, eu nunca tinha visto uma flor de fato até voltar da morte. Uma grande coisa que aprendi quando morri foi que somos todos parte de um universo grande, vivo. Se achamos que podemos ferir outra pessoa ou outro ser vivente sem nos ferirmos também, estamos lamentavelmente enganados. Agora eu olho para uma floresta, ou para uma flor, ou para um pássaro, e digo: "Isto sou eu; isto é parte de mim." Estamos ligados a todas as coisas e, se enviarmos amor por meio dessas ligações, ficaremos felizes (p. 34).

A felicidade que estamos buscando, a capacidade de enviar amor por meio dessas ligações, é a compaixão. Outra forma de conceber a compaixão é a suspensão do julgamento. Quando nos comparamos com outra pessoa e determinamos se estamos um grau acima ou um grau abaixo dela, estamos julgando a ambas. Se nos sentimos contentes com a nossa superioridade desta vez, podemos nos sentir infelizes com a inferioridade em outro instante. O julgamento não pode conduzir à felicidade duradoura. Jesus referiu-se a isso ao dizer, no capítulo 7 do Evangelho de Mateus: "Não julgueis para não serdes julgados. Pois sereis julgados pelo julgamento que fizerdes, e com a medida que medirdes sereis medidos." Ele nos disse para tirar os grãos de areia de nossos olhos, e não julgar os grãos de areia nos olhos dos outros. Seguindo esse conselho, tornamo-nos compassivos e, conseqüentemente, ficamos felizes. Transcendemos o que a filosofia oriental chama de apego ao elogio e à culpa.

A suspensão do julgamento a que já aludimos não implica, de forma alguma, a suspensão do discernimento. São duas funções completamente diferentes. Por exemplo, quando perdoamos um assassino, pela compaixão e compreensão de que o ato dele tem raízes na dor, não o libertamos da cadeia enquanto ele não estiver reabilitado. Quando perdoamos o ex-cônjuge que nos maltratou, não precisamos casar com ele de novo. Quando perdoamos o amigo que nos magoou, não precisamos revelar o que ele fez, e sim falar sobre isso.

Em *The Power of Myth*, Joseph Campbell conta como, de acordo com a fascinante história de Wolfram, o Graal foi trazido à Terra. Enquanto Deus e os anjos bons lutavam contra Satã e os anjos maus, os anjos neutros colocaram o Graal exatamente no meio da briga, entre os pares de opostos que dão origem ao julgamento e ao antagonismo. Quer falemos do caminho do meio de Buda e seu ideal do amor-ternura perfeito, ou do ideal cristão do *ágape*, o amor que podemos oferecer até ao inimigo, estamos falando de perdão. Compaixão é ação.

São Francisco de Assis, cuja lendária bondade fazia com que os animais selvagens ficassem a seus pés, deixou uma magnífica declaração de compaixão em sua tão apreciada prece:

> *Senhor, faz de mim um instrumento de Tua paz.*
> *Onde existe ódio, que eu semeie o amor.*
> *Onde existe ofensa, que eu semeie o perdão.*
> *Onde existe dúvida, que eu espalhe a fé.*
> *Onde existe desespero, que eu leve esperança.*
> *Onde existe escuridão, que eu leve luz.*
> *Onde existe tristeza, que eu leve alegria.*
> *Faz com que eu possa procurar consolar e não ser consolado,*
> *compreender e não ser compreendido,*

amar e não ser amado.
Pois é dando que se recebe,
E é perdoando que se é perdoado.

SUGESTÕES PARA O LEITOR

1. Você está se agarrando a algo que ainda não se perdoou por ter feito?

2. Você ainda é prisioneiro de alguém que não perdoou? Talvez exista alguém que, até este exato momento, você não tenha sequer imaginado que é capaz de perdoar. Você acha que poderia começar? Se não puder, você continua na posição de vítima, uma posição em que não pode ocorrer a cura da culpa doentia. Não vale a pena ser vítima.

3. Na parte de recursos, no final deste livro, você vai encontrar uma meditação orientada sobre o perdão, que poderá experimentar.

CAPÍTULO NOVE

Relacionamentos

Ainda tenho viva na memória a lembrança de quando conheci Myrin numa convenção sobre anatomia (sim, foi assim mesmo que aconteceu). A química foi imediata — literalmente amor à primeira vista. Conversamos até as duas da manhã na noite em que nos conhecemos, e no fim saímos do hotel para passear de mãos dadas na magia de uma noite do começo da primavera. Perdidos no tempo, singularmente próximos da majestade das estrelas, paramos perto de uma fonte que parecia tão romântica como qualquer outra de Roma. Sentados em silêncio ao pé da parede de granito liso, fitamo-nos nos olhos interminavelmente. Embora cansados e sujos, nenhum de nós se preocupou com a aparência ou em saber se o efeito da pasta de dente já tinha acabado. Estávamos perdidos na soberana doçura da cegueira do amor, em que podemos ver o ser amado perfeito, exatamente como ele é. É como se um estado de graça repentinamente descesse sobre nós, e conseguíssemos ver Deus no outro.

Os psicólogos comparam essa súbita alteração do estado de consciência à psicose. Os critérios de realidade somem num piscar de olhos. Os obstáculos parecem evaporar e tudo se torna possível. Ficamos irremediável e irracionalmente otimistas, sentindo-nos unidos um ao outro e com uma sensação maior de integridade. Os amantes habitam um mundo todo seu, bastante desligado da realidade de todo dia. Quando entrei na adolescência, meu pai me preveniu muitas vezes contra esse estado instável e maluco. "Não tome decisões apressadas se você se apaixonar", dizia ele. "É como tentar tomar uma decisão sobre a compra de ações depois de tomar uma garrafa de champanhe. Você acaba se arrependendo."

Quando me apaixonei por Myrin, todas essas advertências sensatas deixaram de ser ouvidas, mas felizmente tudo acabou bem! A experiência tinha um apelo irresistível. No momento da paixão, é como se a razão da vida tivesse

216

se revelado de súbito, e as duas metades se tornassem um todo. Essa noite na fonte foi uma experiência fora do tempo, como normalmente as experimentamos, um reencontro há muito esperado por eras incognoscíveis de eternidade. Espiritualmente, apaixonar-se foi comparado ao reencontro com a energia vital, a conclusão da jornada do herói, a união mística entre noivo e noiva.

A PROMESSA DO AMOR —
UM *TRAILER* DAS PRÓXIMAS ATRAÇÕES

Gosto de pensar nesse estado de paixão, maravilhoso mas necessariamente passageiro, como um *trailer* das próximas atrações, como a promessa do amor de algo, vindouro. Como num clarão de graça, avistamos o que poderá acontecer no futuro do relacionamento, quando os parceiros trilham juntos o longo caminho da autodescoberta. Mas quando encaramos o inevitável fim do *trailer* como o ato de "desapaixonar-se", jamais passaremos pela experiência de assistir ao filme inteiro do relacionamento, com suas alegrias e tristezas, suas lealdades e traições, suas angústias e alegrias, que fazem da relação um caminho espiritual.

Judith Viorst escreve que "Empolgação é o que ocorre quando você acha que ele é bonito como Robert Redford, sincero como Solzhenitsyn, engraçado como Woody Allen, atlético como Jimmy Connors e inteligente como Albert Einstein. Amor é quando você percebe que ele é bonito como Woody Allen, inteligente como Jimmy Connors, engraçado como Solzhenitsyn, atlético como Albert Einstein, e diferente de Robert Redford em todos os aspectos — mas está disposta a ir com ele a qualquer lugar". A descrição é humorística, mas capta o cerne do relacionamento. Deixar que o outro seja quem é, e amá-lo como é. E, naturalmente, como podemos agir assim com alguém, se não fizermos o mesmo conosco? As relações são um processo permanente de amor e perdão. Muitos místicos, na realidade, dissuadiram seus discípulos de levar vidas monásticas, dizendo-lhes que o casamento e a vida doméstica eram um caminho mais difícil, mas que levava mais depressa ao autoconhecimento do que o celibato monástico!

Myrin e eu tivemos a felicidade de entender que a promessa inicial do amor dependia de nós mesmos, mas que não evitaria muitos anos de brigas, dor e confusão — ela apenas nos dava a coragem para ir adiante! O casamento, palavra que vou usar genericamente para englobar todas as relações ou uniões fixas, é uma tarefa difícil e trabalhosa. Se você pensa diferente, é bobagem entrar numa relação. O ser amado é como um espelho, porque ao ver como ele reage ao que manifestamos, vemos como somos — a nossa luz e também a nossa sombra. O ideal da relação é amar e apoiar um ao outro para concluir o processo de crescimento, enfrentar os dragões e celebrar a singularidade que só nós trazemos a este mundo.

Pierre Teilhard de Chardin foi um paleontólogo, poeta, filósofo e padre cujos escritos versam sobre a espiritualidade da criação e a Via Positiva, ou caminho da alegria. Ele tinha muito a dizer sobre a relação com o Eu, com o outro e com a Fonte Divina do amor, que considerava uma fonte de bênçãos. Para Teilhard de Chardin, o amor era uma reserva sagrada de energia que ele considerava como o "sangue da evolução espiritual". Sua afirmativa de que só conseguimos alcançar o outro consumando uma união com o Universo aponta para o mistério da relação humana como um cadinho da alquimia Divina.

A promessa do amor é que, se estivermos dispostos a ver o relacionamento como um mestre, em vez de descartá-lo ou diminuí-lo quando ele nos desilude, ele nos tornará mais conscientes de nós mesmos, mais capazes de perdoar e de fazer opções que gerem felicidade e paz de espírito. Quanto mais decidirmos esquecer os julgamentos, mais podemos nos relacionar com o nosso Eu e o dos outros, em vez de nos relacionarmos com o ego e seus medos. A palavra sânscrita *Namasté* é a realização da promessa do amor. É uma saudação que significa *Respeito o Universo que habita em você na forma de paz, amor e sabedoria.* Quando nos relacionamos com a singularidade de cada um, conscientemente, participamos da Divina alquimia onde dois se tornam Um. Esta é a Via Positiva, o sangue da evolução espiritual.

SOU QUEM SOU. VOCÊ É QUEM É

Lembro-me de uma conversa certo sábado de madrugada na faculdade, quando eu e um grupo, sonolentos, íamos para os dormitórios um pouco antes do toque de recolher das duas da manhã. Minha amiga Jeannie tinha acabado de voltar de um encontro com Bill, seu namorado há alguns meses. Ele tinha os ingredientes básicos que ela queria. Era inteligente, sensível, amável e de muito boa aparência. Um pouco fraco, entretanto, e não tão dinâmico quanto Jeannie gostaria. Também se vestia fora dos padrões. Decididamente, em 1965, não estava na moda vestir calça de lã cinza nas aulas. O uniforme da época eram as calças *jeans*. Jeannie, como sempre, estava fantasiando sobre a "grande reforma" que tornaria Bill perfeito. Ela contava, apaixonadamente, como ele ficava *sexy* com os *jeans* que, por insistência dela, tinha comprado e estava usando no barzinho aonde tinham ido aquela noite ouvir *jazz*. Como seria de esperar, Bill cansou-se da campanha de Jeannie para transformá-lo à sua imagem e começou a namorar outra moça.

Perdoar não é apenas estar disposto a explicar aos outros as mágoas que, conscientemente ou não, lhes causamos. Também é aprender a deixar que o outro seja ele mesmo — como Rilke diz com tanta beleza, "conseguir amar a distância que nos separa e nos permite ver o outro inteiro contra o céu". Para isso é preciso superar a idéia narcisista segundo a qual o nosso modo de ver as coisas é o modo "certo". Como cada um de nós é produto de experiências específicas de vida, cada um vê o mundo de forma um pouco diferente, e o relacionamento é uma oportunidade de apreciar essas diferenças e aprender um com o outro. Embora no casamento "dois sejam transformados em um", não podemos atingir a unidade enquanto as duas partes não tiverem crescido, concluído a tarefa da infância de separação dos pais e declarado sua independência para serem eles mesmos. O ideal é não se perder no outro, e sim encontrar-se ajudando o outro a concluir o trabalho de separação que é iniciado, mas em geral não terminado, na infância.

Quando Myrin e eu nos casamos, de acordo com o ritual, trocamos rosas vermelhas com o voto: "Eu o deixo em liberdade para seguir o Deus interior." Em seguida bebemos da mesma taça de água da vida. A cerimônia foi profundamente tocante e, embora não tivéssemos a menor idéia de como deixaríamos o outro em liberdade, isto reforçou nosso compromisso espiritual. Foi um marco ao qual podíamos voltar durante os anos de crescimento em conjunto, e uma promessa do que estava por vir.

A princípio, imaginávamos que as águas turbulentas da vida de casados tinham que ver com a adaptação às peculiaridades do outro. Isto significava fazer muitas concessões. Mas, no fim, fazer concessões acabou significando que os conflitos baixavam para níveis toleráveis, onde nenhum dos dois ficava infeliz, mas nenhum ficava tampouco feliz. Entretanto, o significado original de "concessão", ou compromisso, é muito distante de um ajuste por acomodação. Compromisso vem do latim *com*, significando com ou junto. A palavra "promessa", por sua vez, deriva da raiz latina *pro* (a favor de) e *mis* (dar). Compromisso é um dar ao outro alguma coisa para benefício de ambos. É uma forma de construir pontes entre visões diferentes do mundo, para permitir a comunicação e o enriquecimento, e ao mesmo tempo preservar a integridade das duas partes. Antes de aprendermos a construir pontes, no entanto, precisamos entender onde há distâncias e como somos diferentes.

DE QUEM É A CULPA?

Ao aprender a perceber as diferenças e dar liberdade ao outro para ser quem ele é, vamos recapitular toda a dor da infância, que bloqueia a nossa capacidade de dar e de receber amor. Quanto menos os parceiros estiverem conscientes da criança medrosa que, em maior ou menor grau, ainda vive dentro de todos nós, tanto mais eles vão repelir a dor da infância do amor condicional e cair no jogo da culpa; descobrir "quem é o culpado" por isso ou por aquilo passa a ser o mais freqüente passatempo a dois. A raiva e a defensividade resultantes consomem muita energia, que poderia ser usada com mais proveito para outras finalidades. Quanto mais os parceiros começam a ver a criança amedrontada do outro — e fazem uma mudança fundamental, passando a dar respaldo ao crescimento dela, em vez de culpar o parceiro por ainda não ser totalmente adulto — o amor flui com mais liberdade, os dois conseguem ser mais criativos na vida diária e a situação familiar fica mais alegre e viva.

Uma parte importante da ajuda mútua para crescer e separar-se dos pais que todos ainda trazem dentro de si é aprender a separar-se um do outro. Isso se aprende baixando as armas com freqüência suficiente para começar a pôr às claras o quanto velhas cargas continuam a pesar sobre um novo relacionamento. Trabalhando esse conflitos repetitivos, começamos a ver mais claramente a nossa sombra. Uma antiga história zen, que adoro contar e recontar, expõe muito bem esse ponto. Ela fala de um interessante "casal", dois monges que caminhavam em silêncio à beira de um rio ao pôr-do-sol, no começo da primavera.

Por causa da neve derretida, o rio tinha transbordado e coberto a pequena pinguela, único ponto de travessia em muitos quilômetros. Uma jovem mulher, muito aflita, encontrava-se desesperada à beira do rio que corria célere, implorando com o olhar a ajuda dos monges. Tomando-a impetuosamente nos braços, o monge mais velho levou-a em segurança sobre as águas revoltas, até a outra margem. Os dois monges caminharam em silêncio até o pôr-do-sol, quando, de acordo com as regras de sua ordem, podiam conversar. O monge mais moço voltou-se para seu irmão com incontrolável fúria. "Você não podia ter carregado a mulher!", acusou. Seu rosto enrubesceu enquanto brandia os punhos para o outro. "Logo você, que conhece os votos da nossa ordem. É proibido até pensar numa mulher, quanto mais tocar nela! Você está desonrado. Na verdade, você envergonhou toda a ordem!"

O monge mais velho voltou-se complacentemente para o outro. "Irmão", disse ele. A sabedoria do perdão suavizava seus olhos. "Deixei aquela mulher no outro lado do rio esta manhã. Você é que a está carregando o dia todo." É bem possível que a fúria e a incapacidade de esquecer a raiva, por parte do jovem monge, tivessem mais que ver com seus sentimentos não-resolvidos em relação às mulheres do que com o ato do velho monge. Um projetava a sua própria sombra na motivação do irmão. Mas o sábio monge velho era esperto demais para aceitar a projeção da sombra do mais novo — em outras palavras, para tomar emprestada a culpa do outro e responsabilizar-se por algo cuja culpa não lhe cabia.

A HISTÓRIA DE DAVID E SANDY

Separar a culpa de cada um nem sempre é fácil nem claro, principalmente no emaranhado dos relacionamentos antigos. Vamos considerar o caso de David e Sandy, que, não sabendo dividir corretamente a culpa, o medo da infância e a insegurança, quase arruinaram seu casamento. David, apesar de ser um cirurgião bem-sucedido, era inseguro por trás do verniz de todas as suas conquistas. Sua forma de camuflar a insegurança era adotar uma atitude intransigente, do tipo eu-sei-tudo. David era cirurgião cardíaco e freqüentemente censurava Sandy, uma cozinheira cuidadosa e atenta para as questões de saúde, por colocar manteiga demais nos legumes. Afinal, ela deveria saber disso e cuidar mais da saúde da família. Ele fazia outros comentários sobre a carreira de Sandy, que trabalhava meio período como enfermeira, e sobre sua forma de tratar as crianças. Com David por perto, as conversas mais triviais transformavam-se muitas vezes em alentadas preleções condenatórias.

Quase totalmente inconsciente dos medos e inseguranças de sua criança interior amedrontada, David, como o jovem monge, projetava suas emoções na esposa. Na realidade, ele achava que estava fazendo um favor a Sandy quando apontava as lamentáveis tendências dela! Mas, diferentemente do velho monge da história, Sandy era uma grande esponja e absorvia a sombra de David sem questionar, carregando a culpa que não era dela, repetindo seu comportamento da infância. Incapaz de defender-se contra a arrogância de David, Sandy se acomodava exteriormente aos desejos dele, mas por dentro se sentia cada vez mais zangada, não-amada e não-valorizada pelo que era. Então, quando os sentimentos dela vinham à tona na forma de raiva ou de ansiedade, David condenava seu "excesso de emocionalismo", mais uma vez cortando a possibilidade de um diálogo.

Apesar da distância que se instalou entre os dois, David mantinha as aparências de um bom casamento, estimulado pelo fato de acreditar em suas próprias racionalizações. Ele projetava a imagem do "casal perfeito" e dos "pais perfeitos" e acreditava nela, usando sua vida ocupada como anteparo contra os sinais de que algo estava errado. Mas Sandy, sentindo-se solitária e não-amada, ficava cada vez mais desesperada. Depois de dez anos de isolamento, Sandy conheceu, num curso de educação permanente, um homem atraente que parecia valorizá-la e importar-se com ela. Ele respeitava as opiniões dela e dava atenção a seus sentimentos. Depois de vários meses de amizade, os dois tiveram um breve romance. Mas Sandy logo ficou cheia de remorsos. Começou a ter ataques de ansiedade e a acordar à noite encharcada de suor. Começou a ter dores de cabeça e a asma de sua infância voltou.

Incapaz de continuar escondendo sua culpa, Sandy confessou o romance. David ficou em frangalhos e sua bem-mascarada insegurança irrompeu como necessidade raivosa de puni-la e reconquistar o controle. Ferido e furioso, ele fez veementes e arrasadores discursos contra a integridade dela, disse que o comportamento dela era imperdoável e questionou sua capacidade de criar os filhos. Felizmente, a intensa dor dos dois levou-os à terapia, onde separaram a culpa e a responsabilidade "dele", a "dela" e a "conjunta". Na terapia, Sandy comparou seu casamento a uma lustrosa maçã vermelha: perfeita por fora mas podre por dentro.

A cura finalmente começou quando eles pararam de se culpar reciprocamente pelo romance de Sandy e assumiram a responsabilidade conjunta pelos fatos que o provocaram. Antes de delinearmos as etapas de perdão que serviram para David e Sandy salvarem seu relacionamento, crescerem e aprenderem a ser eles mesmos, precisamos examinar mais de perto as diferenças de visão básica do mundo entre homens e mulheres. A menos que essas diferenças sejam levadas em conta, é fácil recair na atitude de culpar o outro pelas diferenças, em vez de usar a complementaridade como fonte de força.

OS ASPECTOS MASCULINOS E FEMININOS

Embora homens e mulheres sejam diferentes do ponto de vista anatômico, as diferenças psicológicas são menos nítidas. De acordo com Carl Jung, o homem não é inteiramente homem e a mulher não é inteiramente mulher. Cada um deles tem aspectos masculinos e femininos. O *aspecto feminino* é representado por Eros, o atributo sensível de empatia, de relação e ligação, que é receptivo, vulnerável, intuitivo, expansivo e retentivo. O *aspecto masculino* é representado por Logos, a qualidade mental racional, discriminadora, pensante, que é dominadora, protetora e agressiva.

É fácil ver o lado feminino em Sandy, que tinha muita habilidade no trato com as pessoas, um apurado sexto sentido e uma enorme generosidade. Sandy, na realidade, era exageradamente generosa, como muitas de suas colegas enfermeiras. Incapaz de separar suas necessidades das dos outros, ela muitas vezes se doava até ficar exausta, completamente incapaz de dizer não e conquistar um espaço para si.

David, por outro lado, tinha um forte aspecto masculino, não devidamente contrabalançado pelo lado feminino. Era extremamente lógico e racional, atributos que o ajudavam profissionalmente, mas suas habilidades no trato com as pessoas eram, no mínimo, rudimentares. Ele muitas vezes diminuía Sandy e os filhos por serem emotivos, achando que deviam ser tão lógicos quanto ele. A atitude arrogante do tipo "eu-sei-tudo" de David também dificultava a aproximação das pessoas, porque fazia dele um mau ouvinte. David não esperava os pacientes dizerem o que sentiam — ao contrário, dizia a eles o que *deveriam* sentir! Assim, enquanto Sandy se envolvia demais com os sentimentos dos outros, David mal estabelecia contato. Eram dois extremos.

Os extremos — puro Eros ou puro Logos — reagem de forma muito diferente à insegurança sobre a qual se assenta a culpa. O aspecto feminino é naturalmente submisso e contemplativo, despreocupado com seu lugar na hierarquia social. Quando desafiado, Eros recua e se submete ao agressor. Biologicamente, essa é uma boa estratégia de sobrevivência, porque os atacantes em geral dão as costas aos alvos parados. É difícil para uma pessoa como Sandy, com um lado masculino fracamente desenvolvido, ser agressiva quando desafiada, e assim ela naturalmente cedia quando confrontada por David.

O aspecto masculino, por outro lado, é naturalmente agressivo e ativo. Ele sabe instintivamente que o medo e a insegurança são como cheiro de sangue para o bando — estimulam o ataque. Conseqüentemente, o aspecto masculino lida com a insegurança construindo fortes defesas contra qualquer demonstração de vulnerabilidade. A insegurança não aparece como desamparo, como no caso de Sandy, mas como atitude arrogante e dogmática, como a de David.

Não escolhi a história de David e Sandy por eles serem típicos, e sim porque são extremos da forma como machos e fêmeas lidam com a insegurança. Cada um de nós tem uma diferente mescla de aspectos masculinos e femininos que, junto com a nossa história pessoal e as pressões da sociedade em que nos desenvolvemos, afetam a nossa forma de lutar. Os homens cujo lado feminino é particularmente bem-desenvolvido são mais propensos a agir como a vulnerável Sandy, e não como o arrogante David. Inversamente, mulheres inseguras, cujo aspecto masculino é particularmente bem-desenvolvido, são mais propensas a serem arrogantes e intransigentes como David, e não culposamente retraídas como Sandy.

Pare por um instante *e pense em você. O que é dominante em você: o lado masculino ou o feminino? Pense no seu relacionamento mais íntimo, seja uma amizade ou um casamento. Qual o lado dominante da outra pessoa?*

Se não tiver certeza, pense como cada um de vocês lida com a raiva. As pessoas que ficam imobilizadas diante da raiva do outro, e que se sentem impotentes e ameaçadas diante do ataque, provavelmente têm o lado feminino dominante. As que se sentem energizadas pela raiva, ou que pelo menos não ficam apavoradas diante dela, com mais freqüência têm o lado masculino dominante. Como acontece com a maioria das dicotomias, o preto-e-branco é uma ilusão. Lembre que cada um de nós tem os dois lados. Aqui estamos falando em graus, não na presença ou ausência de traços masculinos e femininos.

CRESCER JUNTOS

Apesar de Sandy e David serem tipos extremos de personalidade, e apesar de seu casamento ter ficado difícil e estagnado, o vínculo entre eles era suficientemente forte para mantê-los juntos. Como muitos casais em dificuldade, estavam terrivelmente zangados um com o outro, mas continuavam se amando. Ainda se lembravam da vitalidade da promessa original do amor, quando, durante algum tempo, viram e se relacionaram com o Eu do outro, em vez de manifestar as inseguranças da infância. A chama do amor, embora oculta por trás de dez anos de mágoa, não tinha sido extinta. Ela lhes deu força para empreender o árduo trabalho de ajudar o outro a crescer. Este é o processo pelo qual eles passaram:

Primeiro passo: admitir o problema

Ninguém pode sanar um problema se não admitir a sua existência. Durante anos, Sandy e David viveram um mito. Fingiram que o relacionamento era ótimo. Ela ofereceu a outra face para as censuras e críticas de David, mantendo as aparências, como uma boa mártir. Ele retratava o casamento como o auge da perfeição e fugia dos sentimentos enfiando-se no trabalho, um vício que Sandy incentivava ativamente, porque também a protegia um pouco da sua própria dor. Os dois continuaram assim por mais de dez anos, até que a raiva de Sandy finalmente veio à tona, no romance que pôs um fim à negação dos dois e obrigou-os a admitir a existência de um problema. Quando a raiva de David em relação a Sandy foi igualada pela raiva dela por anos de "tratamento condescendente, sendo ignorada e desvalorizada", eles entenderam bem depressa que o romance não passava da ponta de um *iceberg*.

Segundo passo: examinar as culpas

A primeira e mais dolorosa fase da terapia de David e Sandy foi um reexame de todas as culpas acumuladas durante o casamento. A fúria de David com a traição dela trouxe à tona dúzias de questões passadas e amolações do dia-a-dia — como ela deixava a roupa suja empilhada onde o incomodava, ou se recusava a parar de colocar manteiga nas verduras — em resumo, todas as "pequenas" formas indiretas que Sandy encontrava para tentar afirmar-se, em vez de confrontar David abertamente. Por sua vez, os sentimentos de Sandy, de "não ser vista, conhecida, nem amada", explodiram com uma violência e raiva que surpreenderam a ambos.

Ela guardava rancor desde o primeiro ano do casamento, resumida nessa queixa principal: "David nunca me deixa ser eu mesma." David, mais tarde, comparou o reexame de velhas mágoas, que se estendeu por semanas, ao ato de lancetar um abscesso. É muito desagradável, mas o veneno é drenado. Afinal, como podemos esquecer alguma coisa se não falarmos a respeito? Como podemos começar a perdoar enquanto nossas queixas não forem ouvidas e reconhecidas? Para Sandy, o simples pedido de desculpas de David — "Desculpe. Nunca percebi o que você sentia" — tirou um grande peso do seu coração. Ela, então, foi capaz de desculpar-se sinceramente pelo romance, sabendo que ele entendia o que a tinha levado para esse caminho.

Terceiro passo: encontrar e confortar a criança ferida do outro

Para assumir a responsabilidade pelo próprio comportamento é preciso fazer perguntas. Por que Sandy teve um romance? A voz da culpa diz coisas assim: porque ela é uma traidora, uma pessoa má, imatura, burra, malcomportada ou maldosa. Esses são juízos de valor, não são razões. Você consegue ver a diferença? Os juízos de valor cortam o diálogo, impedem que se vejam

225

os problemas e se aprenda com eles, e atrapalham o perdão. Perguntar "por que" vai além da culpa e chega até a mágoa da pessoa, pois que ação danosa não nasce, de alguma forma, da nossa própria dor?

Sandy teve um romance porque sentia que não lhe davam importância. Ao entender por que tinha permitido que esse sentimento perdurasse, sem se afirmar, Sandy precisou recuar e descobrir a criança interior amedrontada. Trabalhando com a criança interior, Sandy examinou seu passado. Ela perdeu a mãe com apenas doze anos de idade e cresceu como uma criança demasiadamente responsável, sempre protegendo o pai da dor e da solidão, e o preço a pagar foi a negação de seus próprios sentimentos. Não é surpresa que, inconscientemente, repetisse o mesmo padrão com David! Restava, então uma grande pergunta — por que David tantas vezes tinha uma conduta tão julgadora? Repassando sua infância, David ficou chocado ao perceber como sentiu raiva do pai, que idealizava e tanto tentou agradar durante toda a vida.

Vagarosamente, com a terapia e o exame mais minucioso dos conflitos, Sandy e David fizeram novos aprendizados acerca do parceiro e de si próprios. Atingiram um importante ponto de virada quando conseguiram perceber que as brigas e os desentendimentos eram continuações da dor da infância. Esse foi o ponto dos 51%, quando a graça de repente desequilibra a balança, e a culpa cede lugar à compaixão. Eles queriam, de fato, ajudar e confortar um ao outro, e não culpar e repetir as feridas originais. São assim os relacionamentos de amor. Quando podemos ajudar a trazer à tona o melhor do outro, em vez de apontar o pior, o amor passa a ser uma força vital que transforma os dois e leva à certeza da cura da criança ferida.

Quarto passo: construir pontes

Além do condicionamento de infância, David e Sandy também precisavam construir pontes entre os extremos dos aspectos masculino e feminino que representavam. Quando Sandy sentia ansiedade, depressão ou qualquer emoção forte e pedia o apoio de David, o antigo comportamento dele era retrair-se ou criticar. Sandy, então, recolhia-se a um mau humor raivoso e soturno. Quando se tratava do mundo de sentimentos, de relacionamento e empatia — o aspecto feminino — David parecia um peixe fora da água. As emoções eram, para ele, um território estrangeiro, já que nele o aspecto masculino, racional e lógico, era dominante. Ele não estava querendo ser mau nem indiferente; ele não sabia, realmente, como poderia ajudar. Assim, quando tentava fazer Sandy sentir-se melhor do único jeito que conhecia — raciocinando ou explicando por que ela não precisava sentir-se daquela forma — ambos saíam frustrados.

Sandy, cujo aspecto feminino era bem-desenvolvido, esperava que David tivesse tanta empatia quanto ela. Quando o marido não captava os sinais, realmente invisíveis para ele, Sandy concluía que ele não ligava. Nunca ocorreu a nenhum dos dois que eles percebiam o mundo de duas formas muito diferentes. Era como se um enxergasse em azul e o outro em vermelho. Como antes não percebiam claramente essas diferenças e não entendiam qual era o problema, Sandy e David não conseguiam conversar sobre sentimentos. A compreensão do problema deu ao relacionamento uma perspectiva totalmente nova, sem culpa, que criou um interessante desafio — construir pontes de comunicação, em vez de guardar rancor.

Sandy aprendeu a dizer coisas como esta: "Quando você se afasta de mim e fica quieto, eu fico ainda mais ansiosa." David foi capaz de reconhecer os sentimentos dela, embora não conseguisse entendê-los, e dar respostas do tipo: "Desculpe. Sei que é difícil para você quando eu faço isso, mas a sua ansiedade me deixa pouco à vontade. Não sei o que dizer nem como posso ajudar."

Quando Sandy disse que ele não precisava resolver a sua ansiedade, bastando abraçá-la por alguns minutos, David ficou espantado e aliviado. Como o seu lado masculino via o mundo como uma série de equações, todas elas solucionáveis, ele tendia a sentir-se impotente quando não conseguia pensar numa solução.

Sandy ensinou a David que os sentimentos não precisam de soluções — só precisam ser reconhecidos. David, por sua vez, compartilhou seu aspecto masculino com Sandy e ensinou-a a impor limites: quem deveria ou não entrar no espaço emocional dela e compartilhar a sua energia. Certa tarde, o telefone tocou enquanto Sandy estava cozinhando. Era uma colega pedindo ajuda sobre uma questão de enfermagem, que Sandy levou 15 minutos para explicar. Ela desligou o telefone zangada com a interrupção, como sempre incapaz de estabelecer limites entre ela e o resto do mundo. David deu-lhe instruções muito claras: "Descubra o que a pessoa quer, pare e pense. A escolha é sua. Só porque alguém liga não significa que você tem de largar tudo. Você quer conversar com ela? Se quiser, quando você quer conversar? Diga à pessoa se e quando ela pode telefonar de volta."

Por mais simples que pareça, Sandy precisou de muito treinamento e prática para aprender as habilidades masculinas que não eram de seu feitio. Mas, depois de vários meses, passaram a ser a sua segunda natureza. Da mesma forma, as tentativas de David de lidar com os sentimentos a princípio foram vacilantes, mas com o tempo tornaram-se cada vez mais naturais. Sandy e David aprenderam a enriquecer-se mutuamente através de suas diferenças, aprenderam a perceber a distância entre os dois, tão necessárias para que funcionassem como um todo, e a ajudar um ao outro a crescer e expressar o potencial único que cada um de nós tem a oferecer.

DAR E RECEBER

Há uma bela canção que diz:

De ti recebo
A ti eu dou
Compartilhando
Vivemos os dois.

Dar e receber são os dois atos que alicerçam os relacionamentos de amor. Fazemos as duas coisas muitas vezes a cada dia. Quando a troca é tranqüila, sentimo-nos apoiados, amáveis e amados. Quando não é, sentimos raiva, frustração e culpa. Você já tentou dar alguma coisa a alguém que recusa a sua oferta? Ou já teve medo de pedir, porque o seu pedido poderia ser rejeitado? Dar e receber são os dois pólos entre os quais flui a corrente do amor, e aprender a ser honesto em relação ao que se quer receber, ao que se pode ou não dar é uma questão crítica para o relacionamento.

Guardo uma pungente lembrança da minha infância, por volta de 1950, quando as menininhas ficavam horas treinando girar bastões. Um dia, deixei cair meu bastão, que ficou deformado e torto. Levei-o para meu irmão Alan, dez anos mais velho que eu. Ele segurou as duas extremidades do tubo de metal oco e tentou desentortá-lo, fazendo pressão contra o joelho. Meus olhos brilhavam e eu estava ávida pelo resultado. Então, de repente, a pressão sobre o fino metal foi demasiada e o bastão partiu-se em dois.

Alan sentiu-se péssimo. Abraçou-me e pediu desculpas por quebrar o bastão, prometendo comprar-me outro imediatamente. Senti enorme empatia, pensando como ele estava se sentindo mal. Senti-me muito mal por que ele iria gastar dinheiro com o meu bastão e privar-se de outra coisa, e comecei a chorar. Sem entender que eu chorava lágrimas de empatia, Alan disse que eu era uma pirralha mimada pois, afinal, ele ia comprar um bastão novo. E se retirou, ofendido. Apesar do enorme amor que sentíamos um pelo outro, a má comunicação conseguiu atrapalhar um ato muito simples de dar e receber. Se até o amor puro e descomplicado entre irmão e irmã pode sair dos trilhos, imagine como fica muito mais difícil o ato de dar e receber em relacionamentos mais complicados.

Os problemas básicos de dar e receber são: não receber o que você quer e receber o que você não quer!

Não receber o que você quer

Muitas mulheres, que a nossa sociedade ensinou a serem "doadoras", têm sérios problemas para conseguir o que querem. Esses problemas derivam de um erro muito fundamental: *Elas acham que não precisam pedir.* Afinal, todo mundo não deveria ser empático e intuitivo, se é assim que nós somos? Todo mundo não deveria conseguir ler a nossa mente e satisfazer o desejo de nosso coração sem precisarmos pedir? Não é isso o que fazemos pelos outros?

Uma mulher chamada Cindy entrou num grupo mente-corpo um dia depois de seu aniversário. *Zangada.* Porque o marido não lhe tinha enviado flores. Ele deveria "saber" o quanto ela gostava de flores, embora em três anos de casamento nunca tivesse lhe enviado nem uma sequer: "Que tal pedir?" ponderei. "Pedir!" Cindy estava ultrajada. "Isso acaba com o romantismo." Outra mulher do grupo logo mostrou que a raiva acaba mais depressa ainda com o romance. Essa exigência de leitura da mente é uma causa tão freqüente de problemas nos relacionamentos — tão bem simbolizados pelas flores — que eu chamo a essa falha o número do "você deveria ter-me mandado flores".

A raiva de não conseguir o que você quer tem uma cura simples. Peça direta e claramente. Explique direito ao seu parceiro o que você quer. Em seguida, pergunte se ele está disposto a satisfazer o seu pedido e, se não estiver, converse a respeito. Afinal, não temos obrigação de satisfazer todos os pedidos que as pessoas nos fazem. Isso seria ridículo! O importante é dizer claramente o que queremos e conversar sobre a possibilidade ou não de o pedido ser satisfeito.

Receber o que você não quer

Há alguns anos tive aulas de ginástica com algumas mulheres. Às vezes um grupinho ficava batendo papo depois da aula. Sharon apareceu certa vez com uma queixa fora do comum. No seu aniversário na semana anterior, recebeu de presente do marido um *négligé* vermelho. Ficamos todas verdes de inveja. "Qual é o problema?" perguntamos em coro. "Nós também queríamos ganhar *négligés* vermelhos de nossos maridos." Mas Sharon pensava diferente. Ela achava que o presente não era presente em absoluto, e sim um pedido de mais sexo. Perguntamos se o marido dela tinha dito isso. "Bom, não", respondeu ela. "Não conversamos sobre essas coisas." O mesmo problema. Se você recebe o que não quer, é uma oportunidade real de aprender algo que não está sendo dito abertamente. O crescimento no relacionamento baseia-se na comunicação, e os atos diários de dar e receber são o carvão da locomotiva. Eles nos dão uma oportunidade de parar de projetar nossas necessidades insatisfeitas, nossas carências e nossos medos no parceiro, e de aprender a falar abertamente.

O CÍRCULO SE FECHA EM NOSSOS PAIS

O aprendizado que fazemos sobre nós mesmos através dos relacionamentos, quer estes resistam ou não, leva-nos inevitavelmente a fechar o círculo até o nosso primeiro relacionamento — aquele que tínhamos com os nossos pais. A tendência comum de recriar o relacionamento original leva a um estranho paradoxo. Muitas vezes escolhemos parceiros que nos lembram o genitor que era mais problemático para nós. Os filhos adultos de alcoólicos, por exemplo, têm um radar inconsciente que freqüentemente os leva a escolher parceiros alcoólicos, mesmo que o vício ainda não tenha aparecido na fase de namoro. As crianças que sofreram abusos físicos tendem a casar com parceiros desse tipo. Se um ou os dois genitores eram do tipo que critica, escolhemos um parceiro com as mesmas características.

Freud chamou essa recriação inconsciente dos traumas da infância de compulsão de repetição: ficamos repetindo interminavelmente a ferida original. Uma visão mais iluminada é que o Universo nos proporciona um relacionamento sob medida para pôr em destaque as feridas da infância, para que possamos superá-las, transformando a dor no perdão que nos impulsiona a avançar na jornada do herói. Em algum momento, todos nós precisamos fazer as pazes com nossos pais, independentemente da raiva que possamos sentir por eles, ou do quanto eles nos tenham magoado. A menos que sejam loucos e, portanto, não responsáveis pelos seus atos, eles simplesmente nos repassam a sua própria dor. De criança infeliz para criança infeliz. Eles fizeram o melhor que podiam, e querer que eles tivessem feito melhor ainda não ajuda ninguém.

Quando faço um trabalho de perdão com as pessoas, os "pequenos tiranos" mais comumente citados são os pais. Podemos habitar corpos adultos mas, enquanto o simples som da voz materna do outro lado do telefone aciona alguma coisa em nós, não estamos livres, não crescemos nem nos separamos, mesmo levando vida independente há anos. A motivação para esclarecer o que aconteceu com nossos pais toma várias formas. David e Sandy, por exemplo, começaram a criar um novo relacionamento adulto com seus respectivos pais quando, vivendo seus próprios problemas, perceberam com que firmeza ainda estavam presos aos papéis da infância. Para alguns, isso acontece quando os filhos nascem e, para seu grande espanto e horror, constatam que dispensam aos filhos exatamente o mesmo tratamento recebido dos pais. Para outros, é apenas a proximidade da morte e a graça de Deus que leva ao término da infância e ao estabelecimento de uma nova relação com os pais.

Julia tinha 35 anos no verão em que sua súbita perda de peso e dor estomacal foram diagnosticadas como câncer do estômago, que crescia rapidamente e não era tratável, já tendo atingido o fígado. O médico disse-lhe para colocar em ordem seus negócios; seria uma sorte se vivesse até o Natal. Divorciada, com dois meninos e um grande número de amigos muito bons, Julia estava em contato com a mãe, mas as duas não eram próximas. Como filha única, ela e o pai tinham sido inseparáveis durante a fase de crescimento, e essa relação era ameaçadora para a mãe de Julia. As duas foram rivais durante anos, embora nenhuma admitisse o fato, e depois da morte do pai, quando Julia estava no último ano da faculdade, ela e a mãe distanciaram-se emocionalmente. Nenhuma das duas estava interessada em conservar a aparência de proximidade que tinham mantido por causa do pai, apesar de continuarem em contato e se verem uma ou duas vezes por ano.

Embora a notícia do câncer da filha fizesse com que a mãe de Julia viesse do Texas para ajudar depois da cirurgia, a visita foi cortês e prestimosa, mas superficial. A mãe ofereceu-se para ficar, mas Julia, resolutamente, mandou-a para casa, decidida a colocar seus assuntos em ordem com a ajuda do ex-marido, deixar uma coleção de cartas para os filhos abrirem em cada aniversário até os 21 anos, gravar uma série de histórias para eles, e depois partir da Terra assim que possível.

O Natal, época prevista para a morte de Julia, chegou e passou. Para grande surpresa dos médicos, o estado dela continuava delicado, mas inalterado. A cada mês Julia tinha mais dificuldade em seguir adiante. A dor e a percepção de que estava deixando os filhos tinham tido mais tempo para se fixar. Enquanto lamentava a perda do relacionamento com os filhos, pensando em todas as datas importantes que não viveria para ver, ela começou a pensar, e a lamentar, sua relação com a mãe.

Julia queria desesperadamente morrer, só para acabar com tudo. "Estou pronta para ir agora, estou em paz com Deus, deixei as crianças amparadas", ela me disse, com os olhos cheios de lágrimas. "Até a Páscoa, com certeza, já terei falecido." Mas o inverno transformou-se em primavera, e ela, comovida, via florescer os narcisos cujos bulbos havia plantado com os filhos no outono anterior, como uma lembrança, um símbolo da continuidade da vida e do Espírito eterno. Quando a primavera começou a ficar mais quente e os dias mais compridos, anunciando a radiante exuberância do verão, a depressão de Julia começou a ceder, dando lugar à fúria. Ela estava zangada com Deus, que não tinha seguido seus planos, que não tinha permitido que ela partisse antes que a dor ficasse forte. E ela estava zangada com a mãe. Mais zangada do que percebia.

Julia e eu dizíamos brincando que ela parecia o chefe americano do filme de Dustin Hoffman *O pequeno grande homem*. O chefe índio, em paz com o Grande Espírito, deitou-se no alto de uma montanha para morrer. Com intervalo de algumas horas, ele abria os olhos, olhava à volta e ficava muito surpreso por ainda estar vivo. Numa manhã ele finalmente se levantou, sacudiu a poeira e disse filosoficamente: "Bom, acho que ainda não chegou a minha hora." Mas, no caso de Julia, os médicos continuavam muito certos de que era a hora dela, pois embora a doença inexplicavelmente progredisse a passo de lesma, seu estado continuava crítico. Julia estava meditando desde o diagnóstico, tanto para controlar a ansiedade como para se exercitar espiritualmente, como forma de se aproximar de Deus. Mas, de repente, ela mal podia concentrar-se. Logo que fechava os olhos, ficava tomada de inquietação e ansiedade, e desistia.

Discutimos o problema, e Julia concordou em concentrar-se em seus sentimentos e ver aonde eles a levavam. Logo começou a ter recordações da infância, da mãe e do pai. Lembrou uma época, no primeiro ou segundo ano, quando voltou da escola muito excitada, porque tinha conseguido a nota máxima na prova de ortografia, pela segunda semana consecutiva. O pai ficou encantado, mas a mãe acusou-a de ter colado! Ela caiu em prantos ao lembrar da dor e da raiva que sentiu quando sua alegria foi transformada na necessidade de se defender. Por melhor que fosse seu aproveitamento, por mais bonita que estivesse, por mais que se empenhasse, a mãe de Julia sempre encontrava um jeito de acabar com ela. Sua raiva interna a surpreendia — a quantidade de dor da pequena Julia, cujos sentimentos, aos 36 anos, continuavam vibrantes e não-resolvidos como estavam aos sete, oito e nove anos.

Logo que as lembranças começaram a emergir, Julia teve a forte sensação de que não podia soltar-se e morrer enquanto não curasse a relação com a mãe, pois só então sua relação com Matt e Paul, seus filhos de sete e nove anos, estaria completa. Ela deu início ao processo de perdão exposto no último capítulo e, ao chegar ao quarto passo — considerar que gesto ela deveria fazer — percebeu que precisava dizer à mãe o que sentia, independentemente de, com isso, o relacionamento mudar de fato ou não. Mas ela estava assustada demais com a perspectiva de, ao revelar a intensidade da dor e da mágoa que sentia, ser novamente rechaçada ou repudiada de alguma forma pela mãe. Assim, começou a cura mentalmente, imaginando-se outra vez no lar da infância, a princípio sentada com a mãe em silêncio, e depois começando a conversar com ela, dizendo-lhe o quanto estava amedrontada, como precisava ser aceita e amada. As conversas, entretanto, eram unilaterais. O desejo dela era que a mãe falasse, mas só havia silêncio.

Estávamos no fim do outono, um ano depois que os narcisos tinham sido plantados, no décimo quinto aniversário da morte do pai. Julia estava muito fraca, mas o ex-marido levou-a de carro, com os filhos, até o cemitério onde o pai estava enterrado. Eles levaram uma pá de jardineiro e o mesmo tipo de bulbos de narciso que tinham plantado para Julia um ano antes. Os meninos afastaram as folhas secas do túmulo e plantaram os bulbos, enquanto a mãe contava histórias sobre o avô que não tinham conhecido. Depois de plantados os bulbos, os quatro sentaram-se juntos em silêncio e, na quietude de seu coração, Julia pediu que o pai a ajudasse a entender a mãe, a mulher que tinha sido sua esposa.

Naquele dia de outono, quinze anos depois da morte dele, Julia sentiu de novo a segurança e a paz do amor que o pai tinha por ela e pela mãe. E, de súbito, sentiu a dor, o terror e o pavor que a mãe poderia ter sentido, acreditando que iria perder o amor do marido para Julia. Lágrimas começaram a rolar, lágrimas de compaixão pela criança amedrontada dentro da mãe, tão receosa de perder o amor do marido a ponto de não conseguir abrir totalmente o coração para a própria filha. Julia ficou tomada de amor pela mãe e compaixão pela sua dor, e muito desejosa de que os filhos, que não tinham conhecido o avô, pudessem conhecer a avó como ela própria não conseguira.

Nessa noite, Julia telefonou para a mãe e correu um grande risco. Pediu que a mãe tomasse um avião e viesse cuidar dela até sua morte. Do outro lado da linha, a mãe começou a chorar, comovida porque a filha, de quem tinha estado distante durante tanto tempo, queria acolhê-la outra vez em sua vida.

A mãe de Julia veio para cuidar da filha e dos netos durante o triste período de férias que marcou o ciclo final do crescimento de Julia. Ela viveu mais um mês, até o Natal, grata pelo ano de graça durante o qual ela e a mãe se curaram e cresceram, o ano em que a silenciosa e poderosa presença do terceiro — Aquele que reconcilia com misericórdia — perdoou a ambas.

Esta é a história do nosso crescimento como seres humanos e de como, sendo capazes de cuidar dos outros, de aceitar os outros e de finalmente amar os outros, acabamos descobrindo a nossa divindade.

> *Quando encontrar a Luz dentro de si*
> *Você saberá que sempre esteve*
> *No centro da sabedoria.*
> *Ao sondar mais fundo quem realmente é*
> *Com a sua luz e confusão*
> *Com suas raivas, anseios e distorções*
> *Você encontrará o verdadeiro Deus vivente.*
> *Então você dirá*
> *Eu o conheci durante toda a minha vida*
> *e lhe dei muitos nomes diferentes.*
> *O nome de mãe e de pai e de filho*
> *O nome de amante.*
> *O nome de sol e flores.*
> *O nome de meu coração.*
> *Mas nunca, até agora,*
> *dei-lhe o nome de Eu.*

— Emmanuel's Book: A Manual for
Living Comfortably in the Cosmos
Compilado por Pat Rodegast
e Judith Stanton

SUGESTÕES PARA O LEITOR

1. Você consegue identificar seus aspectos masculino e feminino? Quais os efeitos dessas diferenças essenciais sobre você e seus relacionamentos?

2. Em que ponto você está no processo de comunicação, crescimento e perdão, no seu principal relacionamento? Se precisar de ajuda, você será capaz de pedir?

3. Em que ponto você está no processo de perdoar seus pais?

CAPÍTULO DEZ

Exercícios e Recursos Espirituais

A jornada psicológica e espiritual da cura da alma não tem começo nem fim. Mesmo que não tenhamos consciência, nossa alma sempre esteve à procura de sua Fonte de ser. Nossos problemas, erros, sofrimentos e pesares são igualmente parte do nosso movimento inato rumo à totalidade, como os esforços conscientes para viver uma vida de compaixão e amor. A jornada nunca termina, porque nossa alma continua a crescer em sabedoria e experiência, tanto nesta vida temporal como nos mundos invisíveis. Estamos numa jornada sem fim e sem outro objetivo que o de viver o momento atual em sua plenitude, dizendo sim à vida.

A capacidade de dizer sim, de se entregar ao momento — por mais alegre, triste, amoroso ou assustador que seja — varia. Às vezes estamos no fluxo. Podemos sentir a totalidade. Outras vezes, somos arrastados pelas ondas da preocupação e do medo. Não importa. Como diz Joseph Campbell, o melhor que podemos fazer é ter em mente o bem, ter em mente o momento. Certa vez perguntaram a um monge o que eles faziam o dia inteiro no mosteiro. A resposta foi: "Caímos e levantamos de novo. Caímos e levantamos de novo. Caímos e levantamos de novo." Assim é a vida.

Quando você está de pé, expresse a sua alegria. Quando você cai, expresse o seu pesar. Só isso é necessário para viver uma vida autêntica. Agindo assim, você vai entrar no mistério da compaixão, compartilhando com os outros. Jesus aludiu a esse ato ao dizer: "Quando duas ou mais pessoas se reunirem em meu nome, lá estarei." Ao compartilhar, somos unidos pelo Terceiro ou, como diz P. L. Travers, por Aquele que reconcilia.

PRÁTICAS PARA LEMBRAR

Há práticas que podem ajudar-nos ao longo da jornada. Todas elas têm um propósito — ajudar-nos a lembrar que a Fonte do nosso ser é o amor.

A música é o deleite da alma. Ela está viva nas memórias e sentimentos. Todas as notas escritas por J. S. Bach foram dedicadas a Cristo. Podemos sentir a relação de Bach com o Espírito em sua música, e podemos participar do seu êxtase. Há música espiritual de todos os tipos. O *rock and roll* é espiritual quando inflama o nosso impulso de viver e desperta a nossa energia. Os cânticos, a música devocional, os sons naturais dos pássaros e do vento, do oceano e do riso, também são música espiritual.

A meditação, quando deixamos o mundo por um momento para entrar no Silêncio da respiração ou do mantra, prepara-nos para entrar na vida como numa meditação. Quando somos capazes disso, reconhecemos que não existe divisão entre o terreno e o sagrado. Comer um pedaço de bolo de chocolate, com gratidão e sentindo prazer, não é menos espiritual do que orar. As meditações orientadas conduzem-nos a uma ordem especial de referência na qual podemos experimentar coisas conhecidas através dos olhos sábios do Eu. Mais adiante, apresentamos três dessas meditações orientadas, ou exercícios de sabedoria interior.

A gratidão é a medida da nossa felicidade e um lembrete para encontrar a felicidade. Ela nos mantém no caminho. Certa vez, compareci a um ritual de preces, ao qual o sacerdote e agente de cura dava início com um momento de gratidão por tudo o que não precisa de cura. Quando nos perdemos no que está partido, podemos readquirir o equilíbrio lembrando do que está inteiro — como diz o rabino Nachman, procurando o bem. Ao passear, diga um obrigado silencioso pelas árvores. Quando vir o rosto do ser amado, agradeça. Ao caminhar, fique grato por ter pernas. Esta é a origem do costume judeu de orar freqüentemente o dia todo, agradecendo a Deus pelas pequenas coisas — uma prece ao lavar as mãos e outra para entrar na casa, uma prece ao ver a primeira estrela a cada noite. A gratidão é a lembrança.

A prece é o nosso reconhecimento de que Deus não é totalmente outro, e sim parte de nós. Joseph Campbell ressalta que o símbolo oriental do *yin* e do *yang*, os opostos, é um semicírculo claro com uma cauda, entrelaçado com um escuro. Mas cada um tem um pequeno olho, um pequeno ponto da outra cor. Caso contrário, os dois seriam totalmente estranhos e não poderiam se relacionar. Na prece, a parte infinita de nós lembra-se de que não é totalmente estranha a Deus, e sim parte da sua consciência infinita. É bom orar de uma forma que contribua para sentir Deus como um íntimo, e não como um estranho. O rabino Nachman sugere que oremos a Deus como se estivéssemos falando com o melhor amigo, dizendo-lhe tudo — medos, queixas, esperanças e sonhos. Deus é um bom ouvinte.

O serviço altruísta (*seva*) é uma prática espiritual preconizada por todas as religiões, mas que é preciso distinguir da necessidade culposa de salvar. O serviço altruísta não nasce da necessidade e sim da compaixão. Com *seva*, sentimos de fato a verdade do adágio "dar é receber". Conheci certa vez um advogado que passou as férias em Calcutá ajudando Madre Teresa e as Irmãs da Misericórdia. Embora ele não esperasse ter férias maravilhosas, o resultado foi melhor do que esperava. Sua tarefa era transportar cadáveres aos locais de cremação. Foram as melhores férias da sua vida. Mas não precisamos ir a Calcutá para prestar serviços. Nem sequer precisamos sair de casa. Quando vemos que uma pessoa amada tem alguma necessidade, e agimos por amor-ternura para acudir a essa necessidade, estamos praticando o *seva*.

O estudo é uma fonte de sabedoria. As pessoas que tiveram experiências de quase-morte voltam não apenas com a sensação de que o amor é a coisa mais importante, mas também que o amor desperta o desejo pelo conhecimento. Elas dizem que o amor e a sabedoria são as duas únicas coisas que levamos desta vida, porque são a substância de nossa alma. Incluí no final deste capítulo uma lista de obras que citei e algumas outras que foram importantes para mim. Um bom livro é como um professor vivo. Ele fala com você. Hoje em dia, mesmo no meio da agitação, podemos ouvir os livros em fitas cassete. *A Course in Miracles*, por exemplo, é encontrado em fita cassete, que você pode ouvir no carro. *The Power of Myth* é encontrado em fita de vídeo, e você pode lucrar com a presença de um grande mestre espiritual dentro da sua casa. Há excelentes fitas de áudio e de vídeo fornecidas pela maioria dos grupos espiritualistas, que são um excelente complemento das leituras.

Reservar um tempo é uma prática espiritual que respalda todas as outras. Você não chegará até as outras se não tiver tempo. Talvez você tenha uma hora à noite, quando pode relaxar, ouvir música, caminhar, meditar ou orar. Mesmo naqueles dias em que o tempo escorrega por entre os dedos, use o momento em que está na cama antes de dormir. Os místicos judeus acreditam que o rei Davi compôs os Salmos enquanto meditava em seu leito.

TALISMÃS PARA LEMBRAR

Os talismãs são coisas que nos lembram de momentos sagrados. Enquanto eu escrevia este livro, minha mãe estava nos estágios finais da vida. Foi uma época triste, mas também maravilhosa, porque ficamos mais íntimas do que nunca. Ela morreu enquanto eu fazia a revisão dos originais. O dia e a noite e a manhã em que ela lutou para deixar este mundo e dar à luz sua alma estão entre as melhores horas da minha vida. A família toda a acompanhou no dia e na noite até tarde. Meu irmão Alan, meu filho Justin e eu sentamo-nos ao seu lado até ela deixar o corpo na manhã seguinte. Nós seguramos suas mãos e rezamos por ela. Eu cantei para ela *Swing Low, Sweet Chariot*, cantigas de ninar hebraicas, cânticos indianos, *Amazing Grace* e *Some Enchanted Evening*, a canção que ela e meu pai adoravam.

Mais ou menos às 10 da noite, ela terminou de se despedir de cada um de nós, disse algumas brincadeiras e finalmente dormiu, esperando o momento de separar-se do corpo. Ao nos despedirmos, mamãe e eu trocamos presentes. Perguntei-lhe que qualidade minha queria, e ela disse que admirava a minha compaixão. Da minha parte, eu admirava muito a coragem dela. Através dos olhos, do coração e das mãos, uma presenteou a alma da outra com essas qualidades.

Minha mãe morreu no dia 18 de março de 1989, um dia depois do Dia de São Patrício. Sua enfermeira e dedicada acompanhante de muitos anos, Olívia, trouxe-lhe uma rosa amarela pintada de verde para a ocasião. Foi uma despedida adequada, pois mamãe sempre dizia brincando que queria rosas amarelas no seu enterro, desde que não fossem muito caras. Eram caras, mas de qualquer forma tivemos dúzias delas. Conservei duas rosas secas como talismãs, uma que ficou embaixo do travesseiro dela durante o dia e a noite em que partiu deste mundo, e outra do enterro. Elas me lembram minha mãe e a invencibilidade do espírito humano. Elas me lembram a graça de Deus. Mas, pessoalmente, elas me lembram que preciso ter coragem, pois sei que não estou só.

No meu espaço de meditação, há muitos outros talismãs. Há um coração de madeira esculpido num ramo de macieira que um amigo salvou de um incêndio, quando a forma de um coração começou a se desenhar por entre as brasas. Depois de tê-lo esculpido amorosamente, de tê-lo lixado e polido, ele deu o coração a mim e a Myrin como presente de casamento pois, no coração, as duas metades de transformam num todo. O coração é um talismã do nosso amor. Há retratos de santos e retratos de um bebê. Há um retrato meu da infância. Pedras especiais apanhadas em momentos sagrados, um pedaço de rocha com uma opalina bruta que me foi dada por um mestre espiritual, e uma rocha incrivelmente semelhante a um busto humano, que me lembra as dádivas da mãe — a Deusa.

238

Dois pequenos gansos de plástico lembram-me nossa amiga especial Celia Thaxter Hubbard, que diz brincando que é um "canal" de Mamãe Ganso. Celia às vezes me envia o que ela chama de "gansogramas" dentro das páginas de um livro, coisas engraçadas e outros objetos que eu muitas vezes dou a outra pessoa. Um par de miniaturas de sandálias de madeira da tradição hindu lembra-me meus colegas e caros amigos da Clínica Mente-Corpo, que me presentearam. São marcos da amizade e dos sonhos em comum.

Dirigi um seminário sobre espiritualidade e vida cotidiana em Wellspring, uma comunidade de apoio a cancerosos em Watertown, Massachusetts. Eu queria começar o dia compartilhando algo que passasse por todas as pessoas do círculo. É costume dos índios americanos passar um bastão da palavra nessas ocasiões e deixar que o Grande Espírito se comunique através das pessoas. Da mesma forma, eu queria fazer circular um objeto sagrado, um talismã. Eu tinha esquecido de trazer o coração de cristal rosa, portanto, voltei-me para o grupo e perguntei se alguém tinha um talismã. As pessoas tiraram das roupas cristais, medalhas, colares. As bolsas se abriram, de lá saindo maravilhosas pedras e artefatos antigos de cerâmica. Uma mulher tinha até trazido um linga da Índia, objeto sagrado que parece uma pedra lisa em forma de ovo, encontrada apenas no vale de um rio. Ao fazermos a volta ao círculo, passando um antigo fragmento de cerâmica, contamos algumas histórias dos nossos talismãs. Ao compartilhar, um ajudou o outro a lembrar o Espírito e as formas maravilhosas, e muitas vezes acidentais, como ele nos toca e nos ajuda a lembrar quem realmente somos.

Os índios americanos também usam talismãs para lembrar. Eles carregam esses objetos numa bolsa de pele de veado chamada sacola de remédios. Lembrar é um remédio poderoso para curar a alma. Quais são os seus talismãs? Experimente reuni-los num local onde possa fazer meditação, escrever um diário, ler, ouvir. Crie para si um local sagrado e, quando estiver lá, pode deixar para trás as responsabilidades deste mundo e lembrar-se da ligação com uma esfera maior de existência.

EXERCÍCIOS DE SABEDORIA INTERIOR
(MEDITAÇÕES ORIENTADAS)

As meditações orientadas a seguir podem ajudá-lo a percorrer o caminho da culpa ao perdão. Elas foram feitas para ajudar a cura da sua alma. Você pode gravá-las lentamente e com amor, de preferência com o fundo musical que vou sugerir, mas que você pode mudar. Se preferir, pode comprá-las já gravadas, tendo a mim como orientadora, conforme as indicações do final do capítulo.

Antes de começar a gravar esses exercícios, relaxe. Dê um passeio ou tome um banho de banheira. Espreguice-se bastante. Depois, feche os olhos e concentre-se na respiração. Observe por alguns minutos, passe algum tempo divertindo-se com a criança interior ou concentre-se numa meditação. Em seguida, você estará pronto para falar com o coração. Ao fazê-lo, ocorrerão mudanças espontâneas nos roteiros. Na realidade, toda vez que faço essas meditações num seminário, elas saem diferentes. Siga o fluxo interior. E divirta-se. Se, por qualquer motivo, você não se sentir à vontade com estes exercícios numa determinada ocasião, não os faça.

A cura da criança interior

Escrevi esta meditação com o coração. Ela sofreu influência de trechos de meditações de Bernie Siegel, de Louise Hay e de centenas de pessoas que a ouviram em meus seminários, reagiram a ela e, conseqüentemente, ajudaram a dar-lhe vida.

Música sugerida:

Pachelbel-Cânone em ré menor
executado por Daniel Kobialka na fita *Timeless Motion*

— Li-Sem Enterprises, Inc.
1775 Old Country Road, nº 9
Belmont, CA 94002 — EUA

Faça uma respiração profunda e feche suavemente os olhos. Dê alguns suspiros profundos ... suspiros de alívio ... e veja se o seu corpo quer esticar-se um pouco — ou boceje ...

Agora preste atenção ao ritmo natural da sua respiração. Sinta o corpo erguer-se suavemente quando você inspira, e relaxe ao expirar... (pausa para várias respirações) ... toda expiração é uma oportunidade para se soltar ... para relaxar mais um pouco ... para sentir o confortável peso e calor do seu corpo ...

Ao relaxar, você pode acompanhar a sua mente no caminho de volta ao reservatório de lembranças especiais ... de volta ao lugar muito tranqüilo e mágico da sua infância ... ao seu local secreto — exatamente como era, ou como você gostaria que fosse ... (pausa) Ali, no seu ninho, você pode ver o mundo. lá fora e desfrutar as cores ... os sons ... as fragrâncias ... e a sensação especial de conforto no seu pequeno canto no mundo.

Ao relaxar, você consegue encontrar ali o seu eu criança ... o fulaninho (diga o nome da pessoa a quem a gravação se destina) está aqui, sempre aqui ... esperando por você ... pois você o conhece melhor e o ama mais do que qualquer outra pessoa do mundo. (pausa) Dê uma boa olhada na criança. Qual a idade dela? O que ela está vestindo? Que aparência ela tem para você?

Ela está contente em ver você, o seu melhor amigo ... Olhe nos olhos dela ... sinta o sorriso que cresce no coração de vocês dois. Ao aumentar a intimidade, vá até ela. Dê-lhe um abraço e pegue-a no colo ... Sinta a alegria e o amor dela por você ... ela está esperando por isso há muito tempo.

Faz tanto tempo que ela o viu ... e há tanto a dizer. Ela talvez queira falar com você através de palavras ... desenhos ... ou sentimentos. Este é o tempo dela. Você só precisa escutar. Não é preciso responder agora. Apenas escute ... e esteja ali para ela ... não importa o que ela tenha passado, o que ela tenha feito, que experiências tenha tido ... (pausa longa)

Quando ela terminar, faça-a sentir a compaixão dos seus olhos e do seu coração ... Conforte-a ... Deixe que ela saiba que você nunca mais vai abandoná-la ... que você estará sempre por perto ... que, não importa o que aconteça, você sempre vai amá-la e ajudá-la ... pois ela esperou a vida toda para saber disso ...

Agora deixe que ela o tome pela mão e siga-a por um campo iluminado pelo sol ... (pausa) Ela quer mostrar-lhe como as flores ... e a relva ... são bonitas. Ela quer apresentá-lo aos pássaros e ao vento ... Ela quer levá-lo a um local secreto onde escondeu um presente especial para você ... um presente que vai ajudá-lo a prosseguir ... Quando chegar ao local secreto, há uma arca do tesouro ... que a criança abre, e o presente está lá dentro ... Pegue e agradeça. Deixe que ela saiba que você vai voltar em breve ... Que você nunca foi embora de verdade. Dê-lhe um abraço e diga até mais ... até mais, porque ela está sempre ali, dentro de você.

Vá diminuindo a música no último minuto, ao ler as instruções abaixo para voltar à sala.

... E volte à sala quando estiver pronto ... não se apresse ... desfrute os sentimentos de amor e carinho, sabendo, com toda a certeza, que você sempre foi digno de amor.

Perdão

Desenvolvi esta meditação ao longo dos anos e constatei que é um excelente complemento do processo de seis passos de perdão dos outros e de si mesmo. Antes de iniciar a meditação, veja quem precisa ser perdoado, mas não se surpreenda se aparecer alguém que você não esperava. É sempre uma boa idéia começar perdoando primeiro as pequenas mágoas, em vez de começar este tipo de trabalho com o seu pior inimigo.

Música sugerida:

> Crimson Collection, volume 5
> "Mender of Hearts"
> Singh Kaur e Kim Robertson

> — Invincible
> P.O. Box 13054
> Phoenix, AZ 85002 — EUA

Os intérpretes dizem que essa música é "uma canção de amor na mais pura acepção da palavra — uma canção de amor pelo infinito em cada um de nós e pelo infinito que une a todos, aquele que cura todos os corações, que cura as feridas da vida ... o sustentador de tudo".

Faça uma respiração profunda e feche os olhos com suavidade. Dê alguns suspiros profundos ... suspiros de alívio ... e veja se o seu corpo quer esticar-se um pouco ... ou boceje ... (pausa)

Agora preste atenção ao ritmo natural da sua respiração. Sinta o seu corpo erguer-se suavemente ao inspirar e relaxar ao expirar ... (pausa para várias respirações) ... cada expiração é uma oportunidade para se soltar ... para relaxar um pouco mais, para deixar seu corpo afundar ... e para sentir o seu confortável peso e calor ... (pausa)

E você pode viajar pela mente para os campos do seu ser mais íntimo ... para uma clareira banhada pelo sol, refrescada pelas brisas aromáticas e mornas da primavera ... Ao respirar, relaxe ao calor do sol e sinta o vento acariciar o seu corpo e agitar as suas roupas ... você pode se sintonizar cada vez mais com as deliciosas vistas, sons e fragrâncias ... a relva, as árvores, as flores ... (pausa) os pássaros e borboletas ... (pausa) ... a abundância de vida no campo ... e o som dos grilos e do vento nas árvores ... e você sente a paz aqui neste lugar especial ... e a força da vida da primavera que desperta ... (pausa)

E você sente a força da vida no seu corpo ... em ressonância com o campo ... sinta a força como alegria ... (pausa) ... E o campo é um local de segurança, verdade e paz ... um local de sabedoria dentro de você, aonde você sempre pode ir ... e no campo há muitos lugares especiais para você descobrir ... lugares onde você pode sentir o seu poder ... (pausa) ... e lugares onde você pode se sentir particularmente aconchegado e seguro. (pausa)

No fim do campo há saídas para diferentes caminhos — as experiências de vida que você teve ... caminhos por grandes colinas, banhadas pelo sol, e por vales estreitos e escuros ... caminhos por labirintos nos bosques e em grandes espaços abertos ... e cada um dos caminhos, seja alto ou baixo, é como um arco-íris ... pois há um pote de ouro ... uma dádiva de aprendizado ... no seu final.

Aninhado na segurança do seu lugar especial, contemple os caminhos das suas experiências de vida ... os relacionamentos que você teve ... (leia com voz um pouco mais alta) ... e escolha um no qual a raiva, a mágoa, a culpa ou outra emoção ainda bloqueia o caminho do perdão ... (pausa) ... e, num instante, você verá a imagem simbólica dessa emoção andando por esse caminho ao seu encontro, na borda do campo ... para trazer-lhe a dádiva de seus ensinamentos ... (pausa)

Coloque seu mensageiro emocional interior no lugar que achar mais confortável no campo. Pode ser um lugar de força ou um lugar de segurança. Como você já mudou desde que percebeu pela última vez esse sentimento, talvez você queira aumentar ou diminuir o tamanho do mensageiro ...

Acomode-se e fique atento agora à situação que precisa de perdão ... (pausa longa) ... Pergunte à sua emoção como ela o protegeu nessa situação ... (pausa longa) ... e agradeça-lhe a ajuda ... Pergunte se agora você tem outras formas para se sentir seguro — formas que abram o seu coração (pausa longa) ... E pergunte o que ela tem a ensinar sobre a outra pessoa ... (pausa longa) ... e sobre você mesmo ... (pausa longa) ...

Agradeça os ensinamentos e retribua o favor libertando a emoção — deixando que seu fluxo de energia volte à fonte da vida — como um pássaro ou uma flor ou um clarão de luz. Saiba que ela surgirá espontaneamente sempre que necessário — livre para aparecer e desaparecer ... livre para ser espontaneamente ela mesma.

Sinta a energia vital nos robustos brotos que crescem à sua volta ... Faça uma reverência, no coração, ao autor da vida ... a si mesmo ... àqueles que trocaram ensinamentos de amor com você sob a forma de mágoa ... e saiba que ambos estão perdoados ... agora e para sempre ...

Comece a diminuir a música durante um minuto, e depois leia a volta.

E logo que se sentir pronto ... sem pressa ... volte para a sala, um pouco mais leve do que quando partiu.

Gratidão e Cura

O corpo é um grande mistério. Como cientista, eu costumava ficar parada durante horas, arrebatada pela sua magnífica estrutura, pelos mundos microcósmicos dentro de nós. Quando paramos para agradecer pela vida e pelo próprio corpo, que é o nosso veículo nesta vida, adquirimos maior respeito pela maravilhosa criação que somos e ajudamos o corpo a relaxar e a curar-se. Música sugerida:

Jesus Alegria dos Homens, Bach
executada por Daniel Kobialka na fita *Path of Joy*

— Li-Sem Enterprises
1775 Old Country Rd. nº 9
Belmont, CA 94002 — EUA

Respire profundamente e feche os olhos com suavidade. Dê alguns suspiros profundos ... suspiros de alívio ... e veja se o seu corpo quer esticar-se um pouco — ou boceje ... (pausa)

Agora preste atenção ao ritmo da sua respiração ... Sinta o corpo erguer-se suavemente ao inspirar, e relaxar ao expirar ... (pausa para várias respirações) ... cada expiração é uma oportunidade para se soltar ... para sentir o agradável calor e o peso do seu corpo ... um pouco mais a cada expiração ... (pausa)

Agora, ao inspirar, imagine sua respiração como uma corrente de luz quente e amorosa que entra pelo alto da sua cabeça. Deixe que ela se espalhe pela testa e pelos olhos ... pelo cérebro ... pelas orelhas ... pelo nariz ... sinta a luz quente e descontraia a língua, as mandíbulas, o pescoço. Deixe toda a cabeça flutuar num mar de luz quente ... que fica mais brilhante a cada respiração ... (pausa) ... Agradeça aos olhos pelo milagre da visão ... ao nariz pela fragrância das rosas e do café quente nas manhãs frias (ou alguma coisa de que você goste) ... aos ouvidos pela riqueza do som ... à língua pelo prazer do paladar ... e deixe que a luz encha e aqueça todas as células dos seus sentidos ...

Respire a luz no pescoço ... deixe que ela se espalhe suavemente pelos ombros ... respire-a nos braços ... nas mãos ... até a ponta dos dedos ... Agradeça aos braços e mãos por tudo o que criaram e tocaram na sua vida ... Todas as pessoas que você abraçou e tomou no seu coração ... Descanse no calor e no amor da luz ... a luz que fica mais brilhante a cada respiração ...

Respire a luz quente nos seus pulmões e no seu coração ... sentindo como ela penetra por todo o peito, enchendo todos os órgãos, todas as células de amor. Ao respirar, envie gratidão aos pulmões por trazerem para dentro de você a energia da vida — e ao coração por enviar vida a todas as células do seu corpo, por lhe servir tão bem durante todos esses anos ... descanse na gratidão e no amor ... e na luz que continua a ficar mais brilhante a cada respiração ... (pausa)

Respire a luz na sua barriga, sentindo-a penetrar profundamente no seu centro, nos órgãos de digestão e de reprodução ... e sinta o milagre do corpo ... o mistério da procriação e a capacidade de gerar a vida ... deixe que a luz se espalhe pelas costas até as nádegas ... ficando cada vez mais quente e brilhante ... equilibrando e curando todas as células do seu corpo ...

Respire a luz nos seus quadris ... nos ossos e músculos, nervos e pele, vivos com a energia da luz ... confortados pelo carinho e amor que você sente ... e deixe que a luz se espalhe pelas pernas ... pelo pés ... até a sola dos pés ... sentindo gratidão pela dádiva do caminhar ... deixando a luz do amor ficar mais e mais brilhante ...

Descanse na plenitude da luz ... desfrutando a energia vital ... e, se houver uma região do seu corpo que precise de relaxamento ou cura, dirija a luz para lá e segure essa parte de você com o mesmo amor que daria a uma criança ferida ... (pausa)

'Agora, ao respirar, sinta como a luz se irradia do seu corpo ... exatamente como a luz brilha na escuridão, envolvendo você num casulo de amor ... você pode sentir esse casulo envolvendo o corpo todo, acima e abaixo de você, de todos os lados, mais ou menos a 30 centímetros ... como um casulo gigante ... um lugar de total segurança onde você pode recarregar o corpo e a mente ... (pausa)

E você pode imaginar a luz envolvendo outras pessoas ... envolvendo-as com a mesma irradiação de amor, gratidão e cura ... veja os seres amados na luz ... veja aqueles que você considera seus inimigos na luz ... depois, deixe que a luz se espalhe até você conseguir imaginar o mundo todo como uma órbita de luz ... (pausa) ... entre num universo de luz (pausa) todo interligado ...

todo em paz ... e sinta a maravilha e a majestade da criação. (pausa) Agora, durante um ou dois minutos, descanse apenas ... respire apenas ... voltando aos sentimentos quentes e confortáveis dentro de você ... (pausa longa)

Comece a fazer a música desaparecer agora, e em seguida leia as instruções para a volta.

E agora, comece a voltar para a sala ... devagar e no seu próprio ritmo ... trazendo com você a paz e a gratidão.

LISTA DE LEITURAS

A maioria destes títulos são livros que mencionei no texto. Outros são livros que são vivos para mim e que espero que você também aproveite. Sou grata aos autores desses livros pela sua sabedoria, que eu tenho conseguido compartilhar com os outros.

A vergonha e a criança interior

Beattie, Melody. *Codependent No More.* Nova York: Harper/Hazelden, 1987.

Berne, Eric, M.D. *Games People Play.* Nova York: Ballantine Books, 1964.

Bradshaw, John. *Healing the Shame That Binds You.* Deerfield Beach, FL: Health Communications, Inc., 1988.

Kaufman, Gershen. *Shame: The Power of Caring.* Rochester, VT: Schenkman Books, Inc., 1985.

LeBoutillier, Megan. *Little Miss Perfect.* Denver, CO: MAC Publishing, 1987.

Miller, Alice. *The Drama of the Gifted Child: The Search for the True Self.* Nova York: Basic Books, 1981.

Miller, Alice. *For Your Own Good.* Nova York: Farrar, Straus and Giroux, 1983.

Missildine, W. Hugh, M.D. *Your Inner Child of the Past.* Nova York: Pocket Books, 1963.

TA: The Total Handbook of Transactional Analysis. Englewood Cliffs, NJ: Prentice Hall, 1979.

Whitfield, Charles L., M.D. *Healing the Child Within.* Deerfield Beach, FL: Health Communications, Inc., 1987.

Wholey, Dennis. *Becoming Your Own Parent.* Nova York: Doubleday, 1988.

Woititz, Janet, Ed. D. *Adult Children of Alcoholics.* Pompano Beach, FL: Health Communications, Inc., 1983.

Psicologia e mitologia

Bly, Robert. *A Little Book on the Human Shadow*. San Francisco: Harper and Row, 1988.

Branden, Nathaniel, *Honoring the Self*. Los Angeles: Jeremy Tarcher, Inc., 1983.

Branden, Nathaniel. *The Psychology of Self-Esteem*. Nova York: Bantam Books, 1969.

Campbell, Joseph. *Creative Mythology: The Masks of Good*. Nova York: Penguin Books, 1976.

Campbell, Joseph. *The Hero with a Thousand Faces*. Princeton, NJ: Princeton University Press, 1968. [*O Herói de Mil Faces*, publicado pela Editora Cultrix, São Paulo, 1988.]

Campbell, Joseph, org. *The Portable Jung*. Nova York: Penguin Books, 1971.

Campbell, Joseph, com Bill Moyers. *The Power of Myth*. Nova York: Doubleday, 1988.

Hardy, Jean. *A Psychology with a Soul: Psychosynthesis in Evolutionary Context*. Londres: Routledge and Kegan Paul, Ltd., 1987.

Houston, Jean. *The Search for the Beloved: Journeys in Sacred Psychology*. Los Angeles: Jeremy P. Tarcher, Inc., 1987. [*A Busca do Ser Amado. A Psicologia do Sagrado,* publicado pela Editora Cultrix, São Paulo, 1993.]

Jung, Carl G. *Man and His Symbols*. Nova York: Doubleday, 1964.

La Berge, Stephen. *Lucid Dreaming*. Nova York: Ballantine Books, 1985.

Lerner, Harriet Goldhor, Ph.D. *The Dance of Anger. A Woman's Guide to Changing the Patterns of Intimate Relationships*. Nova York: Harper and Row (Perennial Library), 1986.

Perera, Sylvia Brinton, *The Scapegoat Complex: Toward a Mythology of Shadow and Guilt.* Toronto, Canadá: Inner City Books, 1980. [*O Complexo de Bode Expiatório. Rumo a uma Mitologia da Sombra e da Culpa,* publicado pela Editora Cultrix, São Paulo, 1991.]

Seifert, Theodor. *Snow White: Life Almost Lost.* Wilmette, IL: Chiron Publications, 1983.

Siegel, Bernie S., M. D. *Peace, Love and Healing*. Nova York: Harper and Row. 1989.

Tavris, Carol. *Anger: the Misunderstood Emotion*. Nova York: Touchstone Books, 1982.

Taylor, Jeremy. *Dreamwork: Techniques for Discovering the Creative Power in Dreams*. Nova York: Paulist Press, 1983.

Wilmer, Harry A., M. D. *Practical Jung*. Wilmette, IL: Chiron Publications, 1987.
Woodman, Marion. *Addiction to Perfection: The Still Unravished Bride*. Toronto, Canadá: Inner City Books, 1982.

Quase-morte e outras experiências pessoais

Frankl, Viktor. *Man's Search for Meaning*. Nova York: Pocket Books, 1959.
An Interrupted Life: The Diaries of Etty Hillesum, 1941-1945. Nova York: Washington Square Press, 1981.
LaPierre, Dominique. *The City of Joy*. Nova York: Warner Books, 1985.
Moody, Raymond. *The Light Beyond*. Nova York: Bantam, 1988.
Ring, Kenneth. *Heading Toward Omega: In Search of the Meaning of the Near-Death Experience*. Nova York: William Morrow and Co., 1985.
Weiss, Brian L., M. D. *Many Lives, Many Masters*. Fireside Books. Nova York: 1988.

Filosofia e religião

Buber, Martin. *The Legend of the Baal-Shem*. Nova York: Schocken Books, 1969.
A Course in Miracles. Farmingdale, NY: Foundation for Inner Peace, 1975.
Dossey, Larry, M. D. *Recovering The Soul*. Nova York: Bantam Books, 1989. [*Reencontro com a Alma*, publicado pela Editora Cultrix, São Paulo, 1992.]
Fox, Matthew. *The Coming of the Cosmic Christ*. San Francisco: Harper and Row, 1988.
Fox, Matthew. *Original Blessing: A Primer in Creation Spirituality*. Santa Fé, N.M.: Bear and Co., 1983.
How to Know God: The Yoga Aphorisms of Patanjali. Trad. Swami Prabhavananda e Christopher Isherwood. Nova York: New American Library, 1953. [*Como Conhecer Deus — Aforismos Iogues de Patanjali*, publicado pela Editora Pensamento, São Paulo, 1988.]
Huxley, Aldous. *The Doors of Perception*. Nova York: Harper and Row, 1954.
Jacobs, Louis. *Jewish Mystical Testimonies*. Nova York: Schocken Books, 1977.
James, William, *The Varieties of Religious Experience*. Nova York: Mentor, 1958. [*As Variedades da Experiência Religiosa*, publicado pela Editora Cultrix, São Paulo, 1991.]
Jampolsky, Gerald. *Love Is Letting Go of Fear*. Berkeley, CA: Celestial Arts, 1979.

Nachman, rabino. *Outpouring of the Soul.* Jerusalém: Breslov Research Institute, 1980.

Nachman, rabino. *Restore My Soul.* Jerusalém: Breslov Research Institute, 1980.

Narashima, B. V., Swami. *Self Realization: The Life and Teaching of Sri Ramana Maharshi,* Tiruvannamalai, Índia: T.N. Venkataraman, 1985.

Pagels, Elaine. *Adam, Eve and the Serpent.* Nova York: Random House, 1988.

Pagels, Elaine, org. *The Gnostic Gospels.* Nova York: Vintage Books, 1981. [*Os Evangelhos Gnósticos,* publicado pela Editora Cultrix, São Paulo, 1990.]

Robinson, James M., org. *The Nag Hammadi Library* (tradução das Escrituras Gnósticas). San Francisco: Harper and Row, 1988.

Rodegast, Pat, e Stanton, Judith, orgs., *Emmanuels's Book: A Manual for Living Comfortably in the Cosmos.* Nova York: Bantam Books, 1985.

Smith, Huston. *The Religions of Man.* Nova York: Harper and Row, 1958.

The Song of God: Bhagavad-Gita. Trad. Swami Prabhavananda e Christopher Isherwood. Nova York: Mentor Books, 1944.

Meditação

Benson, Herbert, e Miriam Z. Klipper. *The Relaxation Response.* Nova York: Avon Books, 1976.

Borysenko, Joan. *Minding the Body, Mending The Mind.* Nova York: Bantam Books, 1988.

Gallagher, Blance Marie. *Meditations with Teilhard de Chardin.* Santa Fé. N. M.: Bear and Company, 1988.

Goleman, Daniel. *The Meditative Mind: The Varieties of Meditative Experience.* Los Angeles: Jeremy P. Tarcher, Inc., 1987.

Kaplan, Aryeh. *Jewish Meditation: A Practical Guide.* Nova York: Schocken Books, 1985.

Kabat-Zinn, Jon. *Full Catastrophe Living.* Nova York: Delacorte Press, 1990.

Levine, Stephen. *A Gradual Awakening.* Nova York: Anchor Books, 1979. [*Um Despertar Gradual,* publicado pela Editora Pensamento, São Paulo, 1992.]

Muktananda, Swami. *Meditate.* Albany: State University of New York Press, 1980. [*Medita,* publicado pela Editora Pensamento, São Paulo, 1986.]

Pennington, Basil M. *Centering Prayer. Renewing an Ancient Christian Prayer Form.* Nova York: Image Books, 1982.

Thich Nhat Hanh. *Being Peace.* Berkeley, CA: Parallax Press, 1987.

Thich Nhat Hanh. *The Miracle of Mindfulness! A Manual of Meditation.* Boston: Beacon Press, 1976.

EM CASSETE: AS FITAS DE JOAN

O amor é a lição é uma série de sete fitas com meditações orientadas, visando promover a sabedoria interior e a cura.

1. Respiração da vida, respiração do amor
2. Alongamento e relaxamento
3. Concentração e percepção
4. Gratidão: imagens de cura
5. A cura da criança interior
6. Perdão
7. A ponte do arco-íris: harmonia dos opostos

Este livro, em inglês — *Guilt Is the Teacher, Love Is the Lesson* também é oferecido na forma de fita por:

Random House Audio Publishing, Inc.
201 East 50th Street
New York, NY 10022
ou nas livrarias.

SERVIÇOS FORNECIDOS PELA ORGANIZAÇÃO DE JOAN

MIND/BODY HEALTH SCIENCES também publica um boletim trimestral e aceita pedidos de palestras, seminários, consultas e treinamento por Joan Borysenko, Myrin Borysenko e outros profissionais destacados. Elaboramos programas para organizações particulares, comunitárias, religiosas, de saúde, negócios e outras. Envie seus pedidos de fitas cassete, boletins ou consultas sobre programas para:

Mind/Body Health Sciences, Inc.
22 Lawson Terrace
Scituate, MA 02066 — EUA

VÍDEOS

The Power of Myth: seis entrevistas de Joseph Campbell por Bill Moyers, em inglês, com uma hora de duração cada:

"A aventura do herói"
"A mensagem do mito"
"Os primeiros contadores de histórias"

"Sacrifício e contentamento"
"O amor e a deusa"
"As máscaras da eternidade"

Pedidos a:

Mystic Fire Video
P.O. Box 30969, Dept. Vl
New York, NY 10011 — EUA

GRUPOS DE CRESCIMENTO PSICOESPIRITUAL

A prática de lembrar parece ficar mais fácil em conjunto, quando grupos de pessoas se reúnem com um objetivo comum. É mais fácil encontrar esse tipo de comunidade de trabalho em algumas regiões do que em outras, com a exceção dos programas de doze passos, que podem ser encontrados praticamente em qualquer lugar. Num seminário, comentei certa vez que era difícil achar um grupo de apoio psicoespiritual para quem não estava doente nem era viciado. Fui corrigida por vários participantes que disseram que Alanon, um grupo para familiares e amigos de alcoólicos, é na verdade um grupo de que qualquer pessoa pode participar, já que a vida de quase todo mundo foi afetada de alguma forma pelo vício.

Outro grupo de crescimento psicoespiritual disponível no país todo para quem tem um computador pessoal e um *modem* é um empreendimento inovador chamado Awakening Technology®. A Comunidade de Aprendizado Virtual da Awakening Technology é fruto do cérebro e amor de Peter e Trudy Johnson-Lenz, que fazem o trabalho grupal inovador via computador desde 1977. Eles são pioneiros no uso de computadores para o autodesenvolvimento, tendo criado uma comunidade de aprendizado com apoio de computador para pessoas diferentes e afins. Oferecem um seminário baseado em *Um livro para Curar o Coração e a Alma* para pessoas que queiram explorar as idéias e os exercícios deste livro em conjunto com outras. A comunidade é ativa, criativa e aberta — com seminários pessoais em profundidade sobre diferentes temas, círculos permanentes onde as pessoas realmente chegam a se conhecer e compartilhar, e outros eventos *on-line*, 24 horas por dia, 7 dias por semana — no seu computador doméstico. Isso é que é comodidade! Se estiver interessado, escreva ou telefone para Peter e Trudy:

Awakening Technology®
695 Fifth Street
Lake Oswego, OR 97034
(503) 635-2615

Há até uma garantia de devolução do dinheiro!

EDUCAÇÃO E INFORMAÇÃO

The Institute for the Advancement of Health
16 East 53rd Street, Suite 506
New York, NY 10022
(212) 832-8282

O IAH — Instituto para o progresso da saúde — está para o campo da saúde mente-corpo assim como a Associação Americana do Coração está para as doenças do coração ou a Sociedade Americana do Câncer está para o câncer.

O IAH foi chamado de "vanguarda do movimento de medicina comportamental" pelo *The New York Times Magazine*. Seu excelente jornal *Advances* é um fórum de referência da investigação de terapias como biorretroalimentação, relaxamento, hipnose, formação de imagens e controle do *stress*. *Advances* é fácil de ler e interessante para os profissionais e o público em geral. O Instituto separa fato e ficção numa área que muitas vezes é não-científica. Os membros recebem *Advances* trimestralmente, bem como um boletim chamado *Mind-Body Healt Digest* e correspondências especiais com informações sobre novos relatórios de pesquisas, palestras locais e programas especiais. O Instituto foi fundado em 1983 por Eileen Rockefeller Growald e um eminente grupo de psicoterapeutas, cientistas e leigos interessados na investigação científica da ligação entre comportamento, mente, corpo e saúde. Entre agora para o Institute for the Advancement of Health e ajude a sustentar essa importante iniciativa.

The Institute of Noetic Sciences
475 Gate Five Road, Suite 300
Sausalito, Ca 94965
(415) 331-5650
(800) 525-7985

O Instituto foi fundado pelo astronauta Edgar Mitchell como conseqüência de um profundo "momento sagrado" quando ele, na Lua, olhou para o planeta Terra, que parecia uma jóia, suspenso na escuridão aveludada do espaço. O instituto apóia pesquisas e educação sobre a consciência humana. Seu objetivo é "ampliar o conhecimento da natureza e do potencial da mente e da consciência, e aplicar esse conhecimento à melhoria da qualidade de vida no planeta". O Instituto publica um fascinante jornal trimestral, *The Noetic Sciences Review*. Publica também resumos de suas excelentes pesquisas em áreas como psiconeuroimunologia, distúrbio de personalidade múltipla, remissão espontânea, curas de Lourdes, altruísmo criativo e outras áreas envolvendo mente, corpo e consciência.

E, COMO DESPEDIDA

Uma amiga deu-me uma cópia de um pequeno poema que encontrou numa viagem à pequena cidade de Arcosanti, no Arizona. O poema iluminou o caminho de Bev, despertando suas lembranças, e ela o passou para mim durante uma época difícil da minha vida. Que ele possa ser uma luz e uma bênção para você agora, caro amigo, em todos os passos do seu caminho.

Espírito, *chame-me de filho para que eu possa*
buscar a mim mesmo
sem cansaço

Escuridão, *chame-me de irmão*
para que eu não tema
o que busco

Luz, *chame-me de amigo*
para que eu não me envergonhe
do que vejo

Morte, *chame-me gentilmente*
para que eu possa desfrutar
o que fui.

E lembre-se:

Você não está agora
nem nunca esteve sozinho.
Desde o começo dos tempos
o coração humano
busca a sua Fonte no amor.
Você é essa Fonte.
Você é esse amor.
Vá em paz.

Muitas bênçãos.

NA PLENITUDE DA ALMA

Joan Borysenko, Ph.D.

"Joan nos leva em uma jornada orientada rumo ao nosso despertar pessoal. Um livro forte, de estilo impressionante. Gostei demais."

Wayne Dyer, autor de *You'll See It When You Believe It*

"Com eloqüência e elegância, *Na Plenitude da Alma* vai mudar você e o seu mundo para sempre."

Deepak Chopra, M.D., autor de *Unconditional Life, Quantum Healing* e *Perfect Healing*

"Nem me lembro mais quando fiquei tão comovido com um livro. As experiências pessoais são profundamente tocantes, as discussões substanciais e informativas, a sabedoria é profunda. Recomendo-o de todo o coração."

Willis Harman, Institute of Noetic Sciences

"Um livro eletrizante sobre cura interior escrito por uma das maiores agentes de cura e uma das mais sábias guias espirituais da atualidade. Um livro que *vem* do coração e *é para* o coração."

Larry Dossey, autor de *Reencontro com a Alma*, publicado pela Editora Cultrix, São Paulo

"Joan Borysenko ilumina apaixonadamente novas trilhas para o nosso desenvolvimento humano ... Ela nos convida a despertar para a verdade de quem somos e para o que viemos fazer e ser aqui. Amo este livro."

Jacquelyn Small, autora de *Awakening in Time* e *Transformers*

EDITORA CULTRIX

LUZ EMERGENTE

A Jornada da Cura Pessoal

Barbara Ann Brennan

O primeiro livro de Barbara Ann Brennan — *Mãos de Luz*, publicado pela Editora Pensamento — consagrou-a como uma das mais talentosas mestras da atualidade no seu campo específico de atuação. Agora, neste seu novo livro há muito esperado, ela continua sua pesquisa inovadora sobre o campo energético humano e sobre a relação de nossas energias vitais com a saúde, com a doença e com a cura.

Com base em muitas das novas descobertas que ela fez na sua prática diária, a autora mostra de que modo tanto os pacientes como os agentes de cura podem ser energizados para entender melhor e trabalhar com o nosso poder de cura mais essencial: a luz que se irradia do próprio centro da condição humana.

Nas suas várias partes, este livro explica como e por que a imposição das mãos funciona; descreve o que um curador pode ou não fazer para beneficiar as pessoas, ensina a forma básica de uma sessão de cura e como uma equipe constituída por um curador e um médico pode funcionar com resultados excelentes; apresenta depois o conceito do sistema interno de equilíbrio e mostra como podemos desenvolver doenças quando não seguimos a orientação desse sistema; transcreve a seguir uma série de interessantes entrevistas com pacientes que ajudam a explicar o processo de cura de um modo muito simples; explica o modo como os relacionamentos podem afetar a saúde, tanto positiva como negativamente, e propõe, para finalizar, maneiras práticas de criar relacionamentos saudáveis, além de mostrar a conexão entre saúde, doença e cura com o processo criativo.

O livro traz, ainda, uma série detalhada de casos clínicos esclarecedores, propõe exercícios, além de incluir ilustrações em preto e branco ou em cores para a melhor compreensão do texto.

Apresentando os aspectos práticos e teóricos desse novo campo de pesquisa, Barbara Ann Brennan coloca-se na liderança da prática da cura na nossa época.

CULTRIX/PENSAMENTO

Outras obras de interesse:

NA PLENITUDE DA ALMA
Uma nova psicologia de
otimismo espiritual
Joan Borysenko

O HERÓI DE MIL FACES
Joseph Campbell

AS TRANSFORMAÇÕES DO
MITO ATRAVÉS DO TEMPO
Joseph Campbell

O REENCONTRO DA CRIANÇA
INTERIOR
Jeremiah Abrams (org.)

A BUSCA DO SER AMADO - A
psicologia do sagrado
Jean Houston

O COMPLEXO DE BODE
EXPIATÓRIO - Rumo a uma
mitologia da sombra e da culpa
Sylvia Brinton Perera

A DEUSA INTERIOR
Jennifer B. Woolger e *Roger J.
Woolger*

MITOLOGIA PESSOAL
David Feinstein e *Stanley
Krippner*

COGNIÇÃO E
APRENDIZAGEM HUMANA
Richard E. Mayer

COMPLEXO, ARQUÉTIPO,
SÍMBOLO
Jolande Jacobi

A JORNADA MÍTICA DE CADA
UM
Sam Keen e *Anne Valley-Fox*

LIBERTANDO O CORAÇÃO
Lawrence W. Jaffe

TIPOS DE PERSONALIDADE
O modelo tipológico de Jung
Daryl Sharp

REENCONTRO COM A ALMA
Uma investigação científica e
espiritual
Larry Dossey

A FILOSOFIA PERENE
Aldous Huxley

AS VARIEDADES DA
EXPERIÊNCIA RELIGIOSA
William James

OS EVANGELHOS GNÓSTICOS
Elaine Pagels

Peça catálogo gratuito à
EDITORA CULTRIX
Rua Dr. Mário Vicente, 374 - Fone: 272-1399
04270-000 - São Paulo, SP